KB212180

언퀄리파이드

(UN)QUALIFIED

: How God Uses Broken People to Do Big Things

Copyright © 2016 by Steven Furtick
All rights reserved.

Korean translation copyright © 2016 by ELpages Publishing Co.
This translation published by arrangement with Multnomah Books,
an imprint of the Crown Publishing Group, a division of Penguin Random House LLC
through EYA(Eric Yang Agency).

이 책의 한국어판 저작권은 EYA(Eric Yang Agency)를 통해
The Crown Publishing Group과 독점계약한 엘페이지(ELpages)에 있습니다.
저작권법에 의하여 한국 내에서 보호를 받는 저작물이므로 무단전재 및 복제를 금합니다.

하나님은 결점투성이 인간을 어떻게 사용하시는가

언퀄리파이드

(UN) QUALIFIED

스티븐 퍼틱 지음 | 김난령 옮김

엘펍

모든 것에는 깨진 틈이 있어
바로 거기로 빛이 들어오리니

– 레너드 코언

"이 책은 우리를 자기회의와 불확실성의 늪에서 끌어내어, 당신의 뜻과 목적을 위해 우리를 부르시고 자격 주시는 하나님께로 새로운 믿음을 가지고 나아가게 해줄 것이다."

— 조이스 마이어_설교가, 「뉴욕타임스」 베스트셀러 저자

"하나님은 자격을 갖춘 자를 부르지 않으신다. 하나님은 부르심을 받은 자에게 자격을 주신다. 이 책은 당신이 신앙에 의지하고 보다 단호한 삶 속으로 뛰어들도록 도전 의식을 북돋우고 격려해 줄 것이다. 그렇게 한다면 당신의 삶은 결코 예전과 같지 않을 것이다."

— 마크 배터슨_워싱턴 DC 내셔널커뮤니티교회 담임목사, 「마크 배터슨의 극복」 저자

"스티븐 목사의 글은 누군가가 우리가 부족하다고 느끼게 만들 때 종종 우리 마음 깊은 곳에 자리한 상처와 아픔을 어루만져 줄 뿐만 아니라, 우리의 가능성을 진정으로 판단하실 자격이 있는 유일한 분께로 돌아갈 것을 촉구한다. 이 책은 우리가 다른 사람에게 무시당할 때조차 하나님께서 당신의 위대한 계획에 일익을 담당하도록 우리를 발탁하신다는 사실을 전략적이고도 철저히 성경에 입각하여 알려 준다. 이것이야말로 오늘날 우리가 절실히 필요로 하는 메시지이다."

— 리사 터커스트_'잠언 31장 사역' 대표, 「뉴욕타임스」 베스트셀러 저자

"우리는 너무나 자주 성공은 오롯이 우리가 가진 자격에 달려 있다는, 우리가 그리고 우리만이 우리의 업적을 쌓고 우리 미래의 기틀을 마련할 수 있다는 잘못된 생각에 사로잡힌다. 나는 오랜 세월 사역을 통해 하나님이 당신의 목적을 이루시는 일에 전혀 뜻밖의 후보자를 쓰기를 좋아하시며, 하나님의 부르심에는 우리 능력이 늘 부수적인 조건에 불과하다는 사실을 깨닫게 되었다. 스티븐 퍼틱 목사는 이 책에서 우리가 하나님의 파트너가 될 수 있고, 하나님이 우리 삶을 위해 준비하신 소명에 참여할 수 있음을 알려 준다. 우리가 누구이건 어디에 있건 상관없이, 심지어 우리 스스로가 부족하다고 생각하더라도 말이다."

— T. D. 제이크스_댈러스 포터스하우스교회 설립자이자 담임목사

"내가 아는 거의 모든 사람들은 불안감, 자격 없다는 생각, 자기회의의 감정과 싸우고 있다. 바로 이것이 스티븐 퍼틱 목사의 책이 필독서가 되어야 하는 이유다. 인생을 변화시키는 동력으로 충만한 이 책은 우리 신앙을 세우고, 우리 꿈을 분발하게 하며, 하나님이 우리를 보실 때 우리가 자신의 본모습을 볼 수 있게 도와줄 것이다. 만일 본인이 자격이 없다거나 준비가 안 되었다고 느낀 적이, 혹은 스스로에 대해 확신할 수 없었던 적이 한 번이라도 있었다면 이 책을 읽고 변화를 위한 영감을 얻기 바란다. 우리 하나님은 절망하고 비탄에 잠긴 사람들을 더 큰 일에 쓰시는 분이시다."

— 크레이그 그로셸_라이프교회 담임목사, 『#투쟁: 셀카 시대에 예수님 따르기』의 저자

"내 친구 스티븐 퍼틱 목사는 내가 만난 사람 중에서 가장 진실하고 열정적인 사람이다. 하나님과 사람들에 대한 그의 사랑은 마르지 않는 영감의 샘과 다름없다. 이 책은 예수님을 믿는 사람이라면 누구나 반드시 읽어야 할 책이다. 스티븐 목사는 이 책에서 실패에 집착하고, 소명을 받들지 못하는 결정적

인 원인이 자신의 실수 때문이라고 생각하는 우리의 성향을 고발한다. 그리고 더 중요하게는 우리를 부르시고, 자격을 주시고, 우리를 예비하신 길로 인도하시는 유일한 분인 예수님과 친교를 맺을 것을 역설한다."

– 주다 스미스_시애틀 시티교회 목사, 「뉴욕타임스」 베스트셀러 「지저스 이즈」의 저자

"인간들은 모두 원래의 자신보다 더 강해지고, 더 나아지고, 더 많이 가지기 위해 힘든 싸움을 한다. 그건 잘못된 게 아니다. 다만 일이 그렇게 돌아가지 않을 뿐이다. 스티븐 퍼틱이 이 책에서 밝혔다시피 그러한 노력은 진정한 자기 자신으로부터, 그리고 본인이 꿈꾸는 모습으로부터 더욱 멀어지게 할 뿐이다. 이 책은 당신이 자신의 본모습에 좀 더 편안함을 느끼도록, 힘든 싸움을 멈추도록, 당신이 진짜 자신이 될 수 있을 때 당신 안에 하나님의 능력이 흘러넘칠 것이라는 사실을 이해하도록 도와줄 것이다."

– 헨리 클라우드 박사_심리학자, 리더십 전문가, 베스트셀러 저자

"외면적 자격에 현혹된 세상에서 스티븐 목사의 책은, 하나님은 오직 마음을 보신다는 사실을 새롭게 환기한다. 우리가 겸손과 믿음으로 하나님께 응답할 때 하나님의 권능은 우리의 약점조차도 강점으로 탈바꿈시킨다. 독자들이 이 책을 읽고 이 책에 담긴 진리를 경험할 때 하나님께서 그들의 삶에 어떻게 역사하실지 생각만 해도 온몸에 전율이 인다! 이 책은 당신이 자신을 보는 시각과, 자신에 대해 규정하는 말과, 심지어 자신에 대한 기도까지 바꾸어 줄 것이다."

– 크리스틴 케인_전도사, 작가, 'A21 캠페인' 창립자

"내 친구 스티븐 퍼틱은 이 책에서 하나님의 자격 시스템은 우리의 그것과 아

주 다르다는 사실을 일깨워 준다. 만약 당신도 나와 비슷한 유형의 사람이라면 이는 참으로 다행스럽고 반가운 얘기가 아닐 수 없다! 장장마다 놀라운 영감으로 가득한 이 책에서 스티븐은 대담하고 유익한 진실을 겸손하고 솔직하게 설파한다. 그는 우리 스스로 자신에게 붙였던 이름표를 떼어 내고, 우리의 약점마저 강점으로 바꾸시는 하나님 안에 살도록 용기를 불어넣어 준다. 이 놀라운 책은 나에게 엄청난 영향을 끼쳤다. 나는 당신도 그럴 것이라 확신한다."

— 매트 레드먼_예배 인도자, 그래미상 수상 작사가 겸 작곡가

"스티븐 퍼틱의 사역을 지켜보는 것은 마치 누군가가 하나님의 은총의 영역에서 사는 모습을 보는 것 같다. 그는 훌륭한 커뮤니케이터요, 열정적인 교회 개척자요, 열렬한 진리 애호가이다. 인생을 살면서 하나님의 부르심을 느꼈지만 그 소명에 응답하기에는 자신의 자격이 부족하다고 느낀 적이 한 번이라도 있는 사람이라면 누구나 이 책에 크게 공감할 것이라 나는 확신한다. 이 책은 당신이 소명을 받들어 그 길을 걸어갈 때 큰 힘과 용기를 줄 것이다."

— 브라이언 휴스턴_힐송교회 창립자이자 담임목사,
세계적인 베스트셀러 『삶, 사랑, 인도』의 저자

CONTENTS

【 야곱의 하나님 】

CHAPTER 1

과연 내가 이 일에 자격이 있을까?

* * *

나는 우리 모두가 자신이 부적합하고, 불충분하며,
무능력하다는 느낌과 암암리에 싸우고 있다고 생각한다.
우리는 정말로 다른 사람들의 기대에 부응할 수 있을지 궁금해 한다.
우리는 자신이 '충분하지' 않을까 봐 두려워한다.
그 어떤 면에 있어서든 말이다.

* * *

"스티븐 퍼틱이라는 이름을 접하면 어떤 생각이 드십니까?"

한 인터뷰 진행자가 어느 저명한 신학자에게 질문을 던졌다.

어라! 지금 내 이야기 하고 있잖아?

나는 인터뷰 동영상을 켜 놓은 방으로 부리나케 돌아갔다. 그들의 관심 대상이 되었다는 사실에 약간 들떠서 말이다. 일전에 그 신학자가 쓴 신학교에서의 목회에 관한 책을 읽은 적이 있었기 때문에 그가 내 이름을 알고 있다는 사실에 약간 으쓱해지는 기분이었다. 하지만 그와 만난 적은 한 번도 없었다.

내가 그 인터뷰 동영상을 보게 된 것은 일반적으로 사람들이 인터넷에서 동영상을 접하는 것과 같은 경로를 통해서였다. 다시 말해서 그것은 '추천 동영상'이라는 구렁으로 불시착한 유튜브 동영상이었던 것. 동영상 재생 버튼을 누르고 나서 교회에 나갈 채비를 하려고 다른 방으로 건너갔다. 인터뷰 동영상이 배경음악처럼 재생되고 있었지만 귀 기울여 듣지는 않았다.

그러다가 난데없이 세상에서 제일 달콤한 말을 듣게 된 것이다. 바로 내 이름 말이다. 사람들의 인정을 받는다는 건 늘 가슴 설레는 일이다. 단, 그 '인정'이란 것이 자신이 생각했던 유의 인정이 아닌 경우는 제외하고.

"스티븐 퍼틱이라는 이름을 접하면 어떤 생각이 드십니까?"

그 신학자는 내 이름을 떠올리는 것만으로도 피곤하다는 듯 한숨을 내쉬며 고개를 떨어뜨렸다. 그러자 청중들은 킬킬거렸다. 신학자가 내 팬이 아니라는 걸 청중들도 알아차린 거다.

고통스러울 정도로 지루한 침묵, 고뇌에 찬 찡그림, 뼈가 시릴 정도로 차가운 시선……. 이윽고 내려진 판결은 이랬다.

"부적격자예요."

그는 역겹다는 표정으로 자기가 내린 판결은 엄정하고 최종적이라는 것을 강조하면서 그 네 음절 단어를 뱉어 냈다. 여기서 빠진 게 있다면 나무망치의 '땅, 땅, 땅' 소리뿐. 어떤 고민도, 부연 설명도, 검증 과정도 없었다. 내 모든 삶과 사역이 그 단어 하나로 요약되었다. 그러더니 갑자기 대화가 다른 주제로 넘어갔다.

'부적격자?'

이 말이 내 머릿속에서 물레방아를 돌리기 시작했다. 그런데 참 희한한 것은 마음 한편에서는 반박하고(유튜브를 상대로?) 싶은 생각이 굴뚝같으면서도 다른 한편으로는 이런 생각이 드는 것이었다. '말도 마쇼. 그 정도면 다행이게?'

그렇다. 나는 늘 힘들게 싸운다. 나의 욱하는 성질과, 나의 집중력과, 나의 동기와, 나의 식습관과, 나의 기도 생활과, 그리고 나의 정신 상태와. 게다가 지금 나열한 것들은 빙산의 일각에 불과하다.

나의 결점과 미흡한 점은 그 누구보다 내가 더 잘 알고 있다. 내 자신이 자격이 없다고 느끼기 위해서 구태여 인터넷 동영상을 볼 필요가 없다. 내가 지금 하고 있는 일을 할 자격이 없다는 생각에 사로잡히지 않은 날이 오늘날까지 단 하루도 없었다. 이 일은 내 능력 밖이며, 내가 받은 그 어떤 축복이나 기회도 내게 과분한 것이라는 생각을 하지 않은 날이 단 하루도 없었다.

나는 자격이 없는가?

이 질문에 대한 대답이 바로 이 책이다. 그렇다고 유튜브에 무작위로 출몰하는 인터뷰 동영상이나 상대하려고 이 책을 쓴 것은 아니다. 그 질문은 내가 평생 동안 내 자신에게 던져 온 질문이었다. 그건 당신도 마찬가지가 아닐까 싶다.

이 책을 쓰기 위한 여정을 시작했을 때, 나는 내 마음속에 늘 웅크리고 있었던 그 질문에 어떻게 대답해야 할지 알고 싶었다. 그 신학자의 생각이 옳은지 알고 싶었다. 수시로 내 머릿속을 흔들어 대는 의심스런 그 속삭임들이 무시해야 할 내면의 악마들인지, 아니면 새겨들어야 할 경종인지 알고 싶었다. 나의 소명에 확신을 갖고 책임을 짊어져야 하는지, 아니면 내가 모든 것을 망치기 전에 허둥지둥 숨어야 하는지를 알고 싶었다.

아마 당신도 가끔씩 자격이 없다고 느낄 때가 있었을 것이다. 나처럼 유튜브를 통해서 그런 사실을 알게 되는 애매모호한 특권을 누리지 않더라도 당신은 그것이 사실이라는 것을 알고 있을 것이다.

나는 우리 모두가 자신이 부적합하고, 불충분하며, 무능력하다는 느낌과 암암리에 싸우고 있다고 생각한다. 우리는 정말로 다른 사람들의 기대에 부응할 수 있을지 궁금해 한다. 우리는 자신이 '충분하지' 않을까 봐 두려워한다. 그 어떤 면에 있어서든 말이다.

그것은 당신의 성격이나 인격적인 면일 수 있다. 어떻게든 숨기고 싶은 허물, 결함, 결점이 당신에게 있을 수 있다. 그것은 욕정일 수도 있고, 분노일 수도 있다. 또 중독일 수도 있다. 만일 과거에 그런 적이 있었다면 당신은 그 증상이 언젠가 다시 도져서 당신이 일구어 놓은 모든 것을 망칠지도 모른다는 두려움을 갖고 사는지도 모른다.

부모로서 당신의 역할이 충분치 않다고 느낄 수도 있다. 직장에서는 뭐든지 척척 잘 해낸다. 누구 못지않게 사고팔고, 거래할 수 있다. 하지만 가정생활에서는 전혀 딴판이다. 사춘기에 접어든 십대 자녀를 어떻게 키워야 할지 속수무책이고, 자신이 한심할 정도로 준비가 되어 있지 않다고 느끼고 있을지도 모른다.

어쩌면 당신 마음 깊숙한 곳에서 무언가가 당신을 목자의 길로 몰고 있다고 생각할 수도 있다. 반드시 목회를 전담할 필요는 없다 해도 분명 의미 있는 일을 하도록 말이다. 당신은 지도자, 의사 결정자, 위험 도전형 리더가 되어야 한다. 하지만 당신이 걸어온 길은 완전무결함과는 거리가 멀다. 그리고 그런 모험에 뛰어들 생각을 하면 오금이 저린다. 실패하면 어떻게 하나? 나의 실패로 인해 다른 사람들의 삶도 망치게 되면 어쩌나?

많은 사람들이 평생을 이러한 모순들과 싸우며 살아간다. 그들은 자신들이 자격이 없으며, 앞으로 죽었다 깨어나도 자격을 갖추지 못할 것이며, 천지가 개벽을 해도 부적격자 딱지를 못 뗄 거라고 속삭이는 목소리와 끊임없이 마주한다.

내가 쓴 『내 마음에 수다쟁이가 산다』라는 책은 부정적인 생각들을 가려내는 방법에 대한 책이다. 하지만 이 책에서 내가 전하고자 했던 메시지는 단지 우리 마음속에서 굴러다니는 생각이나 입 밖으로 나오는 말을 변화시키자는 것이 아니다. 그 대신 우리가 앞으로 더 나은 사람이 되기 위해 현재 우리 진짜 모습을 이해하자는 것이다. 또한 우리가 우리 자신에 대해 가져왔던 편견과 추측들을 가차 없이 벗어던지고 하나님을 충만함의 원천으로 삼자는 것이다.

당신에게 위로가 될 소식이 있다. 성경에 나오는 위대한 인물들을 살펴보면 그들에게서 한 가지 공통점을 발견하게 되는데, 그것은 그들 모두가 자격이 없는 사람들이었다는 점이다. 하나님께서는 이렇듯 제외되고 무시당한 사람들을 선택하시는 버릇이 있는 것이다.

성공과 실패를 평가하는 기준

———————————————— 당신에게 자격을 부여할 능력을 가진 존재가 누구(혹은 무엇)인지, 당신이 승리자인지 실패자인지를 결정하는 궁극의 권능을 가진 존재가 누구인지에 대해 생각해 본 적이 있는가?

이는 그리 간단치 않은 문제다. 예를 들자면 우리 대부분이 인생에서 경험하게 되는 첫 번째 자격 시스템에 대해 생각해 보라. 바로 학교 성적 말이다. 학교는 평가 기준과 시험을 개발하는 데 엄청난 돈과 인력을 투자한다. 그리고 숫자나 문자로 된 보편적인 평가 시스템으로 학생들의 학업 진척도를 요약하고자 한다.

당신이 학교를 졸업한 지 오래되었을지 모르지만 그래도 당신의 우주가 온통 성적을 중심으로 돌아가던 때를 기억할 것이다. 어쩌면 당신의 성적이 부모님의 기대에 크게 못 미치는 수준이었을 수도 있다. 그런 경우 성적표 받는 날은 천사들과 백색 보좌만 없을 뿐이지 최후의 심판 예고편이나 다름없었을 것이다.

시험에 통과했을 때는 어떤 기분이었나? 아마 십년감수한 기분이었을 것이다. 당신의 부모님은 기뻐했고, 인생은 다시 살 만했을 것이다.

하지만 한번 생각해 보라. 그 성적이라는 것이 당신이 학습 내용을 충분히 이해했다는 뜻이었던가? 아니면 단지 당신이 시험에 강하다거나, 혹은 커닝 실력이 뛰어나다는 의미였나? 가장 중요하게는 그 성적이 당신이 배운 것을 실제로 적용할 줄 안다는 의미였던가?

어쩌면 당신은 낙제했을 수도 있다. 그렇다면 그것이 인생에서 실패했다는 의미였는가? 설령 당신이 미국독립혁명을 콜럼버스 이전에 일어났다고 썼거나, 2차방정식을 잊어먹었거나, 원소주기율표가 구두점과 관련 있다[1]고 생각했다 해서 그것이 당신을 진짜로 열등한 존재로 만들었는가?

성적표에 적힌 그 작은 글자나 숫자가 중요한지 모를 정도로 어리숙한 사람은 거의 없다. 하지만 그것이 최종 판결은 아니다. 아니 그 근처에 가지도 않았다. 에이브러햄 링컨에서부터 월트 디즈니, 빌 게이츠에 이르기까지 인류 역사는 수많은 성공적인 학업 중퇴자들로 채워져 있다.

서로를 판단하고, 평가하고, 자격을 부여하는 이 모든 행태들은 비단 학교에서만 일어나는 게 아니다. 이러한 행태들은 우리 문화와 의식 속에 깊이 뿌리박혀 있다. 주변에서 흔히 듣는 상투적인 문구들을 한번 살펴보자.

시험에 통과하다.

본선에 진출하다.

기준에 미달하다.

기대에 부합하다.

목표 수준에 이르다.

계급장을 달다.

대가를 치르다.

우리는 끊임없이 서로를 분석하고 요약한다. 우리는 다른 사람들을 자신의 기준—명시적이든 묵시적이든—과 비교함으로써 그들이 기대에 부합하는지 아닌지를 판단한다. 그런 다음 그들을 받아들이거나 거부하고, 그들을 칭찬하거나 비판하고, 또한 숭배하거나 조롱한다. 모두 자기주장만을 고집하는 대학에서 비밀리에 시험을 집행하고 있는 것이다.

하지만 학교 성적과 마찬가지로 우리가 내리는 평가는 모든 것을 말해 주지는 않는다. 그것은 일개의 숫자나 문자, 혹은 한마디 말로는 결코 축약될 수 없는 것을 수량화하려는 인위적이고도 제한적인 시도다. 그런데도 우리는 이런 시도를 멈추지 않는다. 왜냐하면 우리는 인간이고, 그것이 인간이 하는 일이기 때문이다.

우리는 특성과 역량에 근거해서 자격을 부여하는 경향이 있다.

특성은 우리가 누구인지를 말해 주는 것이다. 특성을 규정하는 것은 이름이나 국적뿐만이 아니다. 그 사람의 성격, 도덕성, 가치, 정서적 기질, 호불호, 취향, 태도 등등 나열하자면 끝이 없다.

역량은 어떤 일을 해낼 수 있는 능력을 가리킨다. 그것은 우리의 훈런, 업적, 재능, 활동, 가능성 등 다양한 측면들을 종합한 것이다. 또 그것은 우리가 어떤 일을 얼마나 잘 수행하는지, 그리고 얼마나 많이 해냈는지에 관한 것이다.

일반적으로 우리 역량은 우리 특성보다 훨씬 더 앞에 위치한다. 우리가 무엇을 했는지가 헤드라인을 장식하고, 이력서를 가득 채운다. 역량은 개인의 정체성과 너무나도 복잡하게 연루되어 있어서 우리는 자주 역량이 자신의 정체성이라고 착각한다.

하지만 결국 최후의 승자가 되는 것은 역량이 아니라 특성이다. 사람들이 우리를 고용하고 이용할 때는 '우리가 무엇을 하는가'를 보고 판단하겠지만, 그들이 우리를 받아들이고 좋아할 때는 '우리가 어떤 사람인가'를 보고 판단한다. 그리고 궁극적으로는 우리가 어떤 사람인가 하는 것이 우리가 무엇을 하는가를 결정한다. 한동안은 가식적으로 행동할 수 있겠지만 얼마 못 가서 당신의 진짜 모습이 드러나게 마련이다.

우리는 새로운 사람을 만나면 만나는 그 순간부터 그 사람을 평가한다. 이 일은 대부분 무의식적으로 진행되며, 반드시 천박하다고 여겨질 만한 일은 아니다. 우리는 자동적으로 상대방의 특성과 능력에 대한 단서들을 수집한다. 그리고 그 사람을 자기 자신과 관련하여 분류하기 시작한다.

나는 이 사람과 친구가 될 수 있을까? 좀 더 깊이 사귀어 볼까, 아니면 그냥 좀 아는 사이로 남을까? 내가 출세하는 데 도움이 될 사람인가? 내 도움이 필요한 사람인가? 나에게 위협이 될 사람인가? 나한테 뭔가를 줄 수 있는 사람인가, 아니면 내가 뭔가를 줘야 할 사람인가?

이 모든 것이 얼마나 이기적으로 들리는지 한탄하기는 쉬운 일이다. 또한 다른 사람을 판단하는 우리 기준이 너무나 주관적이며 우스꽝스러울 정도로 위선적이라고 주장하기도 쉽다.

하지만 나는 그러한 기준이 진짜로 인간을 공정하게 평가하리라고 생각하지 않는다. 물론 대인 관계에서는 주관적이고 자기본위적인 측면이 당연히 존재한다. 그것은 부서지고 망가진 세상에서의 삶의 일부이며, 일종의 자기보호 본능이기도 하다.

사람들이 서로를 곧이곧대로 받아들일 거라 기대하는 것은 현실적이지 않다. 또한 세상 모든 사람이 절친이 될 수 있다거나, 마음속으로는 나에게 깊은 관심을 가지고 있을 거라는 순진무구한 추측은 이롭지 않다. 그렇기에 예수께서도 우리에게 뱀처럼 지혜롭고 비둘기처럼 유순하라고 말씀하지 않았는가.

하지만 여기에도 주목할 만한 부분이 있다. 그것은 우리가 타인을 보는 안목이 딱할 정도로 없다는 점이다. 당신도 눈치 챘는가? 솔직히 말해서 우리는 우리 자신을 판단하는 일조차 제대로 하지 못한다.

이러한 정확성의 부족은 다른 사람을 평가하려는 경향보다 훨씬 더 심각한 문제다. 나에 대한 유튜브 비평이 다소 황당무계하다고 여겨지는 것도 바로 이런 맥락에서다. 그는 대체 어디서 그런 정보를 얻었을까? 그런 판단 기준은, 그런 권능은 어디서 얻었을까?

나는 그의 정죄주의를 두고 이렇다 저렇다 판단하려는 게 아니다. 그런 판단은 자가당착이다. 하지만 그것에 어떻게 반응할지는 내가 결정해야 할 몫이다. 여기서 말하는 반응은 나의 공적인 반응이 아니다.

그보다 훨씬 더 중요한 나의 내면적 반응을 말하는 것이다. 말하자면 이런 거다. 나는 나 자신을 어떻게 보고 있는가? 자격과 조건에 집착하는 세상의 비판이나 평가에 나는 어떻게 반응하는가? 나 자신의 의심, 불확신, 실패에 대한 두려움을 어떻게 잠재울 것인가?

그 해답은 당신이 생각했던 것과는 다를 것이다. 아니, 적어도 내가 이 여정을 시작할 때 생각했던 것과는 확실히 달랐다.

자격이라는 이름의 덫
——————————— 나는 실패에 대한 해답은 실패한 것을 바로 잡는 것이고, 약점에 대한 해법은 약점을 강점으로 대체하는 거라고 생각하곤 했다. 성공의 비밀은 결점 없이 완벽하고, 가능하면 초인적으로 보이는 것이라고 믿었다. 내가 가진 특성과 능력이 나를 자격자나 무자격자로 결정지을 것이라 생각했다.

하지만 하나님의 자격 시스템은 우리 인간들의 그것과는 전혀 다르다. 또 하나님이 우리 약점을 대하는 방식도 그렇다. 그렇기에 우리는 자신의 약점에 대해 스트레스를 받거나 강박 관념을 갖기보다 다른 자격 부여자를 찾아야 한다.

다음 몇 장에 걸쳐서 하나님의 방식에서 자격이 있다는 의미가 무엇인지를 고찰해 볼 것이다. 책장을 넘기는 사이 당신 자신과 타인을 대하는 방식에 대변혁을 가져올 것이라고 나는 믿는다.

하나님이 당신을 어떻게 보시는지를 이해하게 되면 당신은 하나님이 당신의 삶에서 바라시는 자유와 자신감을 찾게 될 것이다. 인간이 만든 자격 시스템으로는 자유나 자신감과 같은 것들은 결코 얻을 수 없을 것이다. 인간의 시스템은 막다른 길이다. 오직 인간의 시스템에만 의존하는 것은 평화를 얻거나 실패를 방지하는 데 결코 충분치 않다.

평화와 자신감을 얻을 수 있는 길은 오직 '수용'을 통해서다. 자기계발과 자립에 집착하는 문화에서는 이런 주장이 반(反)직관적으로 보일 수도 있을 것이다. 하지만 이는 진실이다.

첫째, 하나님이 행하시는 당신에 대한 무조건적 수용이다. 하나님은 우리 진짜 정체성, 다시 말해 우리 실체를 알고 계시며, 우리를 있는 그대로 사랑하신다.

둘째, 당신이 행해야 할, 약점을 포함한 있는 그대로의 자신에 대한 수용이다. 이는 가능하면 무시하고 싶은 자기 자신의 일부와 직면하는 일이다. 또한 그리스도 안에서 그리스도를 통해서 자신이 누구인지를(또한 누가 아닌지를) 인식하는 일이다.

셋째는 하나님이 변화로 이끄시는 과정에 대한 수용이다. 하나님이 당신 삶에서 하시는 일은 당신의 실체를 억압하거나 근절시키려는 것이 아니라 당신이 가진 가장 최선의 모습을 이끌어내시려는 것이다.

정체성, 결점, 변화라는 이 세 가지 개념은 자격자냐 무자격자냐에 대한 주제와 직접적으로 관련이 있기 때문에 이 책에서 반복적으로 등장하게 될 것이다.

이 세 가지는 서로 물고 물리는 순환적 관계에 있다. 나는 '진짜 나', 다시 말해서 나의 정체성에 대해 너무나도 잘 알고 있다. 나는 내가 많은 결점들을 가지고 있음을 알고 있다. 그것이 나 스스로 자격이 없다고 느끼게 만들기 때문에 나는 그 결점들을 바꾸려고 노력한다.

그러나 현실은 밑 빠진 독이다. 나 자신을 완전히 바로잡는 것이 불가능하다. 그 때문에 내 정체성은 더욱 고통받고, 나는 내가 자격이 없다는 생각에 더 깊이 사로잡히게 된다. 자격 부족에 대한 나의 해법이 단지 자격을 갖추기 위해 더 열심히 노력하는 것일 뿐이라면 나는 그러한 사이클에 갇혀 버릴 것이다.

당신은 이런 경험을 한 적이 있는가? 실패가 내지르는 고함 소리가 너무 커서 기회의 속삭임을 듣지 못한 적이 있는가? 자기회의에 가로막혀 성공 가도를 달리기는커녕 문밖을 나서지도 못한 적이 있는가? 당신의 본모습과 당신이 이루고 싶은 것 사이의 간격이 터무니없이 벌어져 있다고 느껴질 수 있다. 그리고 이런 생각이 슬며시 든다. '과연 내가 이 일에 자격이 있을까?'

사실, 그런 질문이 잘못된 것은 아니다. 당신은 자신이 자격이 있는지 스스로에게 물어야 한다. 비행기 조종이나 심장 절개수술 같은 일을 할 때는 특히. 이런 경우, 당신은 반드시 당신의 훈련과 지식과 경험과 능력을 평가해야 한다. 그러면 우리 모두 그 일에 감사할 것이다. 그리고 비단 목회 활동뿐 아니라 그 어떤 분야에서든 지켜야 할 윤리적·도덕적 기준이 분명히 있다.

하지만 보다 주관적인 문제를 다룰 때는 당신의 평가가 100퍼센트 확실하지 않다는 것을 명심해야 한다. 어쩌면 당신은 자신의 결점은 과대평가하고 자신의 재능은 과소평가하고 있는지도 모른다. 어쩌면 현재의 당신이 기대에 못 미친다는 사실이 일을 망치는 결정적인 요인이 아닐지도 모른다. 어쩌면 하나님은 당신의 능력을 뛰어넘는 일을 하고 싶으신지 모른다. 어쩌면 하나님은 당신의 실패와 한계에 대해 크게 신경 쓸 문제가 아니라고 생각하시는지 모른다.

성경에서 이러한 주제들을 연구하면 할수록 우리 자신과 하나님에 대해 더 깊고 더 정확하게 이해할 필요가 있으며, 자신의 결점과 문제점에 관한 자신과 타인의 견해를 좀 더 가볍게 생각해야 할 필요가 있다는 생각이 점점 더 굳어졌다.

자격이 없다, 혹은 자격이 부족하다는 느낌은 갖가지 기괴한 억측과 행동을 낳는다. 우리는 사실 모든 게 결딴난 상황일 때 모든 게 잘되고 있는 척 가장한다. 혹은 잘 진행되어 마무리 단계를 코앞에 두고도 모든 게 결딴나 버렸다고 생각한다. 우리는 '비교'라는 암운이 드리워진 삶을 살아가고 있다. 우리는 속임수가 우리가 원하는 것을 얻을 수 있는 유일한 길이라고 생각하면서 조작하고 음모를 꾸민다.

불확신, 비교, 권모술수, 위장…… 이 모든 것들은 하나님에 의해 인정받고 자격을 부여받는다는 사실을 인식하지 못한 데서 비롯된다. 하지만 우리 결점에 대한 하나님의 해법은 그것을 바로잡는 것이 아니다. 앞으로 살펴보게 되겠지만 그분은 그보다 더 좋은 생각을 가지고 계신다.

모순덩어리 족장이 받은 하나님의 축복

───────────────────────── 내가 보기에 성경의 영웅들 중에서 가장 극적인 부적격자는 야곱인 것 같다. 수개월 전에 설교를 준비하느라 이 사나이의 삶을 공부하고 있었는데, 난데없이 이런 생각이 내 영혼을 흔드는 것이었다.

'하나님은 거짓으로 꾸민 당신에게 축복을 내리시지 않는다.'

그전에 나는 앞으로 5주 동안 하게 될 설교의 주제로 왜 하필 이 모순덩어리 족장을 선택했는지 스스로 궁금해 하고 있었다. 그에 대해 파고들면 들수록 지금까지 내가 연구해 온 성경 인물들 중에서 가장 복잡한 반(反)영웅이라는 생각이 들었던 것이다. 야곱과 관련된 대부분의 이야기는 마치 '소프라노스(The Sopranos)²'를 보는 것 같다. 이 드라마를 보면 등장인물들이 죄다 엉망진창들이라 대체 누구를 응원해야 될지 몰라 '멘붕'에 빠지기 십상인데 야곱의 이야기도 그에 못지않다. 예를 들자면 외삼촌의 술수에 넘어간 야곱이 술에 잔뜩 취해 아무것도 모른 채 다른 여인과 첫날밤을 보냈다는 대목에서 말이다.

야곱은 거짓말쟁이, 사기꾼, 협잡꾼, 모사꾼이었다. 그는 인생의 상당 부분을 잘못된 판단으로 고통받았고, 자초한 혼돈의 구렁텅이에 유배된 채 살았다. 만일 이 세상에서 부적격자라는 소리를 들을 만한 사람이 있다면 바로 이 사나이일 것이다. 그는 경건한 설교나 교회학교 수업 주제로 선택될 만한 그런 인물이 아니었다.

그런데 하나님은 그를 부르셨다. 그를 선택하셨다. 심지어 축복을 주시기까지 하셨다. 그리고 야곱은 결국 하나님이 계획하신 세상을 구원하는 드라마에서 주인공 역을 맡게 되었다. 그는 성경에서 가장 중요한 인물인 동시에 가장 형편없는 인물로 드러난다.

그날, 성경책을 열고 노트를 펼쳐 두고 있던 목요일 오후, 여러 가지 면에서 내가 야곱과 쏙 빼닮았다는 깨달음이 나를 엄습했다. 물론 그가 인류 역사에서 차지하는 중요성의 반의반이라도 닮았다는 소리가 아니다. 인간의 관점에서는 부적격이었던 모든 측면이, 그리고 하

나님의 관점에서는 가치 있고 사랑받아 마땅한 모든 측면이 닮았다
는 말이다.

　나도 야곱처럼 나의 본모습이 부끄러워 내가 아닌 다른 사람인 척
하는 위선을 떠는 일이 자주 있다. 나는 내 약점이 문제이며, 될 수 있
는 한 약점을 숨기는 것이 해결책이라고 생각한다.

　하지만 하나님은 다른 사람인 척하는 나를 축복해 주실 수 없다. 하
나님은 나를 축복해 주고 싶은 마음이 간절하시다. 진짜인 나를, 흥하
든 망하든 잘나든 못나든 있는 그대로의 나를 말이다.

　야곱의 이야기를 더 깊이 파고들수록 하나님이 자격을 부여하시는
분이라는 생각은 더욱 굳어져 갔다. 야곱은 약점들이 만들어내는 혼
란과 말썽의 대명사 같은 인물이었다. 하지만 그와 동시에 그는 적어
도 인생 말기에 자신의 결점들을 끌어안고 결점에 대한 집착을 떨치
고 하나님께 온전히 의지할 수 있었던 인물의 가장 극적인 본보기이
기도 하다. 그리고 그가 그렇게 했을 때 하나님이 그다음을 넘겨받으
셨다. 그분은 야곱의 한계를 뛰어넘고, 야곱의 결격 사항들을 무효화
하셨다.

　야곱은 철저하게, 적나라하게, 안쓰러울 정도로 나약한 인간이었
다. 아마 그렇기 때문에 그의 삶이 나에게 그렇게나 분명하게 전달되
는가 보다. 나는 그의 업적보다 그의 실패가 더 빨리 공감이 된다. 틀
림없이 당신도 그럴 것이다.

　야곱에 대한 연구를 통해 내가 배운 사실은 내 생각을 근본적으로
바꾸었다. 이 책의 마지막 몇 장에서 야곱의 삶을 한층 더 상세하게
살펴볼 것이다. 야곱의 이야기는 우리의 약점에 대해 하나님의 능력

이 어떻게 작용하는지에 대한 대단히 흥미로운 사례이기 때문이다. 본질적으로 하나님은 야곱의 약점에도 '불구하고'가 아니라 그의 약점을 '통해서' 그를 구원하고, 재정립하고, 재편성하셨다.

그 신학자가 내가 완벽한 부적격자라는 사실을 내게 알려 준 그날, 하나님은 우리의 자격에 관해 말씀하시는 성경 구절을 내게 상기시키셨다.

우리가 무슨 일이든지 우리에게서 난 것 같이 스스로 만족할 것이 아니니 우리의 만족은 오직 하나님으로부터 나느니라 그가 또한 우리를 새 언약의 일꾼 되기에 만족하게 하셨으니 (고린도후서 3장 5–6절)

별안간 나는 해방된 느낌이었다.

그래, 자격 없음은 나한테 딱 어울리는 말이다. 귀에 착 감기는 말이다. 그리고 그것은 야곱을 비롯하여 꽤나 훌륭한 친구들의 무리 속에 나를 끼워 넣어 주는 말이다. 그러니 그 말을 내 명함에도 쓰고, 내 트위터 소개란에도 집어넣자. 하나님이 나를 부르셨고, 나를 준비시키셨고, 나에게 권한을 주셨다. 하나님은 나를 위해 기회의 문을 열어 주셨다. 이런 맥락에서 내가 자격이 있다거나 자격이 부족하다는 것은 적절치 않은 말이다.

물론 만일 내가 목회자로서 나의 정통성을 변호하고 싶다면 내 주장을 뒷받침할 근거가 얼마든지 있다. 하지만 왜 그래야 하는가? 진실은 하나님이 나의 노력에 대해 분에 넘치는 은총을 내리셨다는 사실이다. 그리고 그건 정말 놀라운 일이다! 그럴진대 내가 왜 나의 영향과 성공을 고작 내가 자격이 있는 수준으로 제한하고 싶겠는가?

'자격 없다'는 말은 비판이 아니다. 그건 도리어 칭찬이다. 물론 전혀 의도치 않은 에두른 칭찬이긴 해도 칭찬은 칭찬이다. 또한 그것은 하나님이 내게 분에 넘치는 은총을 내리시고 나를 통해 많은 일을 하셨음을 공개적으로 상기시켜 주는 말이다.

그렇다고 자랑스럽다는 소리로 들리지 않기를 바란다. 그건 결코 자랑스러운 게 아니니까. 사실 그 정반대의 의미인 겸손이다. 진정한 겸손은 자기비하가 아니다. 그것은 모든 것이 하나님께 빚진 것이라는 사실을 인식하는 일이다. 내가 누구인지 혹은 내가 무엇을 할 수 있는지가 아니라 하나님이 누구시고 나를 통해서 하나님이 무엇을 하시려는지를 근거로 하여 자기 운명 속으로 들어가는 일이다.

나는 그 신학자가 하나님과 교회를 사랑하는 분이라고 믿는다. 언젠가 우리가 천국에 가게 되면 나는 그를 내 거처로 초대해서 삶은 땅콩을 대접할 것이다. 그리고 어쩌면 우리는 이 모든 일을 허허 웃어넘길지도 모른다.

하지만 지금 이 순간 가장 중요한 문제는 타인이 내 이름을 듣고 어떤 생각이 떠오르는지가 아니다. 하나님과 내 마음속에 무엇이 떠오르느냐 하는 것이 가장 중요하다.

나는 결국 인터뷰의 그 짧은 대목을 다섯 번이나 더 보고야 말았다. 그리고 마지막에는 푸하하 웃음을 터트렸다. 나는 그 동영상의 링크를 몇몇 친구들에게 문자로 보냈다. 그러고는 인터넷 밈(Meme)[3]으로 만들면 진짜 재미있겠다는 생각을 잠시 했다.

그런 다음 나는 교회로 나갈 준비를 마쳤다. 그리고 거의 매주 그렇게 하듯 예배를 드리기 전에 우리 팀원들과 함께 기도를 드렸다. 기도 말미에 평소에 하지 않던 말을 덧붙였다. 팀원들은 내가 왜 그런 말을 하는지 어리둥절했겠지만 나는 빙긋 미소를 지었다. 이상하게도 그 말 한마디가 내 안에 알 수 없는 자신감과 감사함을 가득 채웠다.

"그리고 주님…… 우리가 자격이 없음을 감사드립니다."

자신의 정체성을 드러내는 가운데 말

"나는 스티븐이다.(I am Steven.)"

나는 이 말을 수천 번도 넘게 말했다.
그리고 그 횟수만큼 내 이름의 철자도 말했다.
사람들한테 이름 가운데 글자가 'v'라는 사실을 말하지 않으면
열에 아홉은 'ph'라고 생각하기 때문이다.
그러니 '퍼틱(Furtick)'에 대해서는 말도 꺼내지 마시라.
"나는 스티븐이다."라는 문장에서 키워드는 무엇일까?
당연히 이름 '스티븐'이다.
그것이 내 정체성을 드러내는 말이니까.
그 앞에 있는 '나는'과 마지막에 있는 '이다'는
단지 가운데 말인 '스티븐'이 올라설 연단 구실을 할 뿐이다.
상자 안의 빈 공간을 채우는 충전재처럼
별 의미 없는 단음절어일 뿐이다.
그렇지 않다고?

내 얘기를 좀 더 들어보라.

CHAPTER 2

나는 나를 누구라고 생각하는가?

이것이 내 모습이라고 다른 사람들이 믿게 만들었던 자아상과
지금의 당신 자신을 비교해 봤을 때 스스로를 어떻게 평가하는가?
당신의 참모습을 당신이 되고 싶어 하는 자아상과 비교하면 어떤가?
다시 말해서 당신은 그런 '척' 하는 사람인가?
당신은 내면의 결함과 약점을 가리기 위해 허세를 부리는가?

＊＊＊

내게는 특이한 공포증이 있다. 나는 출산을 기다리고 있는 예비 부모들에게 자녀의 이름을 뭐라고 지어 줄 계획이냐고 질문하는 것이 두렵다. 왜냐? 그건 요즘 사람들이 자녀들 이름을, 뭐랄까, 지나치게 독창적으로 짓는 경향이 있기 때문이다.

자기 자식 이름을 자기가 부르고 싶은 대로 짓겠다는데 뭐라 할 사람이 누가 있겠는가? 하지만 내가 이름을 무엇으로 지을지 묻지 않는 이유는 내가 얼굴 표정을 숨기는 데는 영 소질이 없기 때문이다.

내가 "아이 이름을 뭐라고 지을 생각입니까?"라고 물으면 예비 부모들은 열에 아홉은 그 아이가 중학교에 들어가면 왕따를 당할 게 뻔한 이름을 말할 것이고, 그러면 나는 뜨악한 표정으로 "네?"하고 대꾸할 게 뻔하기 때문이다. 그리고 이런 반응은 일반적으로 엄마 아빠들이 기대하는 반응과는 거리가 멀다. 그래서 나는 더 이상 이런 질문은 하지 않는다. 그건 너무나 큰 책임이 따르는 일이다. 차라리 다른 방법을 통해 알아보는 게 더 낫다. 그러면 그 사람들의 기분을 상하는 일 없이 자유롭게 반응할 수 있을 테니까.

공식적으로 나의 첫째 이름은 '스티븐(Steven)'이 아니라 '래리(Larry)'다. 그러니까 진짜 내 이름은 래리 스티븐스 퍼틱 주니어(Larry Stevens Furtick Jr.)이다. 여기서 '스티븐스(Stevens)'가 된 이유는 내 아버지가 태어나셨을 때 출생증명서에 가운데 이름(성과 이름 사이에 쓰는 이름)의 철자가 잘못 쓰였기 때문이다. 그런데 아버지는 그 잘못된 이름을 바로잡기는커녕 그 실수를 내 출생증명서에까지 그대로 넘겨주셨다. 고마워요, 아버지.

그래도 그만한 것이 다행이었다. 아버지가 나에게 지어 주고 싶어 하셨던 원래 이름을 들으면 아직도 몸서리가 쳐진다. 아버지는 내 이름을 '클렘(Clem)'으로 지어 주고 싶어 하셨다. 사실 어머니가 사우스캐롤라이나에 있는 클렘슨(Clemson) 대학교를 나오셨다. 그래서 아버지 생각은 나를 부를 때 "클렘! 아들! 이리 와, 클렘, 아들!"이라고 부르면 옛 추억에 잠길 수 있지 않겠냐는 것이었다. 천만다행으로 어머니가 막았다.

세상에는 이보다 더 심각한 이름들이 존재한다. 최근에 우리 스텝 중 한 명이 나한테 어떤 사람이 아이 이름을 'La-a'라고 지었다는 얘기를 해주었다. 그 스텝이 그 이름을 종이에 써서 내게 보여주었는데, 나는 그 이름을 뭐라고 읽어야 할지 당황스러웠다. 아마 당신도 마찬가지였을 것이다. 만일 그 이름을 '라'나 '라이'라고 읽어야 한다고 생각했다면 미안하게도 틀렸다. 그 이름의 정확한 발음은 '러-대시-어'이다.

이 얘기를 들었을 때 나는 할 말을 잃어버렸다. 러대시어야, 지금 네가 어디에 있는지 모르지만 정말 유감스럽게 생각한다. 우리가 너를 위해 기도해 줄게. 특히 천사들이 어린양의 생명책에 너의 이름을 올릴 때 철자를 올바로 쓰도록 말이야.

이 세상의 모든 '클렘'들이나 '러대시어'들에게는 다행스럽게도 비록 우리 이름이 우리 신원을 확인하는 데 쓰이기는 하지만 우리 자신을 규정하지는 않는다. 이름은 우리를 설명하지 못한다. 이름은 우리가 진짜로 어떤 사람인지, 우리의 꿈, 기분, 열정, 혹은 우리의 잠재력에 대해 아무것도 알려 주지 못한다.

우리 정체성이 우리 이름보다 훨씬 더 폭넓은 영역이라는 점을 대부분 이해하고 있을 것이다. 하지만 우리 자신을 규정하는 것이 무엇인지를 알기 위해, 우리가 자신을 정의하도록 허락한 것이 무엇인지를 알기 위해 우리는 과연 얼마나 많은 노력을 해 왔는가?

본인이 누구인지에 대한 인식이 비뚤어지면 정서의 전체 균형이 깨진다. 우리가 실패했을 때나 기대에 미치지 못했을 때 그렇게 마음이 아픈 것도 바로 이 때문이다. 나의 부족함이 내가 근본적으로 결함이 있는 존재임을 증명하는 것처럼 느껴지고, 나의 가치와 정체성에 의문을 품게 된다.

앞 장에서 살펴본 바와 같이 하나님께서는 우리 인간의 관점에서 상황을 바라보시지 않는다. 하나님의 척도, 하나님의 표준, 그리고 하나님의 측정 장치들이 작용하는 방식은 우리의 그것과 전혀 다르다. 하지만 우리는 하나님의 사고방식을 이해하게 될 때까지 성공과 실패를 본인의 가치를 평가하는 지표로 삼을 것이다. 이는 필연적으로 내가 자격이 있나 없나를 놓고 끊임없이 갈팡질팡하는 상황으로 이어진다. 본인이 부족하다는 인식의 바탕 위에 형성된 정체성은 매우 위험하다.

나는 이 장을 통해 우리가 자신의 정체성에 대해 성찰을 하는 시간을 갖게 되길 희망한다. 더 중요하게는 우리의 정체성에 대해 해석하는 방식에 대해서도 고민하는 계기가 되었으면 한다. 당신은 당신이 진짜 누구인지 알고 있는가? 당신이 생각하는 자아상이 하나님이 말씀하시는 당신의 모습과 얼마나 부합하는가? 그리고 그 둘 사이의 간격은 어떻게 메꿀 것인가? 이는 혼란스럽고 복잡한 문제다. 왜냐하면 우리는 혼란스럽고 복잡한 존재들이기 때문이다. 하지만 다행히도 성경에는 이러한 혼란과 복잡함이 예견되어 있다.

자신의 모습을 찾는 과정, 빈칸 채우기

약 4000년 전에 하나님은 불타는 덤불에서 모세라는 한 사나이를 부르셨다. 이 이야기는 출애굽기 3장에 나온다. 교회에 오래 다닌 사람들은 이 이야기를 여러 버전으로 들었을 것이다. 다음은 그 이야기에 내가 상상력을 동원해서 재구성한 버전이다.

하나님은 사막 한가운데서 모세를 찾으셔서 기가 막히는 계획을 제시하셨다. 하나님은 모세가 그 당시 가장 강력한 나라였던 이집트로 가서 이집트의 왕 파라오에게 그가 노예로 혹독하게 부리는 수백만 명의 이스라엘 백성들을 풀어줄 것을 요구하길 원하셨다.

모세는 어안이 벙벙했다. 좋아서, 감동해서가 아니었다. 모세는 그 계획을 듣기만 해도 식은땀이 나고, 오금이 저리고, 호흡이 가빠지기 시작했다.

그래서 모세는 하나님께 당신 이름이 무어냐고 여쭈었다. 모세는 세상을 발칵 뒤집어 놓을 그 계획을 이스라엘 사람들이 믿게 하는 데 도움이 된다면 지푸라기라도 잡고 싶은 심정이었다.

모세는 하나님의 존재를 확인하는 것이 그 순간 무엇보다 더 중요하다는 것을 직감적으로 알았다. 그것이 모세 본인의 능력이나 교육이나 이력보다 더 중요하며, 파라오의 권력이나 이집트의 정치 지형이나, 혹은 당장 그 자리에서 노예 폐지론자가 되는 것보다 더 중요하다는 것을 말이다. 그래서 하나님은 모세에게 당신의 이름을 알려주시는 데 동의하셨다.

"모세야, 내 이름은…… '나는 ……이다.(I am.)'"

길고 어색한 침묵이 이어졌다. 모세는 몸을 앞으로 기울여서 덤불이 털어놓는 비밀을 듣기 위해 귀를 쫑긋 세웠다.

"어서 말하세요, 듣고 있으니까. 당신이…… 뭐라고요? 누구시라고요? ……잠깐, 그게 다예요? 그냥 '나는 ……이다.(I am.)'? 라고요?"

하지만 하나님은 그 문장을 완성하지 않으셨다. 모든 면에 완벽하신 하나님도 영문법에는 약하신 모양이다. 하나님은 'be' 동사가 주격보어를 취한다는 사실을 모르시는 걸까? 그래야 문장이 완성된다는 사실을 모르시는 걸까?

어쩌면 하나님은 모세에게, 그리고 우리 각자에게 이런 메시지를 전하고 계셨던 것인지 모른다. '나는 ……이다'를 건너뛰지 말라는, 경솔하게 네가 누구라고 빈칸을 채우지 말라는…….

'나는 ……이다'라는 이 두 단어를 생각해 보라. 이 얼마나 작고, 볼품없고, 무덤덤한 말인가. 하지만 이 두 단어는 그 어떤 문장보다 큰 잠재력을 가진 혁명적인 문장이다. 그 안에는 과거를 벗어던지고, 현실을 조종하고, 미래의 틀을 만들 수 있는 힘이 담겨 있다.

나는 신비주의나 어떤 영묘한 힘을 말하는 게 아니다. 여기에 담긴 힘은 대단히 현실적이다. 하나님은 당신 자신을 정확하게 설명하시기 위해 이 문장을 선택하셨다. 정체성과 자기인식은 인생의 토대가 되는 개념이기 때문이다. 하나님의 '나는 ……이다'라는 이 거대한 구성은 모세에게는 일종의 계시였다.

하지만 하나님의 이름에는 가운데 말이 필요 없다. 하나님은 필요할 때는 언제든지 그 누구든 그 무엇이든 될 수 있고, 그 어디에든 존재하시기 때문이다. 하나님은 충만하신 분이고, 완전하고 온전하신 분이며, 우리가 알고 있는 그 어떤 필요나 바람도 만족시켜 주시는 분이다. 이 세상에 존재하는 최고의 찬사와 과장을 총동원한다 해도 우리는 하나님에 대한 설명을 시작조차 할 수 없다.

그러나 당신과 나는 가운데 말이 필요하다. 우리는 우리의 정체성을 구체적이고, 실체적이고, 묘사적인 용어로 묶어 두는 것이 필요하다. 우리는 완성된 문장이 필요하다. 그리고 우리는 의식적이든 무의식적이든 간에 늘 그렇게 한다.

가장 일반적이고 거시적인 관점에서 보자면 우리의 가운데 말은 우리 이름이라 할 수 있겠다. 하지만 그건 시작에 불과하다.

가운데 말은 단지 당신 부모가 당신에게 지어 준 이름이나 어느 해 봄방학부터 줄곧 따라다니는 별명을 의미하는 게 아니다. 또한 당신이 무역박람회의 명찰에 써 붙이거나 당신 친구들이 당신을 부를 때 쓰는 호칭을 의미하는 것도 아니다.

당신은 '나는 ……이다.' 라는 문장을 어떻게 완성하겠는가? 빈칸을 어떻게 채우겠는가? 당신 자신을 어떻게 설명하겠는가? 이것은 말처럼 쉬운 일이 아니다.

교회에 가면 보통 당신은 하나님이 어떤 분이신지를 이해하는 데 필요한 수많은 도구와 지침들을 부여받게 된다. 당신은 그분의 사랑, 그분의 신성함, 정의, 선하심에 대해 듣게 될 것이다. 우리는 편재, 전지, 전능과 같은 신학 용어들을 주고받는다. 그리고 성경적 각주가 완비된 영광스럽고 세부적인 언어로 하나님을 설명하는 법을 배운다. 물론 이것은 지극히 중요한 부분이다.

하지만 우리는 우리 자신이 누구인지 모를 때가 많다. 그것도 자기 자신과 철저히 단절된 채로 말이다. 당신에게 하나님이 어떤 존재인지를 아는 것도 중요하다. 하지만 그보다 먼저 당신 자신에게 당신은 어떤 존재인가? 아마 당신은 하나님이 어떤 분이신지를 큰 어려움 없이 설명하고 규정할 수 있을 것이다. 하지만 그것이 당신 자신을 설명하고 규정하는 방식과 일치하는가?

내 말은 우리가 우리 스스로를 규정하지 않는다는 뜻이 아니다. 우리는 항상 스스로를 규정한다. 우리는 항상 빈칸을 채운다. 단지 그것을 깨닫지 못할 따름이다. 우리가 스스로를 설명하기 위해 사용하는 가운데 말을 인식하지 못할 따름이다. 그 가운데 말들은 반사적이고 잠재의식적이며 놀라울 정도로 폭로적이다.

나는 꽤 좋은 아버지다. 나는 집수리하는 일에는 완전 젬병이다. 나는 몹시 난폭한 운전자다. 나는 그저 그렇고 그런 음악가다. 나는 성공한 사람이다. 나는 실패자다. 나는…….

'나는' 다음의 빈칸에 채울 말을 나는 '가운데 말'이라고 부르지만, 실제로 우리가 그 빈칸을 채우는 단어는 한 단어 이상인 경우가 대부분이다. 우리의 가운데 말은 문장이 될 수도 있고, 목록이 될 수도 있다. 두려움이나 느낌이 될 수도 있고, 기억이나 트라우마가 될 수도 있으며, 우리 정신 깊숙이 잠복해 있는 비난일 수도 있다.

학창 시절 치러 본 빈칸 채우기 시험이 생각난다. 선생님들이 한두 개의 키워드만 빼고 모두 빈칸으로 남겨 둔 수수께끼 같은 문장을 내주면 우리가 그 빈칸에 들어갈 말들을 알아내야 하는 시험 말이다. 언뜻 봐서는 쉬워 보이지만 큰 문제가 도사리고 있다. 각각의 빈칸에 들어갈 정답은 오직 하나뿐이라는 거다. 당신이 쓴 답은 맞거나 틀리거나 둘 중 하나다.

이건 힘든 시험이다. 사지선다형 문제라면 적어도 넷 중에 하나를 찍을 수가 있다. 또 서술형 문제라면 무슨 시답잖은 썰을 풀어서라도 시험지를 메울 수 있고, 그러면 최소한 창의력이나 노력 점수라도 얻을 가능성이 있다. 시답잖은 썰을 푸는 데는 나도 소질이 있으니까.

그러나 이 얄짤없는 빈칸에는 그런 게 통하지 않는다. 실수하거나 어물쩍 넘어갈 여지가 없다. 빈칸을 채우는 것은 정답을 알아야 가능한 일이다. 그 빈칸에 들어갈 말이 무엇인지를 결정할 권리를 가진 사람은 단 한 사람, 바로 선생님들이다. 그들은 그 빈 공간들이 무엇을 위한 것인지에 대한 최종적인 판단을 거쳤기 때문이다.

이제 당신 삶의 얘기로 돌아와서, 그 빈칸을 채울 권리를 가진 사람은 누구인가? 당신인가? 당신 부모님인가? 당신 친구인가? 주위 사람들인가?

최근 오래전에 방영된 '60분(60 Minutes)⁴'을 다시보기로 보았는데, 밥 딜런을 인터뷰한 내용이었다. 인터뷰 진행자가 그에게 로버트 지머맨에서 밥 딜런으로 이름을 바꾼 이유가 무엇인지 물었다. 그러자 딜런은 그의 트레이드마크인 시크한 표정으로 대답했다.

"본인 이름은 본인이 부르고 싶은 이름으로 부를 수 있잖아요. 여긴 자유의 땅이니까요."

당신은 법적으로 쉽게 이름을 바꿀 수 있다. 적절한 서식을 작성해서 소정의 절차를 거치면 지머맨은 딜런이 될 수 있다. 하지만 당신을 규정하는 내면의 이름과 제목은 어떠한가? 그것은 누가 결정하는가? 그리고 지금까지 당신의 빈칸에 채운 내용이 마음에 들지 않는다면 어찌되는가? 그 대답을 바꿀 수 있는가? 어느 정도까지 바꿀 수 있는가? 어느 정도까지 바꿔야 하는가?

그리고 그 문제에 대해서는 정말로 정답이 단 하나만 있는 것일까? 당신 인생의 온갖 미묘한 뉘앙스와 복잡한 문제들과 모순들이 그렇게 간단명료하게 요약될 수 있을까?

이러한 것들은 현실과 직결된 문제들이다. 이것들은 우리 자의식의 심장부를 강타한다. 당신은 이제 더는 빈칸 채우기 시험문제를 풀지 않아도 될 테지만, '나는 ……이다'라는 인생의 문제를 채워야 할 훨씬 더 큰 도전에 직면해 있다. 당신은 매일 그 질문에 답한다. 그리고 당신의 답은 좋든 나쁘든 당신의 삶의 궤도와 직간접적으로 연결되어 있다.

내가 항상 내 입에서뿐만 아니라 내 마음에서 듣는 가운데 말들은 이런 것들이다.

'부적격자. 바보. 강하다. 의욕이 넘친다. 맛이 갔다. 충실하다. 진퇴양난에 빠졌다. 비참하다. 압도되었다. 은혜 받았다. 유능하다. 실망했다. 끝장났다. 희망에 차 있다. 질린다. 만족스럽다.'

이 중에서 당신이 공감하는 말은 무엇인가? 위의 말들을 머릿속으로 빙빙 돌려 보라. 여기에 당신 자신의 말도 넣어 보라. 그 말을 얼마나 자주 하며, 얼마나 자주 그런 생각을 하는가? 지금부터 1년 동안 되새김질하게 될 거라고 예상되는 말은 무엇인가? 혹은 10년 동안 되새김질하게 될 말은? 당신 자녀에게 되새김질하라고 가르칠 말은 무엇인가?

자, 이제 재미 삼아서 그 말을 가운데 말로 바꾸어 보라. 모든 것이 다르게 느껴질 것이다.

몇 걸음 더 나아가 보자. 이것이 내 모습이라고 다른 사람들이 믿게 만들었던 자아상과 지금의 당신 자신을 비교해 봤을 때 스스로를 어떻게 평가하는가? 당신의 참모습을 당신이 되고 싶어 하는 자아상과 비교하면 어떤가? 다시 말해서 당신은 그런 '척' 하는 사람인가? 당신은 내면의 결함과 약점을 가리기 위해 허세를 부리는가?

좀 더 묵직한 질문을 하자면 이 모든 것들을 당신에 대한 하나님의 평가와 비교하면 어떤가? 당신의 자아상, 자기기술(自己記述), 당신의 페르소나…… 이런 것들이 하나님이 창조한 당신 모습과 부합하는가? 이러한 것들은 거대한 질문들이다. 혼란스럽고, 대담한 질문들이다. 그 진의를 올바로 이해하는 데에도 평생이 걸릴 것이다.

하지만 이 질문들을 무시한다면 당신은 허세를 부리고, 으스대고, 가식을 떨고, 연기하고, 완벽해지려 하고, 남의 비위를 맞추고, 자신을 증명해 보이는 일에 온 인생을 허비하게 될 것이다. 그러고도 당신의 참된 자아는 결코 찾지 못할 것이다.

시도하고 실패하고 다시 시도하고
──────────────── '진정한 자아'를 아는 것은 복잡하고 어려운 일이다. 몇 년 전, 어느 헤어 디자이너가 나를 '베컴 룩(Beckham look)'으로 바꿔 주고 싶다고 말했다. 비록 비현실적이긴 하지만 내가 그 위대한 축구의 신과 얼추 비슷해질 수 있다는 그 단순한 제안은 헤어숍 문으로 발을 들여놓기 충분할 정도로 솔깃한 것이었다.

내 머리 손질을 위해 전문 헤어 디자이너에게 찾아간 것은 10여 년 만에 처음이었다. 우리 아버지 이발소의 오래된 이발기 세트가 항상 내 머리를 손질해 주었고, 나도 간단한 커트 정도는 우리 집 차고에서 혼자 할 수 있었던 것이다. 하지만 베컴 룩이라고? 나한테? 그렇게만 된다면야 기꺼이 큰돈을 쓸 용의가 있지!

일단 의자에 앉자 나의 칠흑 같은 모발을 백금색으로 표백하는 고통스러운 과정이 시작되었고, 나는 곧바로 내 결정을 후회했다. 나는 다른 사람보다 고통을 잘 못 참는 편인 모양이다. 다른 헤어숍에서는 손님들한테 마취 주사를 놓아주는 게 아닐까 하는 의심이 들 정도였으니까.

변신을 한 후 거울에 떠오른 내 모습 그 어디에도 데이비드 베컴은 없었다. 내 머리도 정확히 말해서 백금색이 아니라 감귤색에 더 가까웠다. 하지만 변화는 드라마틱했고, 나는 그 변화에 익숙해졌다. 나는 그 모발 색을 몇 년간 유지했다. 그리고 어느 날 다시 본래의 흑발로 돌아왔다. 그런데 처음 만난 사람 중에 한 명이 내 머리를 보고 파안대소할 말을 했다.

"목사님, 흑발을 다시 금발로 바꾸시는 게 좋겠어요. 목사님한테는 검은색이 아주…… 부자연스러워요."

때때로 나는 우리 이미지와 정체성이 손질, 재손질, 탈색, 염색 과정을 너무나 많이 거친 나머지 본래의 색을 알아보기 힘들 정도가 된 것이 아닌가 하는 생각을 한다. 우리 자신들도 못 알아볼 정도로 말이다. 실패가 쌓이면 실망을 낳고, 실망이 쌓이면 환멸감을 낳는다. 그리고 우리의 진정한 자아는 우리 스스로도 그 진짜 모습을 기억하기 힘들 정도로 깊이 묻히고 만다.

가운데 말을 채우는 일이 복잡해진다. 부서지고 금이 간 우리 과거가 우리를 걸어 다니는 모순덩어리로 만들어 버렸기 때문이다. 지금 우리는 우리가 꿈꾸었던 모습인가? 혹은 지금의 나처럼 행동하는 것이 진정한 나 자신의 모습인가?

한편으로 우리는 큰 생각을 품고 있기도 하다. 우리는 하나님이 보다 크고 보다 담대한 일에 쓰시려고 우리를 창조하셨음을, 그리고 마음속 깊은 곳에서는 여전히 소명의 불씨가 깜박이고 있음을 알고 있다. 또한 미래의 가능성들과 세상에 공헌할 수 있는 우리의 잠재력으로 상상의 나래를 펴는 나날들이 있다. 그때는 우리 자신에게 온갖 약속을 한다. 아이들과 좀 더 많은 추억을 만들어야지. 마당 조경 공사를 끝내야지. 교회 봉사 시간을 좀 더 많이 가져야지. 벽장을 정리하고, 이런저런 강습에 등록하고, 복근 운동을 하고, 고아를 후원하고, 책을 쓰고, 야구팀 코치를 하고, 세상을 바꾸고…….

하지만 다른 한편으로 우리는 보다 현실적이거나 보다 냉소적인 태도를 취한다. 가끔 이 둘은 구분하기가 힘들 때도 있다. 왜냐? 목표를 달성하는 일은 우리가 생각했던 것보다 훨씬 더 힘들기 때문이다. 우리는 시도하고 실패하고 다시 시도하고…… 또다시 실패해 왔다. 이제 우리는 세상을 바꾸기는 고사하고, 내게 어린애들을 키우거나 카드 빚을 갚을 능력이 있는지도 확신할 수 없다.

어쩌면 우리 꿈들은 애초에 이룰 수 없는 것이었는지 모른다. 혹은 우리가 그것들을 이루기에 충분히 강하지 않거나 충분히 용감하지 않거나, 또는 다른 어떤 것에도 충분하지 않은 것인지도 모른다.

어쩌면 우리는 자격이 없는지도 모른다.

두 현실 사이의 간극

나는 자신의 약점과 꿈 사이의, 그리고 자신의 본모습과 하나님이 의도하신 모습 사이의 간극을 메우려고 씨름하는 사람들과 자주 얘기를 나눈다. 그럴 때마다 하게 되는 생각은, 그들의 가운데 말에는 스스로 자격이 없다고 느낀다는 사실이 분명히 드러나 있다는 것이다.

세상에는 자마르 같은 사람들이 있다. 자마르는 자기에게 젊은이들의 삶을 변화시키는 소명이 있음을 느낀다고 내게 말한 적이 있다. 자마르는 아버지 없이 자랐다. 그는 많은 것들을 아주 힘들게 배워야 했으며, 자신이 힘들게 얻은 전망과 리더십을 다른 청년들과 나누고 싶다는 꿈을 가지고 있다. 그는 모든 면에서 거의 완벽하다. 단 한 가지, 섹스 중독과 씨름한다는 사실만 빼고 말이다.

자마르는 자수성가하고 멋진 미소를 가진 독신남이다. 그는 여성들에게 인기가 많으며 자신도 그렇다는 것을 알고 있다. 그는 한동안 하나님의 기준에 부합하는 삶을 성공적으로 영위해 왔다. 하지만 어느 순간부터 그는 유혹에 굴복하고 말았다. 성적 타락이 그를 탈선하게 한 것이다. 남의 도움이 절실하게 필요한 사람이 어떻게 타인의 모범이 될 수 있겠는가?

자신의 이상적인 자아를 언뜻 보았던 자마르는 크게 좌절했다. 하지만 이미 깊숙이 뿌리내린 성욕 과잉 장애는 그의 정신적 성장에 큰 해를 끼쳤다. 그래서 그는 이렇게 결론을 내렸다. '나는…… 진퇴양난에 빠졌다.'

세상에는 헤더 같은 사람들이 있다. 헤더는 놀라운 엄마다. 적어도 헤더를 제외한 모든 사람들이 그렇게 생각한다. 그녀의 자녀들은 잘 자라고 있다. 그들은 예체능과 관련된 다양한 방과후 활동에 참여하고 있다. 필로폰에 빠진 아이도 없다. 그것에 대해서는 늘 확신한다. 헤더는 일주일에 서너 번은 가족들의 저녁 식사를 위해 요리를 한다. 또한 아이들이 자기 전에 보통 책 한 꼭지씩을 읽어 준다.

그런데 왠지 충분치 않다. 아이들이 잠들고 나면 그녀의 눈에는 온통 그날 짬이 나지 않아서 손대지 못했던 엉망진창인 부분만 보인다. 그리고 그녀의 머릿속에 남아 있는 것은 아이들 숙제를 도와줄 때 욱하고 화를 냈던 기억밖에 없다. 이렇게 실책과 오류가 가득한 엉망진창의 구덩이 속에서 그녀는 어떻게 자신이 엄마 역할을 성공적으로 해내고 있다고 생각할 수 있겠는가?

그녀의 핀터레스트(Pinterest) 게시판은 세 번의 생애를 채우고도 남을 선한 의도들로 가득 차 있다. 그녀는 올 한 해 성경 앱으로 일 년간 성경 통독을 한다는 계획을 네 차례 시도했다. 그런데 진행 속도로 봐서는 십 년 안에 한 번 끝내기도 어려울 것 같다. 그녀는 끝없이 이어지는 우선순위 목록에 치이고 내몰린다고 느낀다. 그녀의 머릿속에서 어떤 목소리가, 그녀가 하는 일은 뭐든지 깊이가 없다고, 그녀는 보통밖에 안 되는 인간이라고, 그녀는 남보다 뒤처진 지각 인생을 살고 있다고 속삭인다. 이 모든 것들이 그녀에게 이런 확신을 갖게 한다. '나는…… 실패하는 중이다.'

그리고 내 동생 맥스 같은 사람들이 있다. 나는 맥스를 사랑한다. 하지만 그 애가 오랫동안 하나님과 멀어지게 하는 데 일조한 사람이 바로 나였다.

맥스와 나는 미국 남부의 화목한 가정에서 자라났다. 이 말은 우리가 닭과 덤플링[5]을 먹었으며 적어도 일주일에 한 번은 교회에 갔다는 걸 의미한다. 맥스는 나보다 세 살 어렸지만, 키는 나보다 15센티미터 더 컸다. 그리고 동생의 이름은 맥스가 아니라 매튜다. 다른 사람에게 별명을 지어 주는 게 나의 고약한 취미 중 하나이다. 내가 동생을 맥스라고 부르기 시작한 것은 내가 열여섯 살이 되던 때였다.

공교롭게도 그 무렵, 예수님에 대한 나의 믿음은 점점 더 진지해지기 시작했다. 나는 좁고 곧은 신앙의 길을 걷기로 결심한 터라 내 주위에 있는 사람들도 모두 좋든 싫든 그 길을 함께 가야 한다고 생각했다.

거기에 맥스도 포함되었다. 사실 맥스는 나의 강요에 의한 첫 번째 개종자였고, 내가 새롭게 눈뜬 종교적 열정을 고스란히 쏟아붓는 대상이기도 했다.

내가 맥스를 차에 태워서 학교까지 데려다 줄 때 맥스는 보통 록음악 채널인 '96웨이브'를 듣고 싶어 했다. 하지만 어림 반 푼어치도 없는 소리다, 내 차 안에서는. 그 대신 우리는 크리스천 록을 들었다. 맥스를 학교 앞에 내려다 준 다음에는 가끔씩 녀석이 여학생을 훑어보는 모습이 내 눈에 띌 때가 있었다. 그럴 때마다 나는 '너 딱 걸렸어'라는 심보로 마치 맥스가 소돔과 고모라의 음란한 주민이라도 되는양 녀석을 나무라곤 했다. 밤에 거실에 가 보면 맥스가 「비비스 앤 벗헤드(Beavis and Butthead)」⁶를 보고 있었다. 그러면 나는 아무 채널이나 설교가 나오는 채널로 재빨리 돌려 버렸다.

나는 비판하기 좋아하는 얼간이처럼 굴려던 게 아니었다. 난 내 동생을 사랑했다. 그리고 동생을 사랑하기 때문에 동생을 신앙의 길로이끌 책임이 나한테 있다고 생각했다. 안 되면 멱살을 잡고서라도 말이다. 하지만 맥스는 따라오는 것 같지 않았다. 나는 왜 그런지 이해할 수 없었다. 나는 그로부터 16년 후, 아버지 장례식이 있던 날 밤까지도 내가 의도했던 것과 정반대로 맥스를 밀어붙였다는 사실을 깨닫지 못하고 있었다.

나는 그날 밤 일을 생생히 기억한다. 우리 가족들을 도와주러 왔던친구들이 모두 돌아갔을 무렵, 시계는 새벽 1시를 가리키고 있었다. 우리는 일생 중에서 가장 힘들었던 한 주를 보낸 터라 휴식이 필요했다. 맥스는 어머니 집 거실에 있는 안락의자에 자리를 잡았고, 나는 소파에 몸을 뻗고 누웠다.

그때 갑자기 맥스가 뜬금없이 16년 전에 자기가 마음고생을 심하게 했다는 얘기를 털어놓기 시작했다. 자신은 오랫동안 하나님과 관계를 맺고 싶었지만 그게 너무 힘든 일 같았다는 거다.

"그건 그렇게 힘든 게 아니야."

내가 맥스에게 말했다.

"하지만 나에겐 늘 그렇게 보였어. 내가 형 고등학교 다닐 때 지켜봤잖아. 형은 모든 일에 규칙을 정해 놓았어. 행동이나 말에서부터 보고 듣는 것까지 전부 말이야. 나는 가짜 크리스천이 되고 싶지 않았어. 하지만 형처럼 하는 것이 진짜 크리스천의 모습이라면 나는 못 해낼 것 같았어. 그건 내겐 너무 힘든 일이었거든."

우리는 한동안 이야기를 나누었고, 나는 맥스에게 사과했다. 나는 맥스에게 하나님과 관계를 맺는 출발점이 금지 사항 리스트를 준수하는 일처럼 느껴지게 만들어서 미안하다고 말했다. 그리고 지금까지 살아오면서 복음은 하나님이 '우리에게 무엇을 하기를' 원하시는 것이 아니라 하나님이 '우리를 위해서 무엇을 하시고 싶은지'에 대한 것임을 알게 되었다고 말해 주었다.

그 대화는 맥스의 마음속뿐만 아니라 내 마음속에도 강렬한 여운을 남겼다. '너무 힘든 일'이라는 맥스의 말이 내 머릿속을 떠나지 않았다. 내가 그렇게 보이게 만들고 있는 것일까? 너무 힘든 일처럼? 그 일이 그렇게 힘든 일처럼 보여야 하는 것일까? 아니면 그렇게 힘들어야 하는 것일까?

우리가 하나님의 존재를 알고 있는 증거라고 상정한 그 모든 자격

요건들 때문에 얼마나 많은 사람들이 하나님과 관계를 맺을 수 있다는 생각을 포기해 왔는가?

어떤 점에서 신앙의 길은 힘들 수도 있다. 연로하신 어느 시골 전도사의 말씀을 인용하자면, "예수께서는 당신의 십자가를 짊어지라고 하셨지, 당신의 템퍼페딕(Tempur-Pedic)[7] 매트리스를 짊어지라고 하시지 않았다." 십분 공감이 가는 얘기다. 이 세상에서 하나님과 함께 현실생활을 연마하려는 노력은 때때로 복잡하고 힘겨운 일이다. 하지만 하나님께 다가가려면 필수적으로 십여 개의 단계를 거쳐야 하는 것처럼 느끼게 만드는 것은, 하나님이 당신의 메시지를 '복음', 즉 좋은 소식이라고 부르셨을 때 염두에 두셨던 것이라 볼 수 없다. 하나님은 이러한 '초대'를 성경 마지막 부분에 배치하셨다.

성령과 신부가 말씀하시기를 오라 하시는도다 듣는 자도 오라 할 것이요 목마른 자도 올 것이요 또 원하는 자는 값없이 생명수를 받으라 하시더라 (요한계시록 22장 17절)

하나님은 우리에게 "있는 그대로의 모습으로 오라"고 하신 것 같다. 하지만 우리는 이 메시지를 "네 자신을 변화시켜라. 그런 다음에야 나에게 올 수 있다."는 뜻으로 해석하는 일이 너무나 빈번하다.

나는 내 동생이 하나님을 찾는 것을 도와준 게 아니라 사실상 동생이 하나님으로부터 멀어지게 만드는 장애 구역을 만들었던 것이다. 나는 전혀 의도치 않게 동생의 영혼에 사실은 이 세상에서 가장 위험할지도 모르는 가운데 말의 씨앗을 심어 주었다. '나는 자격이 없다.'

라는.

당신의 가운데 말들은 무엇인가? 그 말들은 대체로 부정적인가 아니면 긍정적인가? 혹시 너무 복잡해서 부정적인지 긍정적인지 분류하기도 힘들 정도인가?

만일 당신이 자마르나 헤더나 맥스나 나 같은 사람이라면 당신의 가운데 말은 당신의 약점들에서 흘러나온 것일 가능성이 크다. 그 말들은 아마 당신이 도달하지 못한 자아상, 당신이 할 수 없는 일, 혹은 실패하고 있다는 느낌과 많은 관련이 있을 것이다. 당신의 특성에 결함이 있고 당신의 역량이 의심스럽기 때문에 당신은 자격이 없고 부족하다고 느끼게 되는 것이다. 그것이 우리가 생각하는 방식이다.

삼척동자도 다 아는 사실이지만 우리 모두 약점들을 가지고 있다. 우리는 그 약점들을 온갖 다른 이름으로 부른다. 콤플렉스, 장애, 바보짓, 실수, 문제, 죄, 오류, 허물, 실책, 내면의 악마, 중독 등……. 당신이 그것을 어떻게 부르든지 간에 우리 모두 가지고 있는 것은 사실이다.

그리고 좋든 싫든 약점들은 우리가 스스로를 어떻게 보느냐와 많은 관련이 있으며, 따라서 우리가 어떻게 살아가느냐 하는 부분과도 많은 관련이 있다. 핵심적인 질문은 "우리는 자신의 약점들을 어떻게 할 것인가?"이다.

이 책은 이 질문과 더불어 수년 동안 나를 괴롭혀 왔던 유사한 종류의 다른 질문들과 씨름한 결과이다. 그것은 자아수용에 대한 질문이고, 자기계발에 대한 질문이며, 있는 그대로의 나와 내가 추구하는 나를 어떻게 조화시키느냐에 관한 질문이다.

고백하는데 이 책을 쓰는 것은 쉬운 일이 아니었다. 그것은 이 책의 주제가 논란을 불러일으키는 것이어서가 아니었다. 주제 자체가 너무나 복잡하고 애매모호하기 때문에 쓰기가 어려웠던 것이다. 인생이 그렇고, 인간이 그렇고, 당신과 내가 그렇듯이 말이다.

만일 당신이 실패로 좌절한 적이 있거나 당신의 약점에 속을 끓인 적이 있다면 이 책은 당신을 위한 책이다. 하지만 미리 경고하는데 내가 하루 15분 안에 자신의 문제를 해결하는 15가지 방법을 알려 줄 것이라고 기대하지 말라. 내가 완벽해지기 위한 15가지 원칙이나 성공에 이르는 7가지 비법 같은 것을 알려 줄 것이라고 기대하지 말라. 나는 바라건대 그보다 훨씬 더 가치 있는 일을 하고 싶다. 나는 솔직하고 싶다.

힘든 싸움에 대해, 죄에 대해, 하나님이 누구신지, 우리가 누구고 누가 아닌지에 대해, 자부심과 자조(自助)에 대해, 그리고 우리가 왜 어떤 특정한 문제점들을 고치지 못하는지, 또는 우리가 왜 그래서는 안 되는지에 대해……

이 책은 하나님의 존재에 대한 인식을 바탕으로 당신의 참모습을 발견하고 끌어안게 하는 책이다. 이 책은 당신의 삶에서 좋은 점, 나쁜 점, 그리고 입에 담기도 민망한 점을 모두 받아들이도록 하는 책이며, 하나님이 당신의 엉망진창인 상황을 당신에게 이롭게 사용하시도록 하는 방법을 배우는 책이다. 당신의 삶에서 복잡성을 무시하거나 도전들을 거부하는 것에 관한 책이 아니다. 오히려 그 반대다. 또한 자기연민이나 패배감에 빠지는 것에 대한 책도 아니다.

이 책은 당신의 참모습과 당신이 지향하는 모습 사이의 격차를 직시하고, 바로 그 과정에서 하나님과의 교감을 모색하는 책이다. 이 책은 마치 수천의 악령들이 당신을 쫓아오는 것처럼 느껴질 때조차도 하나님이 당신의 마음속에 심어 주신 꿈과 바람들을 추구하는 책이다.

나는 이 책의 주제와 관련된 나 자신의 문제를 해결하려고 씨름하는 동안 많은 변화를 경험했다. 예전에는 결코 알지 못했던 나의 약점들을 알게 되었다. 하나님과 나 자신에 대해 지금까지와는 전혀 다른 관점에서 보게 되었고, 또한 새로운 사실들을 알게 되었다. 그리고 부모 노릇과 목회에 임하는 방식, 그리고 하나님과 삶에 다가가는 방식이 변화하고 있다. 그리고 나는 그 변화를 사랑한다. 그래서 내가 하고 싶은 질문, 아니 질문들은 이것이다.

첫째, 당신의 가운데 말은 무엇인가?

둘째, 보다 중요한 것으로, 하나님이 당신의 인생을 위해 마련하신 가운데 말은 무엇인가?

셋째, 가장 중요한 것으로, 당신은 위의 두 가지 현실 사이의 간극을 어떻게 대처하면서 살아가고 있는가?

이 질문에 대한 대답은 곧 알아내게 될 것이다.

CHAPTER 3

복잡한 만큼 귀중하고,
독특한 만큼 가치 있는 존재

중요한 것은 우리가 복잡한 생명체라는 사실이다.
우리의 정체성은 감정, 기억, 생각, 목표, 습관, 선입견, 철학 등이
아주 복잡하게 섞여서 이루어진 것이다.
따라서 단순한 설명이나 정의로는 묘사가 불가능하다.

* *****

우리가 인간 내면에 관한 심오한 질문에 대한 답을 구할 때마다 늘 우리를 실망시키지 않는 해답의 원천이 있다. 바로 영화 「슈렉」이다.

이 영화의 주인공은 오거[8]다. 하지만 그는 사람들이 흔히 생각하는 구역질나는 일차원적인 괴물이 아니다. 슈렉은 복잡한 인물이다. 내면의 갈등을 겪고 있으며 감성적이다. 그리고 바로 그 점 때문에 우리는 슈렉을 좋아한다. 내가 이 영화에서 특히 좋아하는 장면은 슈렉이 쉴 새 없이 조잘대는 그의 조수 동키에게 자신을 양파에 빗대어 설명하는 장면이다.

슈렉 : 양파는 층이 있지. 오거도 층이 있어…… 알겠어? 둘 다 층이 있다고.

그러면 동키는 삼천포로 빠져서 층, 케이크, 파르페에 대해 쉴 새 없이 조잘댄다. 몇 장면 뒤, 슈렉은 뒷간에 들어가 있고 동키는 뒷간 문 앞에서 슈렉에게 이렇게 소리친다.

동키 : 넌 여러 층으로 겹겹이 에워싸여 있어, 양파 소년. 너는 네 자신의 감정을 두려워 해!

사실 우리 대다수가 처한 상황도 이러하다. 여러 층으로 겹겹이 에워싸인 상태. 우리 자신의 감정을 두려워하고, 변소에 갇혀 있는 상태 말이다. 뭐, 마지막의 변소에 갇혀 있다는 부분은 아닐 수도 있다.

하지만 중요한 것은 우리가 복잡한 생명체라는 사실이다. 우리의 정체성은 감정, 기억, 생각, 목표, 습관, 선입견, 철학 등이 아주 복잡하게 섞여서 이루어진 것이다. 따라서 단순한 설명이나 정의로는 묘사가 불가능하다.

그렇다. 우리는 층을 가지고 있다. 오거, 양파, 케이크, 파르페를 모두 합쳐 놓은 것보다 더 많은 층을 가지고 있다. 그것이 바로 인간이 가진 아름다움의 일부다.

무엇보다 우리는 정적인 존재가 아니다. 우리는 완성품이 아니다. 우리는 잭슨 폴록의 그림처럼 분석과 감탄과 감정(鑑定)의 대상이 아니다. 우리는 지속적으로 변화하고 끊임없이 우리 자신을 재창조한다. 따라서 만일 아직 당신 자신을 파악하지 못했다 해도 전혀 문제될 것이 없다.

'에케 호모' 프레스코화 대참사

──────────────────────── 요즘에는 인간을 분류하고 카테고리로 나누려고 시도하는 책들을 많이 볼 수 있다. 이런 장르의 도서들은 사람의 성향을 해부하고, 개인의 개성을 분석하고, 사람이 생각하고 행동하고 사랑하는 방식을 고찰하는 책들이다. 또한 민족성, 문화, 배경, 경험, 교육, 신경화학, 정신적 외상, 나이, 성적 취향 등과 같은

애매한 측면들을 수량화하려고 시도한다.

나는 이러한 시도들의 가치와 필요성을 인정한다. 적어도 거시적인 관점에서 이러한 시도들은 우리 자신과 주위 사람들을 파악할 수 있는 통찰을 주며, 우리가 배우자, 자녀, 동료, 친구들을 이해하고 관계를 맺는 데 있어 큰 도움이 된다. 하지만 어느 시점에 가서는 이 모든 것들이 작동 불능 상태가 되고 만다. 왜냐하면 인간이란 너무 복잡한 존재여서 그 어떤 도식화된 틀에도 들어맞지 않기 때문이다.

나는 개인적으로 이런 편이 더 좋다. 수백만 명의 사람들이 나와 똑같이 취급받고 똑같은 꼬리표를 달고 다니는 걸 원치 않기 때문이다. 내 친구들 중에는 자신의 성격검사 결과를 술술 읊어 대는 친구들이 있다. 그들은 그런 테스트가 모든 인간 행동을 90퍼센트까지 예측할 수 있는 주요한 지표라고 주장한다. 나도 그들과 똑같은 성격검사를 받은 적이 있지만, 그 결과를 말하라고 하면 누가 내 머리에 총을 들이대고 불라고 해도 말 못할 것이다. 어찌된 일인지 내 머릿속에는 그런 유의 정보들이 아예 입력이 되지 않는다. 그리고 누군가가 설명을 해줄 때도 내 귀에는 찰리 브라운 담임선생님이 하는 말처럼 "와 와 와…#$%&@…….".로 들릴 뿐이다.

분명히 말하지만 우리 각자의 내면에는 자신이 독특하고 특별하고 독창적이며 유일무이한 존재라는 것을 말해 주는 무언가가 존재한다. 당신도 그럴 테지만 나는 그냥 나 자신이고 싶다. 한마디로 뭐라고 규정하기 힘든 그 모호한 특성은 하나님으로부터 나온다. 그것이 하나님이 우리에게 운명을 부여하시는 방식이다. 하나님은 우리를 한 명 한 명 차례로 만들고 빚으셨다. 다윗은 시편 139편에 우리의 정체성과 운명에 대한 유명한 구절을 다음과 같이 남겼다.

주께서 내 내장을 지으시며 나의 모태에서 나를 만드셨나이다 내가 주께 감사하옴은 나를 지으심이 심히 기묘하심이라 주께서 하시는 일이 기이함을 내 영혼이 잘 아나이다 (시편 139편 13~14절)

다시 말해서 하나님은 당신을 일부러 복잡하게 만드셨다. 당신은 베토벤의 운명(제5번) 교향곡보다 더 의도적이고 더 복잡하게 겹겹의 층으로 이루어진 존재다.

이 장에서는 우리가 누구인지에 대해서 많은 얘기를 하게 될 것이다. 우리의 약점과 강점들이 우리 자신에게 어떤 영향을 미치며, 또한 우리가 자격이 있다거나 없다고 느끼는 것과는 무슨 관계가 있는지에 대해 살펴볼 것이다. 하지만 여기에는 위험이 도사리고 있다. 만일 우리가 인간의 복잡성에 대한 가치를 인정하지 않는다면 훼손되었다고 생각되는 부분을 고치려는 시도는 오히려 역효과를 초래할 수 있다.

몇 해 전 스페인의 한 아마추어 미술품 복원가가 대서특필된 것도 바로 이런 연유에서였다. 물론 그 여성은 일을 그르칠 의도가 전혀 없었다. 단지 돕고자 했을 뿐이었다. 세실리아 히메네스(Cecilia Giménez)라는 이름을 가진 이 여성은 여든 살이며, 스페인 보르하 지방에 있는 성당의 신도였다.

19세기 초에 한 지역 화가가 그 성당 벽에 예수 프레스코화를 그렸다. '에케 호모(Ecce Homo : '이 사람을 보라'라는 의미의 라틴어)'로 불리는 이 프레스코화는 그 성당과 마을에 아주 중요한 문화적·종교적 유산이었지만 사실 더 이상 관람할 수 없을 정도로 크게 훼손되어 있었다. 빛바래고, 갈라지고, 군데군데 회칠이 벗겨져 있었던 것이다.

이때 등장한 여성이 바로 세실리아다. 그녀는 말한다.

"회칠이 죄다 벗겨지고 갈라져 있는 걸 보고 그 그림을 수선했어요."

하지만 그녀가 한 일은 수선이 아니었다. 훈련도 안 되어 있고 재능도 크게 부족한 그녀는 자신의 부족한 부분을 물감의 양으로 만회해 보려고 애썼다. 복원 결과는 어땠을까? '괴물 같다'라고 하면 최대한 완곡한 표현일 것이다. 그 여성에 의해 '복원된' 프레스코화는 빅풋(bigfoot)[9]과 훈(Hun) 족의 아틸라 왕을 섞어 놓은 것 같았다. 역사상 최악의 복원화로 기록될 그 그림은 인터넷을 통해 전 세계적으로 엄청난 유명세를 치렀으며, 그 그림을 조롱하는 패러디가 홍수를 이루었다. 이 그림은 '에케 호모'가 아닌 '에케 모노(Ecce Mono : 이 원숭이를 보라)'라는 새 이름으로 불리고 있다. 사실상 복원은 물 건너간 것이다.

그런데 가끔씩 이와 똑같은 일이 우리에게도 일어난다. 우리 자신을 바로잡는다는 미명 아래 한 행동이 결국 상황을 더 나쁘게 만들 때가 있다.

우리는 가끔씩 자신을 슬쩍 한번 보고는 무엇이 좋고 무엇이 나쁜지에 대해, 무엇이 옳고 무엇이 그른지에 대해, 무엇이 남고 무엇이 떠나야 하는지에 대해 지나치게 단순화된 판단을 내린다. 우리는 무심코 거울을 슬쩍 쳐다보고는 제멋대로 상상한 바람직한 자아상과 자기 자신을 비교한다. 그런 다음 물감을 되는 대로 쓱쓱 칠한다. 하지만 만일 우리의 준거 체계가 잘못되거나 무너진다면 개선을 위해 아무리 열심히 노력한다 해도 결국 허사가 되고 말 것이다.

명심하라. 하나님은 우리의 정체성을 하얗게 표백하거나 세척하는 일 따위는 하지 않으신다는 것을. 하나님은 복원가시다. 하나님은 창조자요, 개조자시다. 하나님은 켜켜이 쌓인 먼지와 때 밑에 숨겨진 원래의 빛깔과 깊은 색조를 고스란히 살려 내신다. 그 일은 시간이 걸린다. 또한 기술과 노력이 필요하다.

우리는 복잡한 만큼이나 귀중한 존재이고, 독특한 만큼이나 가치 있는 존재이다. 우리의 정체성을 지나치게 단순화하는 것은 단지 비현실적인 것만이 아니다. 그것은 비극이다. 우리는 자기복원 프로젝트에 뛰어들기 전에 하나님이 애초에 우리를 어떤 사람으로 만드셨는지를 자세히 들여다볼 필요가 있다. 하지만 그 일은 정직과 겸손과 인내를 요구한다. 또한 그 일은 애초에 우리를 창조하셨던 분에게 귀를 기울이는 것을 의미한다.

오직 하나님만이 알고 계신다

──────────────── 인간의 마음을 온전히 알 수 있는 분은 오직 하나님 한 분뿐이시다. 예레미야는 이렇게 썼다.

만물보다 거짓되고 심히 부패한 것은 마음이라 누가 능히 이를 알리요마는 나 여호와는 심장을 살피며 폐부를 시험하고 각각 그의 행위와 그의 행실대로 보응하나니 (예레미야 17장 9-10절)

다윗은 하나님이 우리를 얼마나 알고 계시는지에 대해 이렇게 말했다.

여호와여 주께서 나를 살펴보셨으므로 나를 아시나이다. 주께서 내가 앉고 일어섬을 아시고 멀리서도 나의 생각을 밝히 아시오며 (시편 139편 1-2절)

하나님은 우리 자신보다 우리를 더 잘 더 알고 계신다. 하나님은 우리 마음속 깊은 곳까지 낱낱이 꿰고 계신다. 하나님은 우리가 다른 사람들뿐만 아니라 우리 자신에게조차 숨겨 왔던 비밀들을 모두 알고 계신다.

그리고 압권은 이것이다. 하나님은 추하고 망가지고 기능장애를 일으키는 부분까지 포함해서 당신에 관한 모든 것을 알고 계시지만, 그럼에도 불구하고 여전히 당신을 믿고 계시며, 또한 여전히 당신의 미래에 대해 희망을 가지고 계신다.

언젠가 내 아내 홀리가 내게 이렇게 말한 적이 있다.

"나는 당신에 대해 아직 모르는 부분까지 사랑해."

나는 이 말이 하나님이 우리 각자에게 하시는 말씀을 완벽하게 요약한 것이라고 생각한다. 나는 지금 당신을 분석하거나 비평하려는 것이 아니다. 당신의 현재 모습이나 당신이 어떻게 되어야 하는지에 대한 판단을 내리려는 것이 아니다. 그것은 당신 자신의 여정이다.

내가 하고자 하는 것은 당신이 그 여정을 최대한 활용하도록 돕는 일이다. 만일 당신의 가운데 말이 당신을 혼란스럽게 한다면, 어떻게 하면 거기서 벗어날 수 있는지를 제안하는 일이다. 당신을 종종 돌아 버리게 만드는 당신 자신의 기벽과 흠결들을 받아들이고, 심지어 감사하는 마음을 가지도록 당신을 격려하는 일이다. 그리고 하나님이 당신의 진짜 모습을 끌어내시는 것을 허용하도록 당신을 응원하는 일이다. 그것이 어떤 모습이든 간에 말이다.

우리 중 대부분은 본인의 가운데 말이 삶의 모든 측면에 영향을 미치는 것은 용납하면서도 자기가 누구인지, 자기 생각이 옳은지 그른지, 혹은 놓치고 있는 것은 없는지를 알아내는 일에 하나님이 개입하실 여지는 허락하지 않는다.

우리는 종종 우리가 어떤 사람이 되어야 하는지를 잘 알고 있다고 생각한다. 우리는 우리 자신의 완벽한 자아상을 머릿속에 그리고 있다. 그리고 그 이미지를 만들어내고 드러내 보이기 위해 많은 시간과 노력과 간절한 기도를 바친다. 하지만 나는 하나님과 더 오래 동행할 수록 하나님이 예상 밖의 방법을 사용하시는 것을 더 많이 목격하게 되고, 우리가 자신이 어떤 사람이 되어야 하는지에 대해 불완전한 이미지를 가지고 있다고 더욱 더 확신하게 된다.

의도는 선하나 실력은 아마추어인 상태에서 복원을 시도하기 전에, 우리가 누구이며 어떤 사람이 될 수 있는지를 하나님이 드러내시도록 해야 한다. 어쩌면 먼지와 때라고 생각했던 것들 중 일부는 사실 우리를 구성하는 본질적인 부분일지도 모른다. 우리가 약점이라고 부르는 부분은 사실 위장된 강점인지도 모른다. 그것들이 현재는 우리를 괴롭히지만 하나님은 우리 이익을 위해 그것들을 사용할 계획을 가지고 계신다. 그것들은 하나님이 지으신 우리 자신을 구성하는 핵심적인 부분들이다. 그것들을 지운다면 우리는 졸렬한 모조품이 되고 말 것이다.

반면에, 우리가 개선되기를 바라는 부분들은 사실 우리 진짜 정체성의 일부가 아닐지도 모른다. 우리는 자신의 정체성이 개선되기를 원한다. 다른 사람들의 잘못된 기대나 우리 스스로 자신을 깎아내리면서 비교하는 말들을 항상 들어 왔기 때문이다. 우리는 종종 발전하지 못한 것에 좌절한다. 하지만 애초에 하나님께서 당신에게 주시지 않은 것을 더 키우고 개선한다는 것은 불가능한 일이다. 우리는 그런 헛된 노력을 중단하고, 그 대신 하나님께서 우리에게 맡기신 것에 집중해야 할 것이다.

우리 정체성은 한마디로 요약될 수 없다
———————————————————— 나는 많은 사람들이 한두 마디에 불과한 가운데 말들을 지나치게 중시하는 경향이 있음을 주목해 왔다. 그것들은 보통 부정적인 말들이다. 우리는 비관적인 자아상, 우울한 자의식, 냉소적인 자기인식에 의해 낙담하고, 산만해지고, 탈선한다.

그런 말들에도 어느 정도의 진실이 내포되어 있을지 모른다. 하지만 우리는 자기 자신을 일반화하거나 지나치게 단순화할 공산이 크며, 이는 우리의 목표 의식에 상처를 준다. 다윗은 시편 139편에 이렇게 썼다.

내 형질이 이루어지기 전에 주의 눈이 보셨으며 나를 위하여 정한
날이 하루도 되기 전에 주의 책에 다 기록이 되었나이다 하나님이여
주의 생각이 내게 어찌 그리 보배로우신지요 그 수가 어찌 그리 많
은지요 내가 세려고 할지라도 그 수가 모래보다 많도소이다 (시편 139
편 16-18절)

다윗은 우리에 대한 하나님의 생각들이 보배롭다고 말한다. 참으로
위안이 되는 말이 아닐 수 없다. 하나님의 생각들이 수많은 시간 동안
나 자신에 대해 느꼈던 불만스러움이나 짜증스러움과 다르다는 사실
을 알게 되어 기쁘기 한량이 없다. 보배롭다는 말은 참 좋은 말이다.
하지만 다윗은 거기서 멈추지 않는다.

하나님의 생각들은 무수히 많다. 이 부분을 잠깐 생각해 보자. 시편
저자는 무수히 많다는 말을 짤막한 두 행의 시구에다 세 가지 다른 표
현으로 담아냈다. "하나님의 생각들이 어찌 그리 많은가, 우리는 셀
수조차 없다. 그 수는 모래 알갱이보다 많다."

이것은 우리에게 무엇을 알려 주는가? 우리에 대한 하나님의 생각
은 우리만큼이나 복잡하다는 것이다. 그분은 우리를 지나치게 단순
화하시지 않는다. 그분은 우리를 분류하고, 학명을 붙이고, 선반에 알
파벳으로 배열하시지 않는다.

하나님은 우리를 복잡하고 상세하게 알고 계신다. 그분은 우리의
과거와 현재와 미래를 꿰뚫고 계신다. 우리 삶의 매일, 매순간이 하나
님 앞에 고스란히 드러나 있다. 하나님은 우리의 복잡한 특징들을 우
리 자신들을 포함하여 세상 그 누구보다 더 잘 알고 계신다. 하나님은

우리를 설계하셨고, 우리에게서 즐거움을 느끼시고, 우리를 이해하시는 분이다.

이렇듯 하나님께서도 우리를 한 문장으로 요약하시지 않는데, 어째서 우리는 그래야 한다고 생각하는가? 하지만 그것은 우리가 늘 하는 일이다. 은유의 거울 속에 비친 자신을 바라보고 혐오감에 한숨지으며 이렇게 선언한다.

나는 실패자다.

나는 알코올중독자다.

나는 얼간이다.

나는 가망이 없다.

정말인가? 단 한마디, 단 한 줄로 우리의 정체성, 존재, 가능성을 요약할 수 있는가? 그렇게나 경솔하게 우리의 소명을 떨쳐 버리고, 스스로를 자격이 없다고 낙인찍을 수 있는가? 소가 웃을 일이다. 세상에 그렇게 단순한 사람은 아무도 없다. 우리는 살아 있고, 움직이고, 변화하고, 성장하는 존재들이다. 우리 존재를 이루는 차원은 그토록 복잡하다는 웜홀 이론과 대체 우주 이론이 상정할 수 있는 차원보다 더 많다.

하나님 스스로 우리를 하나의 평면 이미지로 축소하기를 거부하신다. 그분은 우리의 모든 층과 단계들을 합쳐서 하나의 2차원 평면 이미지로 만드시지 않는다. 그분은 우리를 한마디 말로 요약하시지 않는다. 그럴진대 우리가 왜 그렇게 하는가?

나는 우리가 가운데 말의 사용을 멈춰야 한다고 제안하는 것이 아니다. 그것들은 삶의 일부이며, 그것이 올바른 것이라면 엄청난 해방감을 줄 수도 있다. 내가 말하고자 하는 것은, 우리는 한마디로 정의하기에는 너무 광범위한 자신에게 라벨을 붙이고 뚜껑을 닫는 일은 피해야 한다는 것이다. 그건 지나치게 단순하고 근시안적인 행위이다.

우리는 자신의 복잡성을 인정해야 한다. 자신의 정체성이 아름답고, 섬세하고 복잡한 존재라는 사실을 받아들여야 한다. 우리의 정체성은 하나님께서 많은 공을 들여서 만드신 예술 작품이다.

그것이 더는 사용할 수 없을 정도로 낡았는가? 그럴지도 모른다. 그것을 복원해서 사용할 수 있을까? 물론이다. 하지만 복원하시는 이는 바로 하나님이시며, 그분은 일을 제대로 해내기 위해 서두르지 않으실 것이다.

양파 껍질같이 겹겹이 싸인 정체성

─────────────── 스스로에게 물어보라. 나는 누구인가? 잠깐 시간을 가지고 이 질문에 대해 생각해 보라. 가능한 많은 답을 생각해 내려면 종이 한 장과 생각의 물꼬를 터 주는 영감이 필요할지도 모른다. 아마 당신은 생각하면 할수록 단순해 보이는 이 질문이 사실 얼마나 복잡한 질문인지를 깨닫게 될 것이다.

당신의 생각을 돕기 위해 다음에 몇 개의 카테고리를 제시하고, 각 카테고리 밑에 가운데 말 너덧 문장을 예시해 놓았다. 예시된 문장들 중에는 부정적인 말이 상당수 포함되어 있다. 그것은 내가 이요르[10]나 애드거 앨런 포를 환기시키려는 것이 아니다. 그러한 문장들이 우리에게 가장 크게 소리 지르고, 가장 큰 영향을 미치는 경향이 있기 때문이다. 또한 여기에는 당신이 되고 싶어 하는 모습이나, 심지어 당신에게 엿보이는 잠재력도 포함시켜서는 안 된다. 바로 지금 당신 자신을 정확하게 묘사하는 말이어야 한다.

당신은 다음에 적힌 각각의 카테고리에 해당하는 가운데 말을 적어도 하나씩은 가지고 있을 것이다. 그것을 입 밖으로 표현한 적이 있든 없든 간에 말이다. 당신은 양파 껍질같이 겹겹이 싸인 정체성을 가지고 있으니까.

자, 다음에 적힌 각 카테고리를 살펴보고, 거기에 해당하는 당신의 가운데 말을 적어도 한 가지씩 적어 보라. 경우에 따라 여러 개를 적어도 좋다. 당신을 묘사하는 단어나 시시때때로 당신 머릿속에서 메아리치는 단어를 적는 것이다. 완벽한 목록을 만들 필요는 없다. 하지만 이를 계기로 당신의 '나는 ······이다.' 문장이 당신의 삶 곳곳에 스며들어 있다는 것과, 그 말들이 당신의 삶에 실제로 얼마나 많은 영향을 미치는지를 깨닫게 되기를 바란다.

성격	나는 수줍음을 탄다. 나는 야단스럽다.
	나는 사람들을 즐겁게 해주는 형이다.
	나는 의욕적이다······
품성	나는 솔직하다. 나는 게으르다. 나는 심술궂다.
	나는 믿을 만하다. 나는 이기적이다······
조건·상황	나는 지쳤다. 나는 치유되었다.
	나는 축복받았다. 나는 빈털터리다······
능력	나는 바보다. 나는 음악에 재능이 있다.

	나는 운동을 잘한다. 나는 몸이 약하다……
정서	나는 두렵다. 나는 갈등을 겪고 있다.
	나는 막막하다. 나는 상처를 입었다……
신체적 특징	나는 느리다. 나는 남성이다.
	나는 키가 크다. 나는 몸매가 엉망이다……
교육	나는 중퇴자다. 나는 최우수 학생이다.
	나는 대졸자다……
가족	나는 독신이다. 나는 부모다.
	나는 이혼했다. 나는 과부이다……
국적 · 문화	나는 미국인이다. 나는 백인이다. 나는 한국인이다.
	나는 조선족이다. 나는 소도시 주민이다.
	나는 대도시 주민이다……
성생활	나는 이성애자다. 게이다. 레즈비언이다.
	양성애자다. 잘 모르겠다……
직업	나는 기술자다. 나는 주부다. 나는 실업자다.
	나는 사업가다……
종교	나는 가톨릭교도이다. 나는 무신론자다.
	나는 불가지론자다. 나는 기독교도이다……

이제 좀 감이 잡히는가? 당신에겐 층이 있어, 양파 소년! 그리고 이는 축하할 일이다. 하지만 이는 또한 이해해야 할 일이기도 하다. 왜냐하면 가운데 말에는 대부분 감정의 응어리가 들어 있기 때문이다. 그 말들은 우리의 삶 전체에 정서적·심리적으로 영향을 미친다.

한두 가지 예를 들어 보자. 위에 나열한 카테고리 중에서 가장 외면적인 항목은 국적과 직업이다. 이 둘은 확인하기도 쉽고 이름표를 붙이기도 쉽다. 우리의 국적과 직업이 무엇인지는 외부인이라 해도 우리 삶을 들여다볼 수 있다면 쉽게 알아낼 수 있다. 그리고 이 둘은 도덕관념과는 무관하다. 다시 말해서 국적과 직업 자체에는 좋고 나쁨의 잣대를 적용할 수 없다.

이제 당신 자신에게 물어보라. 만일 내가 다른 국적과 다른 직업을 가지고 있다면 어떨까? 내가 생각하고 행동하고 나 자신을 보는 관점에 얼마나 큰 영향을 미칠까?

나는 미국인이다. 만약 내가 다른 나라에서 태어났다면 내 인생은 어땠을까? 다시 말하지만 지금보다 더 좋아졌거나 더 나빠졌다는 차원이 아니라 상황이 전혀 달라졌을 것이다. 사실 나로서는 상상하기도 힘들다. 언어, 문화, 습관, 풍습, 지리, 축구를 업신여기는 성향 등 내 삶의 구석구석까지 영향을 미칠 것이다. 한 사람의 정체성은 그의 국적이나 민족성에 깊이 뿌리박혀 있기 때문이다.

이는 직업에 있어서도 마찬가지다. 나는 목사이자 작가다. 이러한 사실은 내 삶에 무시하지 못할 정도의 영향을 미치고, 내 삶의 여러 국면들을 복잡하게 만든다. 하지만 만약 내가, 예를 들어 배관공이었다면 내 삶은 어땠을까? 물론 그럴 일은 없을 것이다. 나는 집 개조 분야에서는 지진아 수준이니까. 그것도 좋게 표현해서 말이다. 결혼한 지 13년이 지났지만, 아직 연장 세트 하나도 장만하지 못했다. 그러니까 만약 천체 운행 시스템에 약간의 오류가 발생하여 내가 목사가 아니라 배관공으로 태어났다면 내 삶은 어떠했을까? 아마 내가 함께 시간을 보내는 사람들에서부터 내가 무슨 옷을 입는지, 홈디포(Home Depot)[11]에 얼마나 자주 가는지에 이르기까지 내 삶의 모든 부분들이 지금과 많이 다를 것이다.

하지만 여기서 명심할 것은 국적이나 직업은 비교적 단순하고 객관적인 가운데 말이라는 점이다. 그 나머지는 어떤가? 보다 주관적인 항목들은 어떤가? 정서적 혹은 종교적 정체성은 어떤가? 성격이나 인격적 특성은 또 어떤가? 만약 내성적이거나 외향적 성격이라면? 억울하거나 불안하거나 상처를 입었다면? 자유분방하거나 자신감 넘치거나 자율적이라면? 그리고 이름표와 생활 방식 중에 어느 것이 먼저일까? 닭이 먼저일까, 달걀이 먼저일까? 행동은 정체성을 따르는 것이 아닐까?

다시 말하는데 내 의도는 당신의 정신을 분석한다거나 당신의 정체성을 낱낱이 해부하려는 것이 아니다. 내가 바라는 것은 당신의 '나는 ……이다.'에 대한 진술, 다시 말해서 당신의 가운데 말이 당신의 인생에 얼마나 포괄적이고 광범위하게 영향을 미치는지를 깨닫게 되었으면 하는 것이다.

우리들의 가운데 말 중에 정확한 것도 있지만 상당수는 그렇지 않다. 그러한 가운데 말에 잘 대응하고 본인의 강점과 약점을 올바로 다루는 것이 중요하다는 것은 아무리 강조해도 지나치지 않다. 우리는 슬플 때나 기쁠 때나 우리 삶에 영향을 미치는 가운데 말에 통제력을 행사할 수 있지만, 그러기 위해서는 본인의 정체성을 파악하는 것이 먼저다.

그것은 쉬운 일이 아니지만 그렇다고 불가능한 것도 아니다. 당신의 본모습은 해독 불가의 암호도 아니요, 풀 수 없는 수수께끼도 아니다. 우리는 이미 하나님이 우리 정체성을 완벽하게 알고 계신다는 것을 고찰한 바 있다. 그리고 나는 하나님이 우리도 우리 자신을 알도록 도와주고 싶어 하신다고 믿고 있다. 시편 139편은 바로 이 점을 정확히 명시하면서 끝맺는다.

> 하나님이여 나를 살피사 내 마음을 아시며 나를 시험하사 내 뜻을 아옵소서 내게 무슨 악한 행위가 있나 보시고 나를 영원한 길로 인도하소서 (시편 139편 23-24절)

다윗은 하나님께 자기를 알아 주고 자기를 시험해 달라고, 그리고 자기를 이끌어 달라고 부탁했다. 바로 이것이 우리가 취해야 할 태도다. 우리가 모든 해답을 알고 있지 않다는 사실을 받아들여라. 하나님이 모든 해답을 알고 계신다는 것을 인정하라. 그리고 그 과정에 전념하라.

그렇다. 우리는 복잡한 존재이다. 우리는 자신의 정체성의 태피스트리를 이루는 모든 씨실과 날실, 얽힌 가닥과 매듭들을 결코 이해하지 못할 것이다. 하지만 확신컨대 당신이 하나님에 대해 더 많이 알게 될수록 자기 자신에 대해 더 많이 알게 되고, 자신의 본모습을 더욱 흔쾌히 받아들이게 될 것이다.

자아발견의 여정이 쉬울 거라는 약속은 못한다. 당신은 깔끔히 비워 내야 할 장롱을 서너 개 정도 가지고 있을지 모른다. 마루 밑에 꽁꽁 숨겨 둔 비밀들이 있을지 모른다. 하지만 만일 진정한 자신을 인정하고 가치 있다고 생각하는 법을 배운다면 당신은 지금까지 경험해 본 그 무엇과도 비교할 수 없는 자유와 평화를 얻게 될 것이다.

그렇다면 우리는 진정 누구인가?

있는 그대로 행동하기

우리는 두려운 나머지 우리의 본모습과 우리에게 주어진 것들을 숨긴다.
기대에 못 미칠까 봐 두려워서 우리의 정체성을 묻는다.
자기 밑천을 드러내 보이면 사람들이 실망할까 봐 두려워한다.
일을 망칠까 봐, 충분한 자격이 되지 않을까 봐 두려워한다.
그래서 우리는 하나님이 우리에게 주신
선물을 사용하기를 거부한다.

* *****

나는 음악을 좋아한다. 항상 그랬다. 그리고 언제나 무대 위, 사람들 앞에 서는 것을 좋아해 왔던 것 같다. 그래서 십대 때 웅대한 꿈을 품고 밴드를 조직한 것은 어찌 보면 당연한 일이었다. 나와 내 친구들은 우리가 히트를 치고, 그래미상을 차지하고, 펄잼(Pearl Jam)[12]보다 더 크게 한방 터트리고, 세상을 손아귀에 넣을 꿈에 부풀어 있었다.

우리는 비록 세계 제패는 못했지만, 몽크스 코너 독립기념일 축제인 '배틀 오브 더 밴드(Battle of the Bands)'에서 2위를 차지했다. 어이, 에디 베더(Eddie Vedder)[13] 한판 붙자!

어느 날 밤, 우리 집 뒷마당에서 특히나 신들린 공연을 펼치고 난 뒤 나는 어머니에게 어땠냐고 물어보았다. 어머니는 좋았다고 하셨지만 내 귀에는 팬으로서가 아니라 엄마가 자식 기 살려 주려고 하신 말처럼 들렸다. 나는 어머니가 마음에 없는 말을 하신다는 것을 알아채고 집요하게 캐물었다. 결국 어머니는 "네 노래는 언제 들려줄 거니?"하고 내게 물으시면서 어떤 점이 마뜩찮으셨던 건지를 털어놓고 말았다.

나는 리드싱어다. 그러니 그 질문은 당신 자식이 리드싱어가 되어 스포트라이트를 더 많이 받았으면 하는 바람에서 하신 게 아니었다. 어머니는 커버 밴드(cover band)[14] 가수인 나에게 너는 왜 맨날 다리

우스 러커(Darius Rucker)니, 빌리 조 암스트롱(Billie Joe Armstrong)이니, 밴 모리슨(Van Morrison)이니, 지미 헨드릭스(Jimi Hendrix)니 하는 기성 가수들의 창법만 따라 하느냐고 물었던 것이다. 한마디 덧붙이자면 썩 나쁘지는 않게 말이다. 어머니는 언제 '나의 노래'를 듣게 될지 알고 싶었던 것이다.

우리 삶의 모습도 이와 비슷하지 않을까? 우리는 다른 사람처럼 되려고 시간과 에너지를 온통 쏟아붓느라 세상 사람들이 진짜 우리 노래를 들을 수 있는 기회는 마련하지 못한다. 만일 우리 자신을 발견하는 일에 다른 사람이 되려는 노력의 절반이라도 쏟는다면 상황은 어떻게 달라질까? 이 세상에는 진짜 자신의 모습을 발견하지 못한 까닭에 재능이 묻히고 기회를 놓친 채 살아가는 사람이 얼마나 많은가?

당신은 아마 예수님의 달란트에 관한 비유(마태복음 25장)를 들어 본 적이 있을 것이다. 히브리 사회에서 달란트는 무게를 재는 단위였으며, 1달란트는 약 75파운드에 해당한다. 이 비유에서 달란트는 하나님이 주신 자원들, 즉 시간, 돈, 에너지, 능력, 그리고 물론 재능이라는 의미를 상징하고 있다.

한 부자가 멀리 여행을 떠나면서 자기 재산을 몇몇 종들에게 맡겼다. 그는 각자의 능력에 따라 한 사람에게는 금화 다섯 달란트(금괴나 금화가 가득 담긴 포대 다섯 자루를 상상하면 된다.)를, 다른 사람에게는 두 달란트, 또 다른 사람에게는 한 달란트를 주었다.

다섯 달란트를 받은 종과 두 달란트를 받은 종은 둘 다 열심히 일했고, 밑천을 이용해서 돈을 두 배로 불렸다. 세 번째 종은 '안전한' 방법을 택했다. 그는 땅을 파서 자기가 받은 달란트를 땅에 묻었다.

여행을 마치고 돌아온 주인은 앞의 두 종에게서 큰 감명을 받고, 세 번째 종이 한 행동을 듣고는 경악했다. 주인이 세 번째 종에게 왜 그 돈을 땅에 묻었느냐고 묻자, 그 종의 대답은 이랬다.

"두려웠습니다."(25절)

우리도 때때로 이와 똑같은 짓을 한다. 두려운 나머지 우리의 본모습과 우리에게 주어진 것들을 숨긴다. 기대에 못 미칠까 봐 두려워서 우리의 정체성을 묻는다. 자기 밑천을 드러내 보이면 사람들이 실망할까 봐 두려워한다. 일을 망칠까 봐, 충분한 자격이 되지 않을까 봐 두려워한다. 그래서 우리는 하나님이 우리에게 주신 선물을 사용하기를 거부한다. 우리는 하나님이 그리 되라고 하신 사람이 되기를 거부한다. 그래 놓고는 스스로 책임감 있고, 겸손하고, 지혜롭다며 자랑스러워한다.

그러나 내면 깊숙이 들여다보면 그것은 단지 두려움일 뿐이다. 이것은 성격의 문제가 아니다. 좀 더 외향적이 되어야 한다거나, 할리데이비슨을 구입할 필요가 있다는 얘기가 아니다. 당신의 본모습을 가치 있게 생각하고, 당신을 둘러싼 세상에 자기 자신을 투자할 필요가 있다는 것이다.

우리는 모두 진짜 당신 노래를 듣기를 기다리고 있다. 물론 일을 망쳐 버릴 때도 있을 것이다. 그래도 괜찮다. 노래방에서 박자를 놓치고 가사가 틀렸다고 해서 흥까지 깨지는 건 아니지 않는가. 그러니 다시 묻는다. 당신은 누구인가? 그리고 우리는 언제 진짜 당신의 이야기를 듣게 될까?

감추려고 할수록 더 잘 드러나는 약점

─────────────── 두려움만이 우리를 진정한 자신의 모습으로 살지 못하게 하는 유일한 요인은 아니다. 때때로 우리는 자기 약점을 인정하고 싶어 하지 않는다. 그것이 쑥스러워서든, 자존심 상해서든, '쪽팔려서'든 간에 자신의 단점들을 세상에 버젓이 드러내는 것은 결코 편치 않은 일이다.

'있는 그대로 행동한다'는 말은 사람들이 대화할 때 스스로에게 일종의 외교적 면책특권을 부여하기 위해 사용하는 표현 중 하나다. 아마 당신도 눈치 챘을 것이다. 예를 들어 당신 친구가 어떤 상황에서 매우 부적절하거나 무례한 행동이나 말을 해놓고는 "난 그냥 있는 그대로 행동했을 뿐이야, 친구."라는 말로 얼버무리는 것이다.

있는 그대로 행동한다? 당신은 방금 당신이 내뱉은 거칠고 상스러운 말이 가져올 충격을 완화하겠답시고 이런 말을 하는 것인가? 전혀 도움이 안 된다네, 친구.

있는 그대로 행동한다.

대체 이 말은 무슨 뜻인가? 때때로 우리는 자신의 무신경함을 은폐하기 위한 수단으로 '솔직 담백함'을 이용한다. 나는 하나님이 우리에게 있는 그대로 행동하라고 허락하신 것이, 자신이 가진 최고의 모습보다 못한 존재가 되라는 의미라고 생각하지 않는다. 하나님은 우리가 가진 모습 중에서 가장 충실한 모습과 친숙해지길 원하신다. 하나님과 점점 더 닮아가기를 열렬히 바라는 우리의 모습과 말이다.

'있는 그대로 행동하기'에서 문제가 되는 것은 사실상 현실은 엉망진창이고 혼란스러우며 결함이 있다는 점이다. 진짜 당신과 진짜 나는 몇 가지 장애를 가지고 있으니까. 바로 그 때문에 우리가 가상의 버전을 선호하는 것이고, 바로 그 때문에 우리가 허울을 날조하고 가면을 뒤집어쓰는 것이다. 비판은 신경 쓰이는 것이다. 왜냐하면 우리가 자신의 오점들을 감추려고 그렇게 안간힘을 썼음에도 불구하고 여전히 그 오점들이 드러나 보인다는 얘기니까.

점잖게 표현할 방법을 몰라 그냥 단도직입적으로 말하자면 사실상 우리 대다수는 너무 오만하다. 우리는 그것을 완벽주의니 탁월함이니 하는 말로 부르지만 사실은 실패에 대한 강박관념이다. 추레해 보이지 않으려는, 혹은 실수를 받아들이지 않으려는 안간힘이다. 그리고 이것은 우리가 진정한 자신이 되는 것을 어렵게 만든다. 왜냐하면 우리의 본모습은 완벽함과는 거리가 멀기 때문이다.

대부분의 입사지원서에서 사람들에게 자신의 약점을 나열하라고 묻는데, 나는 웃기는 일이라고 생각한다. 설령 그게 사실이라고 해도 거기다가 도둑이나 거짓말쟁이, 혹은 만성 투덜이라고 쓸 사람이 어디 있겠는가? 그 대신 당신은 일벌레, 결벽증, 완벽주의자 같은 말들을 적을 것이다. 그래서 그 항목에 붙여야 할 진짜 제목은 바로 이거다.

'은근 자랑질.'

완벽주의는 당신이 입사지원서에 적을 때 유용하게 써먹을 수 있는 가짜 약점이 될 수는 있으나 지속 가능한 생활 방식은 아니다. 그리고 자기 약점을 받아들이지 못하는 옹졸함은 진정한 자기 모습에 만족하는 것을 어렵게 만들 것이다.

우리 모두는 인생의 어느 시점에 자부심을 넘어서서 자기가 가진 결함과 의존적 경향(이를테면 약물 의존이나 알코올 의존 같은)을 인정해야 한다. 그렇다고 자신을 있는 그대로 받아들인다는 미명 아래 욱하는 성질이나 비관주의를 고치려는 노력을 그만두라는 얘기가 아니다. 자신감은 파괴적 행동에 대한 변명이 될 수 없다.

그리스도인의 삶은 우리 자신을 완벽하게 만드는 것을 훨씬 넘어서는 일이다. 완벽주의는 발전의 적이다. 우리의 완벽성은 이행 불가능하다는 것이 바로 예수께서 돌아가신 이유다. 하나님은 우리와 하나님과의 관계보다 우리의 완벽함에 더 관심이 있을 거라는 믿음이 불안과 두려움의 근원이다.

하나님이 먼저 우리를 사랑하셨다

깜짝 퀴즈를 하나 내겠다. 다음 중에 맞는 문장은 무엇인가?

① 하나님이 우리를 사랑하시는 것은 예수님이 우리를 대신해서 돌아가셨기 때문이다.
② 예수님이 우리를 대신해서 돌아가신 것은 하나님이 우리를 사랑하시기 때문이다.

①번 문장은 상당히 종교적으로 들린다. 예수님은 우리 죄를 구원하셨다. 예수님은 우리의 부도덕함을 대신해서 돌아가셨다. 이로써 하나님은 우리를 마음껏 사랑하시게 되었다. 하나님이 우리를 보실 때 예수님을 보시는 것이며, 그러기에 하나님은 기쁘신 것이다. 바로

그 때문에 하나님은 우리를 사랑하실 수 있고 우리를 견뎌 내실 수 있다. 안 그런가?

아니, 틀렸다.

요한복음 3장 16절을 읽은 사람이라면 그 대답을 이미 알고 있을 것이다. 하나님은 예수님이 우리를 대신해서 돌아가셨기 때문에 우리를 사랑하시는 것이 아니다. 예수님은 하나님이 우리를 사랑하시기 때문에 우리 대신 돌아가신 것이다.

하나님이 먼저 우리를 사랑하셨다. 우리가 무슨 일을 하기 전에, 예수님이 무엇을 하시기 전에 이미 우리를 사랑하셨다. 하나님은 예전이나 지금이나 똑같이 우리를 사랑하신다. 하나님은 바로 사랑이시기 때문이다. 우리가 하나님을 설명할 수 있는 가운데 말들 중에서 으뜸은 바로 사랑이다.

하나님의 사랑과 자비는 그 무엇보다 앞선다. 바로 그것이 하나님이 예수님을 보내시어 우리 죄를 대신하여 죽게 하신 동기다. 따라서 정답은 ②번이다. 하지만 많은 사람들이 마치 ①번이 정답인 것처럼 살고 있다. 자신의 약점과 결함을 다루는 일에서는 특히 그러하다. 우리는 마치 하나님이 우리를 사랑하는 유일한 방법은 예수님을 통하는 것뿐이라는 듯 생각하고 말하고 행동한다.

우리는 생각한다. '예수님이 우리를 대신해서 돌아가셔서 다행이야. 안 그랬다면 하나님이 우리를 참아 내실 방법이 없었을 테니까.'

이는 잘못된 가정임에 틀림없으나 그럼에도 진실의 일면은 엿볼 수 있다. 여기서 하고자 하는 얘기는 하나님은 지극히 거룩하시지만 우리는 전혀 그렇지 않다는 것이다. 우리는 하나님과 영원히 분리되어

마땅한 죄인들이다. 우리의 유일한 희망은 예수님이 십자가를 통해 우리에게 마련해 주신 구원뿐이다. 그것이 바로 기독교의 토대이다. 따라서 교리적 관점에서 말하자면 하나님이 우리를 보실 때는 예수님을 보시는 것이며, 그것은 우리를 위한 구원의 은총이다.

하지만 관계라는 관점에서는 하나님은 우리를 참아 내시는 것에만 머무르시지 않는다. 하나님은 우리를 사랑하시고, 우리 삶에 계속 관여하시고, 우리를 받아들이신다. 나는 우리가 그러한 사실을 믿지 않거나, 적어도 그것을 믿는 사람처럼 살지 않는다는 생각을 자주 한다. 우리는 하나님이 부아가 나서 우리를 지구 밖으로 튕겨 보내지 않으시는 유일한 이유가, 하나님이 우리를 보실 때 그리스도의 렌즈를 통해 보시기 때문이라고 믿는 경향이 있다. 그러니까 하나님이 숨을 크게 들이마시고 열까지 세신 다음, 벌을 거두신다고 생각하는 것이다. '이번엔 그냥 넘어 간다.' 하고…….

한편으로 우리는 하나님이 우리의 '미래 버전'에 끌리실 거라 생각한다. 우리의 완벽한 버전에, 우리가 이행 불가능한 버전에 말이다. 우리는 자신을 바로잡기 위해 최선을 다한다. 그것이 하나님이 정말로 기꺼워하시는 거니까. 그것이 하나님이 바라시는 거니까. 그것이 우리가 하나님의 은혜를 갚는 길이니까.

하지만 바로 지금 우리의 모습은? 엉망진창에 실수투성이, 오류투성이인 현재의 모습도 하나님께서 기꺼워하실까? 어림없는 소리. 우리의 유일한 희망은 예수님의 은총 뒤에 숨는 것이다. 예수님의 십자가가 방패막이라도 되는 것처럼. 그리고 어쩌면 우리가 담배도 끊고, 욕도 하지 않고, 아이들한테 소리도 안 지르고, 밤 9시 이후에는 아이스크림도 먹지 않고, 실제로 번듯한 성공을 거둔다면 하나님은 우리 본연의 모습으로 우리를 받아들이실지도 모른다. 하나님이 지금까지는 우리를 그냥 참고 견뎌 주셨지만 나중에는 우리를 사랑하실 것이다. 또 어쩌면 우리가 우리들의 목표, 예컨대 이상적인 체중, 목표한 소득수준이나 기준 등에 도달하게 되면 우리도 우리 자신을 사랑할 수 있게 될지도 모른다.

이러한 관점이 얼마나 잘못되고 해로운 것인지는 이루 말로 다 표현할 수 없을 정도다. 성경은 그와 정확히 반대로 가르친다. 하나님은 우리가 당신을 눈곱만큼도 마음에 두지 않을 때조차 우리를 사랑하신다. 그러할진대 우리가 정말로 하나님을 알고 싶어 하고 따르고 싶어 한다면 우리에 대한 하나님의 사랑은 얼마나 공고하겠는가?

다윗은 이렇게 썼다.

아버지가 자식을 긍휼히 여김같이 여호와께서는 자기를 경외하는 자를 긍휼히 여기시나니 이는 그가 우리의 체질을 아시며 우리가 단지 먼지뿐임을 기억하심이로다 (시편 103편 13-14절)

다시 말해서 하나님은 우리의 인간성에 위축되시거나 넌더리를 내시거나 실망하시지 않는다. 하나님은 인간의 본질인 혼란스러움에 더없이 흡족해 하신다.

여기서 이런 궁금증이 생긴다. 만일 우리의 본모습이 100퍼센트 받아들여진다면 우리는 무엇을 변화의 동기로 삼을 것인가? 여기에 대한 설명으로 나는 신학자인 리처드 로어(Richard Rohr)가 쓴 다음의 글귀를 좋아한다.

"우리는 대부분 우리가 변화할 때 혹은 변화하는 조건 아래에서 하나님이 우리를 사랑하실 거라고 배웠다. 하지만 사실은 하나님이 당신을 사랑하시기 때문에 당신이 변화할 수 있는 것이다. 당신이 변화할 수 있게, 변화를 희망하도록 만드는 것은 바로 사랑의 경험이다. 변화의 동력은 바로 우리 속에 내재된 사랑의 경험인 것이다."

변화의 목표는 하나님의 사랑이 아니다. 하나님의 사랑은 그 목표를 이룰 수 있게 만드는 선물이다. 우리가 선물을 목표로 대한다면 그 둘 다 힘을 잃어버릴 것이다.

"무슨 얘기를 들었다고?"

———————————— 앞에서 우리가 자신을 회피하는 대표적인 이유 두 가지를 살펴보았다. 그것은 실패에 대한 두려움과 케케묵은 자존심이다. 이 두 가지를 극복하는 해법은 자기가 가진 약점들과 친숙해지는 법을 배우고, 하나님의 사랑과 초대는 우리의 완벽함에 달려 있지 않다는 것을 인식하는 것이다.

하지만 우리가 진정한 자신의 모습을 받아들이지 못하는 또 다른 이유가 있는데, 그것은 알아차리기 매우 힘든 '잘못된 정보' 때문이다. 우리는 온갖 종류의 가운데 말들을 가지고 있으며, 또한 그것이 근거 있는 말이라고 굳게 믿는다. 하지만 그러한 자기인식은 잘못된 정보에 근거할 수 있으며, 그 결과 하나님이 우리에게 부여하신 소명을 끝내 수행하지 못하게 될 수도 있다.

내 친구 중에 웨이드라는 유명한 친구가 있다. 웨이드가 유명하게 된 이유는 그 친구가 6학년 때 사우스캐롤라이나에 소재한 모든 초등학교에서 상영되었던 성교육 비디오에 배우로 등장했기 때문이다. 물론 그 학교들 중에는 웨이드가 다니는 학교도 포함되어 있었다. 하지만 그 친구는 비디오 촬영 계약을 맺을 당시에는 그 생각을 미처 하지 못했던 것이다. 웨이드는 30대 후반에 접어든 지금도 그 일을 잊지 못하고 있다.

그 성교육 비디오는 1980년대에 만들어졌다. 따라서 무척 지루하고, 우스꽝스러울 정도로 구식이다. 어느 정도냐 하면 내가 일요일 아침에 그 비디오 중 하나를 내가 다니던 교회에 가지고 와서 친구들과 함께 깔깔거리며 봤을 정도로. 내 유머 코드가 좀 특이하다는 거, 나도 안다.

웨이드는 바로 그 비디오에서 피티라는 이름의 소년으로 등장한다. 피티와 그의 단짝 스티브는 청바지로 추정되는 옷차림에 리복 운동화를 신고 농구를 하고 있었다. 그 옆에는 선생님처럼 보이는 나이든 남자가 심각한 표정으로 그들을 지켜보며 서 있다. 경기가 열기를 띠기 시작할 때, 스티브가 점프를 하면서 그만 피티의 사타구니를 치고 말았다. 피티가 헉 소리를 내더니 이내 신음 소리를 낸다. 그러고는 휘청거리며 몇 걸음 걷다가 이내 농구 코트 바닥에 폭 쓰러진다. 사우스캐롤라이나 오스카상을 받을 만한 명연기다.

스티브가 허둥지둥 달려와서 70년대 드라마 주인공처럼 묻는다.

"피티, 너 괜찮니? 미안하다, 친구."

"아아아아, 나 토할 것 같아."

바로 그때, 그 심각한 표정의 남자가 달려와서 대화에 끼어든다.

"참아 봐. 아픈 거 알아. 남자는 불알을 걷어챈 것보다 더 아픈 게 없으니까."

그러자 마침내 스티브가 문제의 대사를 날린다.

"맙소사, 친구. 조심했어야지. 거기 맞으면 암에 걸릴 수 있다는 얘길 들은 적 있어."

바로 그 순간, 영웅이자 선생님인 그 남자가 의심 가득한 실눈을 뜨고 스티브를 쳐다보면서 거의 협박조로 스티브에게 묻는다.

"무슨 얘길 들었다고?"

그러고는…… 페이드아웃.

"무슨 얘길 들었다고?"라는 대사는, 믿을 만한 정보원에게서 정보를 얻어야 한다는 강한 메시지를 던져 주는 그 비디오의 핵심이었다. 올바른 정보원의 중요성은 성교육이나 농구하다가 난감한 부상을 입었을 경우뿐만 아니라 우리 정체성을 다룰 때에도 명심해야 할 훌륭한 조언이다.

우리 머릿속에서 굴러다니는 가운데 말들 중에는 우리가 의식적으로 집어넣지 않은 것들이 있다. 그것들은 우리의 검토나 승인 과정을 거치지 않은 채 오래전에 슬그머니 기어 들어와서 자리를 차지하고 있는 것들이다. 그리고 그중에는 허무맹랑한 것들도 있다.

우리 대부분은 오래전에 이미 자기 정체성에 대한 판단을 끝낸 상태이기 때문에 다른 사람이 우리한테 대놓고 그에 반하는 허무맹랑한 얘기를 꺼내기란 쉽지 않은 일이다. 그것들은 어쩌면 부모님이나 친구가 하는 말을 오랫동안 듣다 보니 어느새 우리 의식의 일부가 된

건지도 모른다. 어쩌면 어떤 비극이나 실패, 또는 영원히 각인된 트라우마일지 모른다.

부정확한 가운데 말들이 우리의 삶을 프로그래밍하도록 허용하는 한, 우리 스스로가 자격이 없다고 느끼는 건 당연한 일이다. 우리는 사실과 무관한 억측들과 비난들을 근거로 스스로를 평가하고 있다. 왜곡된 기억들과 근거 없는 두려움으로 상상력을 채우는 것은 자신의 가능성에 독약을 붓는 것과 같다.

이제는 그러한 가운데 말의 기원에 이의를 제기할 때다. 이제는 약간 의심스러운 듯이 스스로에게 이런 질문을 할 때다.

"무슨 얘기를 들었다고?"

있는 모습 그대로

———————— "첫인상을 만들 수 있는 두 번째 기회란 없다."는 말을 들어 본 적이 있을 것이다. 이는 하나의 엄중한 경구다. 만일 미래의 배우자나 상사가 될지 모르는 사람, 혹은 인생에서 중요한 인물과의 만남을 앞두고 있다면 당신은 가능하면 강렬한 첫인상을 주고 싶을 것이다. 제일 깔끔한 셔츠를 다림질해 입고, 되도록이면 좋은 인상을 주고, 자신의 강점을 드러내 보이고 싶을 것이다. 그 사람의 환심을 산다면 앞으로 인생이 180도로 바뀔 수 있으니까.

하지만 하나님의 사전에는 인상이라는 단어는 존재하지 않는다. 첫인상, 두 번째 인상, 그릇된 인상, 마지막 인상…… 이런 말들은 하나님과는 무관하다. 하나님은 당신의 진짜 모습을 알고 계시기 때문이다. 하나님은 날조된 허울을 지나쳐 당신의 진짜 모습을 인정하시기 때문이다.

하나님의 환심을 사려고 할 필요가 없다. 기독교인이나 비기독교인이나 다 같이 이런 잘못된 생각을 가지고 있다. 나도 내 마음 한구석에 이런 생각이 웅크리고 있음을 느낄 때가 종종 있다. 우리는 하나님께 가까이 다가가기 전에 먼저 우리 자신을 정화시켜야 한다고 생각한다. 우리는 하나님의 은총과 선하심과 사랑은 오직 그것을 받을 자격이 있다고 증명된 사람들만의 것이라고 추정한다.

하지만 그것은 예수님이 우리에게 전하신 메시지가 아니다. 예수님이 만나셨던 모든 인간들의 면면을 살펴보라. 그분이 직접 고르신 열두 제자부터 그분이 십자가에 매달린 채 용서해 주셨던 도둑에 이르기까지. 예수님은 최악의 상태에 있는 사람들 안에서 그들이 지닌 최고의 모습을 보셨다. 예수님은 사람들이 혼란에 빠져 있을 때, 가장 절박한 상황에 처해 있을 때, 그리고 가장 현실적인 모습일 때 그들을 만났다. 예수님은 그들이 사랑받거나 존경받을 만한 여지가 털끝만큼도 없는 상태일 때 그들을 사랑하고 그들을 믿으셨다.

하나님께 좋은 인상을 심어 주려고 애쓸 필요가 없다. 하지만 하나님께는 정직해야 한다. 또한 당신 자신에게도.

정체성 문제에 대한 해답은 우리 자신 안에서 찾아지는 게 아니라 그리스도 안에서 발견된다. 우리의 가운데 말을 우리 안에 있는 그리스도의 존재를 통해 걸러낼 때 우리는 자신의 진정한 정체성을 발견할 수 있다. 이제 당신의 가운데 말들이 하나님의 뜻에 부합할 때 어떤 일이 일어나는지 알아보도록 하자.

CHAPTER 5

하나님 이름을 사용하는 새로운 방법

예수님이 사람들을 어떻게 사랑하셨는지를 보고,
그것을 당신의 상황과 현실에 적용하라. 예수님 안에 체현된 하나님의 사랑이
당신의 가운데 말을 채우게 하라. 하나님의 눈을 통해
당신 자신을 바라보는 법을 배워라. 자기인식과 자기평가를
하나님의 자비와 선하심과 권능의 렌즈로 여과시켜라.

* * *

2002년 6월 1일 이후로 홀리 보이트나트(Holly Boitnott)라는 이름을 가진 여성은 더 이상 존재하지 않는다. 왜냐? 바로 그날, 내가 겸손하게 '그녀 인생의 최고의 날'이라고 부르는 바로 그날, 그녀는 홀리 퍼틱(Holly Furtick)이 되었기 때문이다.

내 아내가 내 성을 갖게 되었을 때 무슨 일이 일어났던가? 아내는 단지 새로운 운전면허증과 여권을 발급받은 것만이 아니었다. 단지 발음하기 힘든 성에서 또 다른 발음하기 힘든 성으로 갈아탄 것만이 아니었다.

홀리는 내 성을 갖는 그 순간 나와 하나가 되었다. 어떤 의미에서는 두 기업의 합병이라고도 할 수도 있겠다. 아내는 그 거래에서 손해 본 쪽이었다. 그것은 반론의 여지가 없다. 하지만 어쨌든 두 사람의 정체성은 하나로 연합했고, 두 사람이 하던 일은 함께하게 되었으며, 두 사람이 가진 것은 공유하게 되었다.

당신이 기독교인이 되던 그날, 당신은 그리스도의 이름을 가졌다. 그날은 의심의 여지없이 당신 인생의 최고의 날이었다. 그날은 당신이 그분께 당신의 전부를 드리고, 그 대신 그분의 전부를 받았던 날이었다. 그리고 그 거래에서 이득을 본 쪽이 누구였는지는 굳이 말할 필요도 없을 것이다. 당신은 그리스도와 하나가 되었다. 그분이 바로 당신이며, 그분이 가진 것은 당신 것이 되었다.

사도 요한은 이렇게 말했다.

이로써 사랑이 우리에게 온전히 이루어진 것은 우리로 심판 날에 담
대함을 가지게 하려 함이니 주께서 그러하심과 같이 우리도 이 세상
에서 그러하니라 (요한1서 4장 17절)

"주께서 그러하심과 같이 우리도 그러하다." 다시 말해서 우리의
정체성은 그분의 정체성으로 덧씌워진 것이다. 우리의 정체성은 그
분의 정체성으로 말미암은 것이다. 당신이 그분의 이름을 갖는 그날
모든 것이 바뀌었다.

OMG(Oh My God: 이런 맙소사!)

————————————————————— 소제목을 읽고 약간 움찔했더
라도 계속 읽어 주기 바란다. 누구든 한 번쯤은 십계명에 대해 들어
봤을 것이다. 그것은 이스라엘 백성들이 이집트를 탈출한 뒤 하나님
이 이스라엘 백성에게 전하라고 모세에게 내리신 열 가지 말씀이다.

나 외에는 다른 신들을 네게 두지 말라 우상을 만들어 섬기지 말라
안식일을 기억하여 거룩하게 지키라 네 부모를 공경하라 살인하지
말라 간음하지 말라 도둑질하지 말라 거짓 증거 하지 말라 네 이웃
의 소유를 탐내지 말라

모두 좋은 말씀들이다. 그렇지 않은가? 모두 우리 대부분이 동의
함직한 말씀이다.

그런데 위 말씀들을 세어 봤다면, 십계명 중 하나가 빠졌다는 것을
알 수 있을 것이다. 그것은 내가 과거에 늘 오해했던 계명으로, 출애
굽기 20장 7절에 나온다.

너는 네 하나님 여호와의 이름을 망령되게 부르지 말라 여호와는 그
의 이름을 망령되게 부르는 자를 죄 없다 하지 아니하리라

나는 어릴 적에 이 계명이 매우 구체적으로 적용될 수 있다고 배웠
다. 어느 정도로 구체적이냐 하면, 예를 들자면 충격을 받았거나 몹
시 흥분했을 때 "오 마이 갓!(Oh my God: 이런, 맙소사)"이라고 해서는
안 된다. 또한 도로에서 누군가가 끼어들었을 때 "지저스 크라이스
트!(Jesus Christ: 이크, 제기랄)"라고 해서도 안 된다.

나는 어릴 때나 어른이 되고 나서도 하나님의 이름을 함부로 부르
는 것이 왜 그렇게 잘못된 일인지 이해할 수 없었다. 하나님께서 아우
르실 수 있는 모든 계명과 원칙들 중에서 왜 이 계명이 10위권 안에
들었던 것일까? 만일 당신이 기독교 사회에 오랫동안 몸담아 왔다면
사람들이 이 계명을 지나치게 자의적으로 해석하는 경우를 종종 목격
했을 것이다.

한번은 선의를 가진 한 신사분이 내게 찾아와서 중요한 사안에 관
해 하고 싶은 말이 있으니 함께 점심을 들자고 청했다. 그 중요한 사
안이란 바로 '하나님의 이름을 망령되게 부르는' 여러 파생적 표현

들을, 이를테면 '가쉬(gosh: 어이쿠)', '갈리(golly: 와)', '지(gee: 이런)', 그리고 '지즈(jeez: 에이)'와 같은 말들을 내가 부적절하게 사용하는 문제였다.

나는 'OMG'가 문자 메시지에서 사용되는 것이 적절한지 아닌지를 놓고 사람들이 불꽃 튀는 논쟁을 벌이는 것을 자주 목격해 왔다. 가쉬! 이럴 땐 어떻게 대응해야 할지 참 난감하다.

분명히 말하지만 평소 대화에서 하나님의 이름을 예의 바르게 사용하는 것은 바람직한 신앙인의 자세다. 하지만 이 계명은 하나님의 이름을 단순히 하나의 어휘로써 올바르게 사용하는 문제보다 훨씬더 심오한 문제에 관한 것이다. 이 계명은 당신이 하나님을 하나의 삶의 방식으로써 어떻게 받아들여야 하는지에 관한 것이다. 이것이 애초에 히브리 사람들이 이 계명을 이해하는 방식이었을 것이다.

나는 그분의 이름을 적절하고 명예롭게 부르는가? 아니면 망령되이 부르는가? 다시 말해서 나는 하나님의 본성에 따라 살고 있는가? 내 삶이 하나님의 정체성을 반영하고 있는가? 아니면 나는 마치 하나님을 전혀 모르는 것처럼, 하나님의 이름을 한 번도 들어 본 적이 없는 것처럼, 한 번도 하나님의 가족이 되어 본 적이 없는 것처럼 살고 있는가?

불행히도 나와 같은 성향을 가진 사람들에게는 이런 질문들이 협박처럼 들릴 수도 있다. 우리는 하나님의 주된 관심이 우리의 품행이라고 생각하는 경향이 있다. 우리는 못된 짓을 하고 부모에게 혼날까봐 눈치를 슬슬 살피는 어린아이처럼 군다. 그러면서 하나님이 이렇게 말씀하실 거라고 상상한다.

"나를 난처하게 만들지 않는 게 좋을 거야. 나처럼 행동하고, 나처럼 말하고, 나에 대해 합당하게 표현하는 게 좋을 거야."

하지만 우리가 하는 그러한 행동들은 하나님의 이름을 망령되이 부르는 일 가운데 극히 일부에 지나지 않으며, 크게 보면 무시해도 될 정도로 미미한 것이다. 사실 이 계명은 우리의 가운데 말, 다시 말해서 우리 정체성과 우리가 자기 자신을 바라보는 관점과 직접적인 관련이 있다.

하나님의 이름은 '나는 ……이다.(I am.)'라는 사실을 기억하라. 만약 우리가 하나님의 이름을 알고 있으면서도 우리의 가운데 말을 하나님의 가운데 말씀과 모순되는 것들로 채운다면 그것이 바로 하나님의 이름을 망령되이 부르는 것이다. 우리가 하나님의 가운데 말을 무시하고 우리 자신의 가운데 말에만 귀 기울인다면 바로 그것이 하나님의 이름을 망령되이 부르는 것이다.

당신은 이렇게 생각하거나 말할지 모른다.

"나는 …… 한심하다."

하지만 하나님은 대답하신다.

"네가 그렇게 느낄지라도 너는 내 이름을 가졌다. 그리고 나는…… 강력하다. 내가 네 안에 있다면 너는 더는 한심하지 않다. 너는 나의 이름으로 모든 힘을 가지고 있다."

이 말이 얼마나 혁명적인지 이해할 수 있겠는가? 이는 우리를 강제로 복종하게 만드는 위협이 아니다. 진정한 우리 자신의 모습으로 행동해도 좋다는 허락이다. 물론 하나님 안에서 말이다.

하나님은 우리에게 정체성을 선물하신다.

하나님의 정체성을,

하나님의 풍성함을,

하나님의 자격들을 선물하신다.

하나님은 우리가 처한 상황에, 우리의 나약함에, 우리가 부족한 곳
에 당신의 이름을 주고 싶어 하신다.

하지만 우리는 먼저 그것을 받아들여야 한다.

그리고 그것을 사용하는 법을 배워야 한다.

자기 정체성을 찾는 길

—————————— 우리의 정체성은 하나님의 정체성에서 시
작되고 결정된다. A. W. 토저(Aiden Wilson Tozer)[15]는 자신의 책에 이
렇게 썼다.

"하나님을 생각할 때 우리 마음속에 떠오르는 것이 우리에게 가장
중요한 것이다."

하나님이 우리를 정의하신다. 하나님의 정체성이 우리 가운데 말의
빈 곳을 채운다. 하나님에 대한 우리의 생각이 우리의 정체성을 빚고
색을 입히면서 우리 삶의 모든 국면들로 흘러들어간다. 그리고 그것
은 우리가 수용하는 가운데 말과 거부하는 가운데 말을 결정한다.

우리의 정체성이 하느님의 정체성에서 분리되는 것은 불가능할 뿐
만 아니라 위험한 일이기도 하다. 제임스 패커(J. I. Packer)는『하나님
을 아는 지식(Knowing God)』이라는 책에서 다음과 같이 경고했다.

"하나님을 모르는 사람들에게 세상은 이상하고 광기 어리고 고통

스러운 곳이 되어 가고, 그런 세상에서의 삶은 실망스럽고 불쾌한 일이 되어 간다. 하나님에 대한 연구를 경시하면 스스로에게 평생을 눈을 가린 채 엎어지고 넘어지면서 살아가라는, 이를 테면 방향감각도 없고, 당신 주위에 있는 것에 대해 아무것도 이해하지 못한 채 살아가라고 선고하는 것이나 다름없다. 이런 식으로 당신은 인생을 낭비하고 자신의 영혼을 잃어버릴 수 있다."

하나님을 먼저 찾지 않고 우리 자신을 찾을 수 있다는 생각은 틀렸다. 자기계몽을 가장한 무지와 오만이다. 이른바 '자아발견'이라는 것이 지금 우리 사회에서 가장 '핫'한 취미 활동 중 하나다. 이름은 거창하나 사실상 실패가 예정된 헛발질과 다름없다.

우리가 사용하는 용어들을 보면 문제가 무엇인지 쉽게 알 수 있다. 자립, 자부심, 자아발견, 자아실현, 자기계발, 자아수용. 이 단어들의 공통점은 무엇일까?

'자아'다.

그러나 자아는 잘못된 출발점이다. 나는 개성이 문제라고 말하는 게 아니다. 또한 우리가 개성을 버리고, 완벽한 인간이라는 허황되고 막연한 개념의 복제품이 되라고 주장하려는 것도 아니다.

하지만 진정으로 자기 자신을 발견하고 싶다면, 정말로 자신이 자격을 갖추었는지 아닌지를 알고 싶다면 자기 자신을 뛰어넘어서 생각해야 한다. 물론 하나님 없이도 우리 자신을 어느 정도는 이해할 수 있고, 우리의 기질과 성격을 탐구할 수 있다. 하나님 없이도 좋고 싫음을 규정할 수 있고, 자기 적성에 맞는 것과 그렇지 않은 것을 열거할 수 있으며, 자신의 감정적 미로를 더듬어 나아가서 깊이 매몰된 트라우마를 캐낼 수 있다.

그리고 이 모든 일에 적합한 장소가 있다. 심리 상담사나 정신과 의사, 또는 자조 모임16 같은 데가 그런 곳이다. 나는 이러한 것들의 필요성을 부정하지는 않는다. 그것들이 존재하는 이유가 정체성에 관한 그 모든 문제들이 우리 안에 아주 깊숙이 배어들어 있기 때문이니까.

하지만 하나님이 배제된 상황에서는 우리가 누구인지에 대한 명확한 그림을 얻어 내기란 불가능하다. 우리의 정체성은 하나님의 정체성과 매우 친밀한 불가분의 관계로 묶여 있기 때문이다.

우리의 정체성이 하나님의 정체성과 묶여 있다는 관점은 '자아'로 규정되는 문화에서는 그리 큰 호응을 얻지 못한다. 이러한 관점은 이미지와 품위와 냉정함에 몰입해 있는 문화에서는 스스로 운명을 개척하려는 시도를 막는 규제와 통제로 받아들여지기 십상이다.

하지만 실제로는 그 반대로 엄청난 해방감을 경험하게 될 것이다. 당신이 하나님의 존재를 발견하면 당신은 자기 자신을 발견하게 되고, 당신이 누구인지를 발견하면 이제 더는 사회 전체에 만연한 불확실성이나 자기홍보와 씨름할 필요가 없다. 더 이상 다른 사람들의 기대에 부응하기 위해, 자격을 얻기 위해 안간힘을 쓸 필요가 없다. 당신은 마음껏 당신 자신이 될 수 있다. 이것을 사도 바울은 다음과 같이 서술했다.

우리가 지금은 거울로 보는 것같이 희미하나 그때에는 얼굴과 얼굴을 대하여 볼 것이요 지금은 내가 부분적으로 아나 그때에는 주께서 나를 아신 것같이 내가 온전히 알리라 (고린도전서 13장 12절)

'나를 아신 것같이'라는 말은 모든 사람들의 고민을 한 방에 해결해 주는 가운데 말이다. 누가 아시는가? 바로 참을성 있고, 친절하며, 모든 것을 다 아시는 하나님이 아신다. 그 외의 다른 창을 통해 자신을 바라보면 왜곡된 이미지만 얻을 뿐이다.

인생에서 가장 큰 질문
──────────────── 하나님의 정체성을 발견하는 것이 그렇게나 중요하다면 하나님이 누구신지를 어떻게 알아낼 것인가? 눈에 보이지 않고, 영원하시며, 전지전능하신 우주의 창조주를 우리가 어떻게 이해할 수 있을까? 시간과 공간과 중력을 당신 뜻대로 구부리고 쪼개시는 하나님과 어떻게 관계를 맺을 수 있을까? 특히 그분에 관한 해석들이 극단적인 모순과 불일치를 보이는 일이 빈번한 현 상황에서? 말만 들어도 아찔하다.

하지만 겁낼 필요 없다. 하나님을 찾는 일에는 돋보기도 MRI도 필요 없다. 하나님은 예수님을 통해 스스로 당신의 정체를 드러내셨다. 예수님은 서른세 해 동안 이 행성을 걸어 다니시며 하나님이 어떻게 생각하시고, 어떻게 말씀하시고, 어떻게 사랑하시는지를 우리에게 보여주셨다.

흥미롭게도 예수님은 이스라엘 백성에게 자신의 정체를 밝히실 때, 수천 년 전에 하나님이 모세에게 사용하셨던 바로 그 이름(I am.)을 사용하셨다.

이 이야기는 요한복음 8장에 기록되어 있다. 예수님은 당신이 누구이시며, 왜 이 땅에 오셨는지에 대해 한 무리의 이스라엘 사람들과 열 띤 토론을 벌이고 계셨다. 그들은 혼란스러워했으며, 예수님이 하시는 말씀 중 한마디도 그들에게 전달되지 않은 것 같았다.

그때 예수님은 당신께서 아브라함을 잘 알고 계신다는 결정타를 좌중에 날리셨다. 몇 천 년 전에 고인이 된 아브라함을 말이다. 이스라엘 사람들은 예수님께 "연세가 오십도 안 되신 분이 어떻게 수천 년 전에 살았던 아브라함을 아신다 하는가?" 하며 조롱하듯 물었다.

그때 예수님이 대답하셨다.

진실로 진실로 너희에게 이르노니 아브라함이 나기 전부터 내가 있
느니라 (요한복음 8장 58절)

"내가 있느니라." 이 두 글자가 다시 등장한다. 우리의 존재를 정의하고 재정립하는 두 글자가. 우리의 가운데 말을 세우고, 우리를 하나님의 정체성 속에서 살도록 초대하는 두 글자가.

예수님이 이렇게 대답하신 것은 그들을 헷갈리게 만드시려는 게 아니었다. 예수님이 곧 하나님이심을 그들에게 알려주시려 한 것이었다. 그렇게나 단순한 한마디 말로 말이다.

예수님은 당신의 말씀을 듣는 자들이 당신께서 그들이 기다려 왔던 바로 그 사람이라는 것을 이해하기를 원하셨다. 예수님은 그들의 요구, 그들의 두려움, 그들의 약점, 그리고 그들의 죄에 대한 대답이셨다. 예수님은 하나님께 이르는 길이었다. 그분이 바로 하나님이셨고, 하나님이시기 때문이다.

그 후 예수님은 사역하시는 중에 시몬 베드로와 함께 당신의 정체성에 관한 대화를 나누셨다. 그때 예수님은 시몬에게 지극히 중요한 질문을 하셨다. 마태복음에 그 대화가 다음과 같이 기록되어 있다.

> 예수께서 빌립보 가이사랴 지방에 이르러 제자들에게 물어 이르시되 사람들이 인자를 누구라 하느냐
> 이르되 더러는 세례 요한, 더러는 엘리야, 어떤 이는 예레미야나 선지자 중의 하나라 하나이다
> 이르시되 너희는 나를 누구라 하느냐
> 시몬 베드로가 대답하여 이르되 주는 그리스도시요 살아 계신 하나님의 아들이시니이다
> 예수께서 대답하여 이르시되 바요나 시몬아 네가 복이 있도다 이를 네게 알게 한 이는 혈육이 아니요 하늘에 계신 내 아버지시니라
> 또 내가 네게 이르노니 너는 베드로라 내가 이 반석 위에 내 교회를 세우리니 음부의 권세가 이기지 못하리라 (마태복음 16장 13-18절)

시몬은 예수님의 질문에 대한 정답을 알고 있었다. 예수님은 메시아요, 구원자요, 하나님이었다. 사실 그 순간은 말실수가 잦은 시몬에게는 매우 중요한 순간이었다. 하지만 결정적인 순간인 그때는 용케도 제대로 대답을 해낸 것이다.

당신은 예수님을 누구라 하는가?

이것은 인생에서 가장 큰 질문이다. 이 질문을 올바로 이해하는 것은 구원의 정수인 동시에 인생 여정의 새로운 출발점이다.

우리는 예수님이 우리의 주님이시고 구세주이심을 알고 믿을 때 구원받는다. 하지만 그것은 우리와 예수님과 관계의 시작일 뿐이다. 하나님의 본질을 아는 것이야말로 왜 그분이 우리를 만드셨고, 그분이 의도하신 우리 모습은 어떤 것인지를 파악하기 위해 그 무엇보다 중요한 것이다. 그 질문은 다음과 같은 두 번째 질문으로 이끈다.

당신은 당신 자신을 누구라 하는가?

우리가 예수님을 어떻게 생각하느냐는 우리가 스스로에 대해 어떻게 생각하느냐에 대한 토대가 된다. 시몬이 예수님이 어떤 분이신지를 정확하게 알아보았을 때 예수님은 시몬이 누구인지를 확인해 주셨다.

내가 네게 이르노니 너는 베드로라 내가 이 반석 위에 내 교회를 세우리니 (18절)

그때까지 벳새다라는 마을에서 온 그 어부는 시몬이라는 이름으로 살아왔다. 하지만 그 순간부터 그는 '바위'으로 알려지게 되었다. 베드로의 그리스어인 페트로스(petros)가 바로 바위라는 뜻이다. 나쁘지 않은 별명이다. 그 이름은 불완전한 존재임이 명명백백한 베드로가 예수님이 틀을 세우고 계셨던 거룩한 운동의 초석이 될 것이라는 암시였다.

시몬이 예수님의 정체성을 고백하자마자 예수님은 그에게 자신의 정체성을 고백하도록 새로운 기회를 주셨다.

예전에……

나는 시몬이었다.

지금……

나는 바위다.

바로 그 순간 바뀐 것은 베드로의 정체성이 아니라 자신의 정체성을 바라보는 베드로의 관점이었다. 예수님은 그가 바위라고 말씀하셨다. 그것은 그가 자격이 있다는 의미였다.

갑자기 베드로에게는 희망이 생겼다. 그에게 미래가 생겼다. 그는 진정한 자신의 모습, 그리고 미래의 자기 모습을 볼 수 있었다. 예수님이 그의 가운데 말을 바꿔 주셨기 때문이다.

"너는 베드로다."

하나님은 우리가 누구인지를 드러내고 싶어 하신다. 그분은 현재의 우리 가치를 보여주고 싶어 하시고, 그분 안에서 우리가 어떤 사람이 될 수 있는지에 대해 눈 뜨기를 원하신다. 하지만 문제는 많은 사람들이 예수님의 정체성과 그분 안에서 우리의 정체성을 연결시키려고도 하지 않은 채, 예수님이 누구인지에 대한 신학적 주장을 펴는 우를 범한다는 것이다.

우리는 신학적 교리는 알고 있으되 그것을 우리 삶과 생활 방식에 적용하지는 않았다. 우리는 그분의 이름을 헛되이 가지고 있는 것이다. 그것은 우리가 그분을 소중하게 여기지 않거나 존경하지 않아서가 아니라 그분의 이름이 우리 현실에 얼마나 강력하게 스며들 수 있고, 우리 존재를 얼마나 극적으로 바꿀 수 있는지를 깨닫지 못하기 때문이다.

우리는 결국 구원받고 천국으로 가게 될지도 모른다. 하지만 우리가 올바른 가운데 말을 가질 때까지는 이 행성에서 사는 동안 내내 갈피를 못 잡고 혼란스러워할 것이다. 시간과 자원과 기력과 꿈을 낭비하게 될 것이다.

나는 하나님이 우리가 '자아발견'과 '하나님 발견'의 모험을 떠나길 원하신다고 믿는다. 그 모험은 우리가 상상해 보지 못했던 성취감을 안겨 줄 것이다. 그 과정에서 한 가지 사실을 깨닫게 될 것이다. 그것은 우리의 가운데 말들은 대부분 큰 뜻을 담기에 충분히 크지 않다는 것이다. 그런 것으로는 하나님의 정의를 실행하지 못한다. 대부분의 사람들은 평범함에 만족한다. 왜냐하면 만만하고 해볼 만해 보이기 때문이다. 나도 그 정도는 누릴 만하다고 생각되기 때문이다. 하지만 하나님은 우리를 위해 그보다 훨씬 더 큰 것을 준비해 놓으셨다. 그것은 하나님의 가운데 말에 딸려서 나온다. 그것이 거래 조건이다.

당신은 예수님이 당신을 위해 죽으셨음을 믿는가? 그분의 희생이 당신의 죄와 수치심에 대한 대가를 한 번에 치르기 위함이었다는 것을 믿는가? 그분의 희생이 당신을 그 모든 권리와 특권을 가진 하나님의 자녀로 만들어 준 것임을 믿는가? 당신이 지금 무엇을 하든 상관없이 하나님이 지금 이 순간만큼 당신을 사랑하신 적이 없다는 사실을 믿는가? 만일 그렇다면 이제 하나님의 말씀대로 살아야 할 때가 되었다.

우리는 흔히 자신의 가운데 말의 빈칸을 채울 때 예수님은 조금도 고려하지 않는 우를 범한다. 그렇기에 우리 자신을 설명하는 말과 문장들은 너무 보잘것없고, 너무 제한적이고, 너무 조건적이고, 너무 변명적인 것이 되고 만다.

하나님은 우리 자신에게 갖는 기대치의 한계를 날려 버리고 싶어 하신다. 본인이 자격이 없고 무엇을 못한다는 투덜거림을 멈추고, 하나님이 우리 삶에 대해 하시는 말씀에 귀 기울여라. 스스로에게 딱지 붙이는 짓을 멈추고 하나님이 당신 안에서, 당신을 통해서, 그리고 당신과 함께 하고 싶으신 일들을 하시게 하라.

WDJSAM(예수님은 우리에 대해 뭐라고 하시는가?)

———————————————————— 예수님이 어떤 분이냐를 이해하는 문제는 늦은 밤 잠을 청하려고 할 때 생각할 만한 가벼운 주제가 아니다. 그렇다고 현자들의 논쟁거리도, 학자들이 거드름을 피우며 토론할 주제도 아니다.

내가 누구이며 지금까지 어떻게 살았는가에 대한 혹독한 반성은 대체로 본인의 인성에서 기인한 좋지 않은 결과를 처리할 때 하게 된다.

예를 들자면 지금 당신은 일을 또 망쳐서 '또다시' 직장에서 해고 당했을 수도 있다. 그리고 이런 일이 늘 반복되자 당신은 스스로를 증오하고 있다.

어쩌면 마치 라스베이거스에서 인생 역전을 경험한 사람처럼 돈을 펑펑 쓰며 분수에 넘치는 생활을 한 까닭에 이젠 빚더미에 올라앉아 파산의 전령이 현관문을 두드리는 날만 가슴 졸이며 기다리고 있을지도 모른다.

혹은 아내 몰래 바람을 피워서 이제는 신뢰를 회복하지 못하는 지경에 이르렀는지도 모른다. 당신은 자신을 가장 신뢰하고 의지했던 사람을 크게 실망시켰고, 본인이 엉망진창으로 만든 상황을 다시 제자리로 돌려놓을 수 있을지 확신할 수 없는 상태에 놓여 있다.

어쩌면 출세할 기회를 얻었지만 마음속의 두려움이 시키는 대로 모험을 하지 않기로 결정했는지도 모른다. 당신은 이제 기회를 잃어버렸고, 좌절감에 싸여 있다. 왜냐하면 당신은 자신이 늘 너무 느리고, 너무 겁이 많고, 지나치게 자신감이 결여된 패배자처럼 느껴지기 때문이다.

그러고는 생각한다.

'내가 정말로 하나님을 기쁘게 해 드리고 있는 것일까? 하나님은 나를 있는 그대로 받아들여 주실까? 파산자에, 결점투성이에, 실격자에, 그리고 이렇게나…… 구역질나는 인간을?'

하나님이 당신을 사랑하시고 받아들여 주신다는 것이 믿기 힘들다면 예수님은 당신에 대해 어떻게 생각하실지 한번 생각해 보라. 예수님은 하나님의 마음을 드러내시려고 오신 분이니 예수님의 생각이 바로 하나님의 생각 아니겠는가?

혹시 WWJD 팔찌를 아시는지? 나는 열여섯 살 때 여자 친구가 사준 그 팔찌를 'W' 자 두 개가 닳아 없어질 때까지 차고 다녔다. WWJD는 'What would Jesus do?(예수님이라면 무엇을 하셨을까?)'의 약자이다. 수백만 달러 규모의 산업이 이 단순한 질문에서 탄생된 것이다.

그리고 물론 WWJD는 온갖 종류의 파생 상품들을 낳는다. 'What would Jesus drive?(예수님이라면 무엇을 운전하셨을까?)', 'What would Jesus eat?(예수님이라면 무엇을 드셨을까?)' 그리고 내가 개인적으로 제일 좋아하는 'What would Scooby-Doo do?(스쿠비 두[17]라면 무엇을 했을까?)'도 있다.

WWJD. 이는 실로 대단한 질문이다. 망설이고 혼란스러울 때, 혹은 유혹이 느껴지는 순간에 어느 길을 택해야 할지를 판단하는 데 도움을 줄 수 있다.

'우리가 무엇을 하는가'가 중요하다는 것에 동의한다. 하지만 '우리가 누구인가'는 그보다 더 중요하다. '우리가 무엇을 하는가'는 항상 '우리가 누구인가', 혹은 '우리는 자신을 누구라고 생각하는가'라는 질문을 뒤따른다. 따라서 좀 더 나은 질문은 "예수님은 우리에 대해 뭐라고 하시는가?(What does Jesus say about me?)"이다.

이를 약어로 표기하면 WDJSAM이 되는데, 사실 기억하기 쉽지는 않다. 하지만 이 질문의 대답은 당신의 존재에 대혁신을 가져다줄 것이다. 바로 베드로가 경험했던 것처럼.

예수님은 당신에 대해 뭐라고 하시는가? 당신의 문제에 대해서는? 당신의 요구에 대해서는? 당신의 죄에 대해서는?

성경을 읽는다면 예수님이 문제가 많은 사람들을 사랑하고 돕는 일에 참으로 능하신 분이라는 사실을 깨닫는 데 그리 오래 걸리지 않을 것이다. 그분의 삶을 들여다보라. 예수님이 대화를 나누고, 함께 식사를 하고, 함께 어울린 사람들을 생각해 보라. 예수님이 죄지은 사람들을 어떻게 대하셨는지를 떠올려 보라. 예수님이 당신을 대하시는 것도 바로 그러하고, 예수님이 당신에 대해 생각하시는 것도 바로 그러하다.

예수님은 하나님의 손과 발이 되어 망가진 인류를 위해 하나님의 사랑을 전하러 오셨다. 예수님은 비열한 사람들, 이기적인 사람들, 중독된 사람들, 그리고 나쁜 사람들과 함께하는 걸 좋아하신다. 그분은 오명과 악취로 인해 고개를 돌리시는 분이 아니었다. 예수님은 거절 당하고 몰락한 사람들과 함께 지내셨다. 예수님은 곤경에 빠진 사람들을 만나셨고, 예수님의 전폭적인 수용과 사랑이 그들을 영원히 변화시켰다.

간음하다 잡힌 여인을 기억하는가? 이 이야기는 다들 알고 있을 것이다. 요한복음 8장에 나오는 이 이야기는 예수님 사역의 순간을 드러내는 가장 흥미로운 장면 중 하나다.

몇 명의 종교 지도자들이 이 여인을 간음 현장에서 붙잡았다. 그들은 일벌백계의 차원에서 이 여자를 벌하기로 결정했다. 그들이 그 여자의 죄를 공개적으로 폭로하는 이유는 사실 예수님을 함정에 빠트리기 위함이었다.

종교 지도자들은 그 여인을 예수님 앞에 끌고 가서 그분께 어떻게 해야 할지를 물었다. 율법에 따라 그 여인에게 돌을 던질 것인가? 아니면 그녀를 풀어 주어 율법을 어길 것인가?

당신이 이 이야기를 읽었다면 그다음 무슨 일이 일어났는지 알고 있을 것이다. 예수님은 그 여인을 비난하지 않았다. 단지 그 여인을 비난한 자들을 비난했을 뿐. 예수님은 그들이 그 여인보다 더 고결하지 않다는 사실을 지적하셨다. 그들도 그 여인만큼이나 은총과 자비와 희망이 필요한 존재라는 사실을 일깨워 주셨다. 그래서 그들은 부끄러워서 아무 말도 못하고 하나씩 하나씩 슬그머니 물러갔다. 이 이야기의 마지막 부분은 이러하다.

예수께서 일어나사 여자 외에 아무도 없는 것을 보시고 이르시되 여자여 너를 고발하던 그들이 어디 있느냐 너를 정죄한 자가 없느냐 대답하되 주여 없나이다 예수께서 이르시되 나도 너를 정죄하지 아니하노니 가서 다시는 죄를 범하지 말라 하시니라 (요한복음 8장 10-11절)

예수님이 이 여인을 대하시고 그녀의 죄를 다루시는 방식은 유대 민족이 예상했던 하나님의 반응과는 정반대였다.

그들에게 하나님은 거룩하시고, 공정하시며, 심판하시는 하나님이었다. 그분은 율법의 지극히 작은 부분도 신경 쓰시는 완벽한 하나님이었다. 그것이 바리새인들이 그들의 백성들에게 주입한 메시지였다.

다시 말하는데 이러한 이해는 진실의 토대 위에 구축되었다. 그 진실이란 하나님은 거룩하신 하나님이고, 죄는 하나님의 본성에 대한 모독이라는 것. 죄는 인간과 하나님 사이를 떼어 놓는 것이며, 따라서 벌 받아 마땅한 것이다.

예수님이 이 땅에 오신 것도 바로 그 이유 때문이다. 예수님은 이 여인을 정죄하려 오신 게 아니었다. 이 여인을 구원하러 오셨다. 예수님은 이 여인의 검사가 아니라 그녀의 변호사였다. 그래서 그 여인을 보내 주신 것이다.

그래서 정의가 조롱당했는가? 천만에. 왜냐하면 예수님은 결국 당신이 그 여인이 저지른 죄뿐만 아니라 역사를 통틀어 전 인류가 저지른 모든 죄에 대한 벌을 대신 짊어지시게 될 거라는 것을 아셨기 때문이다. 나의 죄와 당신의 죄까지 포함해서 말이다.

예수님은 우리 죄에 어떻게 반응하시는가? 이 이야기에서 보여주셨던 것과 똑같은 방식이다. 하나님은 우리를 변호하신다. 우리를 보호하신다. 우리를 비난하는 자들을 물리쳐 주신다. 그리고 우리에게 앞으로는 다르게 살 수 있다는 희망을 주신다.

이 여인에 관해 대단히 흥미로운 점은, 우리는 그녀의 이름조차도 모른다는 사실이다. 우리는 항상 그 여자를 '간음 중에 잡힌 여자'로 부른다.

이름표에 대해 얘기해 보자. 그녀는 영원히 자기가 저지른 크나큰 실수에 의해 규정된다. 적어도 우리에게는 그렇다.

하지만 그날 예수님은 그런 시각으로 그 여자를 보지 않았다. 그것은 하나님이 그녀에게 붙여 준 이름표가 아니다.

나는 우리가 천국에 가면 '간음 중에 잡힌 여자'라는 이름을 가진 이 사람을 만나고 싶어 할 것 같다. 그러면 거기 사는 사람들은 이렇게 말할 것이다.

"누구요? 여긴 그런 이름 가진 이가 없어요. 잠깐…… 혹시 '간음죄를 심판받지 않은 여인'을 말하는 거요? 여기서는 '예수님이 용서하신 여자'로 알려진 그 사람? 우리가 '가서 다시는 죄를 짓지 않는 여인'이라고 부르는 그 사람? 저기 살아요. 지금은 다른 이름으로 살고 있죠."

말 나온 김에 얘기하자면 내 친구 한 명이 일전에 어떤 교회를 방문한 적 있었는데, 그곳 교인들은 성경의 이 이야기를 '돌팔매질하다가 걸린 남자들 이야기'라고 부른다고 한다. 멋진 제목 아닌가!

오해는 마시길. 나는 실수해도 문제가 될 거 없다고 말하려는 게 아니다. 죄는 끔찍한 것이다. 상실과 실패와 비극은 엄청난 상처를 안긴다. 따라서 나는 고통을 그럴 듯하게 얼버무리거나 죄를 눈감아 줄 생각이 없다.

하지만 예수님이 사람들을 어떻게 사랑하셨는지를 보고, 그것을 당신의 상황과 현실에 적용하라. 예수님 안에 체현된 하나님의 사랑이 당신의 가운데 말을 채우게 하라. 하나님의 눈을 통해 당신 자신을 바라보는 법을 배워라. 자기인식과 자기평가를 하나님의 자비와 선하심과 권능의 렌즈로 여과시켜라. 당신이 무슨 자격이 있는지를 하나님이 판단하시게 하라.

요한은 이와 같은 하나님의 사명을 이렇게 요약했다.

> 하나님이 그 아들을 세상에 보내신 것은 세상을 심판하려 하심이 아니요 그로 말미암아 세상이 구원을 받게 하려 하심이라 (요한복음 3장 17절)

하나님의 사명은 지금도 계속된다. 하나님은 2000여 년이 지난 뒤에도 여전히 그리스도를 통해서 세상을 심판하시는 게 아니라 세상을 구하는 일에 헌신하신다.

실패와 맞닥뜨릴 때 자기 자신을 포기하기란 너무나도 쉽다. 자신의 과거를 설명하는 이름표와 한계와 딱지를 받아들이기가 너무도 쉽다.

나는 죄가 많다.

나는 부정한 자다.

나는 중독자다.

나는 수치스러운 자다

나는 자격이 없다.

하지만 그리스도 안에서는 당신을 고발한 자들이 모두 물러난다. 그리고 세상에서 가장 중요한 견해를 가지신 그분이 다정한 눈빛과 환한 미소를 지으며 당신 앞에 서 계신다. 그리고 그분이 당신에게 말씀하신다. 희망이 있다고. 미래가 있다고. 당신은 다른 삶을 살 수 있다고. 당신은 그분이 원래 의도하셨던 사람이 될 수 있다고.

약점을 다루는 방법, 교체를 위한 수용

나는 약점을 가지고 있고, 당신 역시 마찬가지다.
우리는 지금까지 그 사실을 무수히 확인해 왔다.
하지만 그것은 이야기의 끝이 아니다.
우리는 그 약점을 어떻게 다루어야 할까?
그냥 받아들이고 살아간다?
그것을 부정한다?
약점에 대해 기도한다?
약점을 고친다?
나는 얼마 전에 이러한 질문에 대한 해답을 알아냈다.
그것도 하나가 아니라 두 개의 해답을.
그런데 문제는 그 두 개가 서로 모순된다는 것이다.

CHAPTER 6

하나님의 반어법

하나님은 우리가 쉽게 예상할 수 있거나 당연하다고 생각하는 것과
정반대되는 일을 은밀하게 행하는 방법을 잘 알고 계신다.
하나님이 지향하시는 가치와 우선순위는 우리의 그것과 전혀 다르다.
하나님의 뜻은 우리의 뜻과 비교할 수 없을 정도로 지고하다.

* **＊** *

    피를 나눈 형제인 나의 두 아들 일라이저와 그레이엄은 약간 경쟁
적이다. 여기서 '약간'이라는 말은 경쟁해야 할 때는 지극히 난폭하
게 서로를 내동댕이친다는 의미이다.

    두 아들은 최근에 열 살과 여덟 살이 되었다. 매일 아침 내가 일어
나서 내 침실 밖을 나갈 때마다 두 녀석이 서로 나를 먼저 안으려고
달려온다. 녀석들의 모습이 보이지 않아도 쿵쿵거리며 달려오는 소
리가 들린다.

    내 얘기가 사랑스럽게 들릴지 모르겠지만 사실은 전혀 그렇지 않
다. 그들의 행동은 사랑하는 아빠에게 서로 먼저 인사하고 싶어 하는
아이들의 순수함이나 열정과는 아무 상관이 없다.

    그것은 경주다. 사냥이다.

    그리고 나는 결승선인 동시에 사냥감이다.

    그것은 상상할 수 있는 가장 폭력적인 포옹이다. 나는 밀리지 않으
려고 버티는 법을 터득해야 했다. 심지어 침대 옆에 낭심 보호대를 놔
둘까 하는 생각도 해 봤다.

    두 아이에게 경쟁과 비교는 일상적인 일인 것 같다. 한 녀석이 뛰어
나거나 힘이 세거나 유리한 입장이 되었을 경우, 둘 중에 그 어떤 녀
석도 그것을 순순히 인정하려 들지 않을 것이다. 그건 패배를 인정하

는 꼴이 될 테니까.

내가 둘 중 한 녀석에게 칭찬을 해주면 다른 한 녀석은 그 칭찬을 흐지부지되게 만들어 버릴 꾀를 생각해 낸다. 나는 때때로 장난기가 발동해서(애들 데리고 뭐 하는 짓인가? 나는 뭐가 문제일까?) 이렇게 묻곤 한다.

"일라이저, 넌 그레이엄이 세상의 모든 여덟 살짜리들 중에서 제일 힘이 세다고 생각하지 않니?"

그러면 일라이저는 이렇게 대답한다.

"그렇게 생각해요. 만일 오늘이 반대로 하는 날(Opposite Day)이라면요."

'반대로 하는 날'이라! 이런 영리한 녀석을 봤나. 내가 하는 모든 말을 거꾸로 뒤집어서 말 시합에서 챔피언을 먹으려는 전략이 아닌가!'

그런데 '반대로 하는 날'의 창시자가 바로 하나님이라는 사실을 알고 있는가? 물론 비토나 부정의 의미에서가 아니다. 또한 우리를 좌절하게 하거나 자극하려는 게 아니다. 하나님은 우리가 쉽게 예상할 수 있거나 당연하다고 생각하는 것과 정반대되는 일을 은밀하게 행하는 방법을 잘 알고 계시는 것이다.

하나님이 지향하시는 가치와 우선순위는 우리의 그것과 전혀 다르다. 하나님의 뜻은 우리의 뜻과 비교할 수 없을 정도로 지고하다. 그리고 설령 우리의 결함들을 통해서 하시는 일이라 할지라도 하나님이 하시는 일은 우리가 생각해 내거나 요구할 수 있는 것보다 훨씬 더 크고, 더 훌륭하고, 더 광대하다.

우리는 자신의 결점과 실수를 마주할 때 "그래, 난 고작 이 정도야."라며 체념하는 경향이 있다. 우리는 생각한다. '나는 절대 성공하지 못할 거라고, 내가 아무리 노력해도 성공하려면 턱없이 부족하고 너무 늦었다고, 이제 희망이 없다.'라고.

하지만 하나님은 빙긋 웃으시며 이렇게 대답하신다.

"일반적으로 그건 사실이다. 네 자신의 힘만으로는 말이야. 허나 내가 공식적으로 선언하노니, 오늘은 반대로 하는 날이다. 따라서 네가 네 자신에 대해 했던 모든 부정적인 말들은 반대로 뒤집어졌다. 너는 네가 약하다고 생각했지만, 사실 너는 강하다. 너는 네가 실패했다고 생각했지만, 너의 가장 위대한 성공을 위해 내가 너를 준비시키고 있다. 너는 네가 자격이 없다고 생각했지만, 너의 소명은 그 어느 때보다 더 확실하다. 오늘은 반대로 하는 날이니까."

다소 유치한 설정이지만 이런 단순한 설명이 이해에 도움이 될 때가 있다.

하나님의 능력과 우리가 마땅히 누릴 자격이 있는 것과 반대되는 일을 하시는 하나님의 성향에 대한 이해는 내 자신을 완전히 변화시켜 놓았다. 그것이 나를 자유롭게 했으며, 내 자신뿐 아니라 다른 사람의 약점과 실패에 대처하는 방식에 있어 혁신적인 변화를 가져왔다. 그것이 바로 이 책에서 내가 말하려는 핵심이다.

우리는 너무나 자주 본인의 부정적인 가운데 말에 주목하고는 절망감에 자포자기하고 만다. 우리가 지닌 문제점들은 극도로 명백하고, 우리에게 일어날 실패들은 괴로울 정도로 분명하다. 그래서 우리는 우리 꿈들을 '동화'라는 이름으로 보관한다. 이것이 우리 한계이고, 그 어떤 것도 이런 현실을 바꿀 수 없을 거라고 두려워한다.

하지만 마음 깊숙한 곳에서는 분명 희망이 있을 거라고 생각한다. 우리는 성경을 읽고 기적의 하나님을, 부활의 능력을 가지신 하나님을, 불가능한 일을 행하시는 하나님을 보았다. 우리 마음속의 무언가가 우리에게 다시 시도해 보라고, 다시 믿어 보라고 말한다.

그렇다면 우리 약점들을 어떻게 해야 할까? 우리에게 결점이 있다는 사실에, 그리고 그 결점들이 우리 꿈을 이루는 데 결격사유가 된다고 생각될 때 우리는 어떻게 대처해야 할까? 앞에서도 언급한 바와 같이 이 문제에 대한 해법은 두 가지다. 하지만 이 둘은 조화시키기가 힘들다.

그중 한 가지 해법은 우리 자신을 있는 그대로 받아들이는 것이다. 성경은 이에 대해 많은 이야기들을 들려준다. 우리의 겸손에 대해, 잃어버린 조건에 대해, 하나님의 필요성에 대해, 예수님 안에서 우리 가치를 찾는 것에 대해서. 성경에서는 가장 받아들이기 싫은 가운데 말조차도 인정하고 수용하는 것에 대한 정당성을 찾을 수 있다.

하지만 이 해법이 가지는 문제는 우리를 변화시키는 하나님의 능력을 과소평가하는 것 같다는 것이다. 우리에게 현실 조건 속에 갇혀 살라는 선고처럼 여겨진다는 것이다.

진정 이것이 파괴적이고 훼손시키는 성향을 가진 우리 자신의 모습이라고 체념해야 할까? 그냥 우리 자신을 더 사랑하기로 결심해야 할까? 현재 우리에 대해, 우리 진짜 모습에 대해, 우리가 매일 대해야 하는 자신의 모습에 대해 좀 더 만족감을 느낄 수 있도록 좋고 나쁨의 개념을 재정립해야 할까?

그건 옳은 방법이 아닌 것 같다. 그것은 우리가 성경에서 보는 하나님의 뜻이 아니다. 우리는 무력하고, 가망 없고, 한심한 피해자가 아니다. 예수님 안에서 우리는 정복자 그 이상의 존재들이다.

두 번째 해답은 본인의 약점을 강점으로 교체하라는 것이다. 그것은 하나님이 우리를 탈바꿈하게 하고, 우리를 바로잡고, 우리를 변화시키시게 하는 것이다. 본인의 가운데 말을 지우고, 그 빈칸을 하나님의 말씀으로 채우는 일이다. 나쁜 것을 좋은 것으로 바꾸기 위해 온 힘을 기울이는 것이다. 본인의 결함에 대항하고, 자기 자신을 고치기 위해 싸우는 것이다.

하지만 이 해법도 문제점을 가지고 있다. 자신의 약점들을 지워 버리고 강점으로 대체하려고 애쓰다가 결국 기독교인의 길을 한낱 자조 프로그램으로 전락시키고 마는 결과를 초래할 수 있는 것이다. 또한 그 과정에서 자신을 실망이라는 평생 감옥에 가두게 될 수도 있다. 왜냐하면 우리는 그 어떤 것도 제대로 바로잡지 못할 테니까. 그러는 동안 우리는 변화와는 정반대의 결과를 초래하는 자기혐오와 조바심에 무방비로 노출될 것이다.

수용과 교체라는 이 두 가지 옵션은 상호 배타적인 것처럼 여겨진다. 이것 아니면 저것이다. 우리는 자신의 약점들과 마주할 때 그것들을 받아들여야 할까, 아니면 거부해야 할까? 그것들을 포기해야 할까, 아니면 부지런히 바로잡아야 할까?

목사인 나는 신자들에게 종종 상충되는 충고를 할 때가 있다. 예를 들어 어떤 때는 "스스로를 너무 다그치지 마세요. 그냥 내려놓고 하나님께서 하시게 하세요."라고 충고하면서, 또 다른 때는 "변화는 본인에게 달려 있어요. 자발적으로 임하는 것이 관건이에요."라고 조언한다.

사실 이 책은 우리가 약점을 다룰 때 느끼는 태생적 긴장에서 발전된 것이다. 이 책은 이 세상에서 나를 포함한 인간을 변화시키는 일이 왜 그렇게나 어렵고 복잡한 것일까라는 물음에서 출발했다. 그리고 내가 성경을 연구하면 할수록 이것이 새로운 문제가 아니라는 것을 더 확실히 깨닫게 되었다. 몇 천 년 전의 위대한 신앙적 영웅들도 가장 기본적인 약점들, 유혹들과 힘든 싸움을 벌였다.

나는 상황에 따라 기계적으로 제시하는 나의 해법들이 복잡다단한 인간의 조건들을 제대로 평가하지 않은 것임을 깨닫기 시작했다. 그보다 더 나쁜 것은, 그것이 하나님에 대해서도 제대로 인식하지 못한 해법이라는 점이다.

수용과 교체라는 이분법적 해법은 생각했던 것만큼 멋지거나 깔끔하거나 편안하게 느껴지지 않을 것이다. 하지만 이것은 성경 전체에 점철되어 있는 대단히 실용적이고도 강력한 해법이다. 일단 이 해법을 이해하게 되면 단지 본인의 행동을 바꾼다거나 자존감을 세우는 것보다 훨씬 더 많은 일을 하게 될 것이다.

그것은 당신을 자유롭게 하여 진정한 자신의 모습으로, 하나님께서 창조하신 그 모습으로 살게 해줄 것이다. 그것은 영광스럽고 유기적인 일생의 과정이다. 또한 그것은 우리가 자아가 아닌 하나님께로 향하도록, 중압감이 아닌 은총을 지향하도록, 규칙이 아닌 믿음을 추구하도록 집요하게 이끌 것이다.

내가 약한 그때에……

————————— 최근에 사무실에서 고린도후서 12장의 한 구절을 읽고 있을 때 내 머릿속에 전구가 번쩍 켜졌다. 그 구절에서 바울은 자신의 개인적인 고통에 대해 이야기하고 있었다. 바울은 자신의 약점이 얼마나 불만스러운지를 분명한 언어로 표현했다. 실제로 그는 자신의 약점을 육체에 박힌 '가시'와 '사탄의 사자'라고 불렀다.

우리는 그에게 무슨 문제가 있었는지 잘 알지 못한다. 그 문제가 안질일 수도 있고, 누군가로부터의 박해일 수도 있고, 우울증일 수도 있고, 장모와의 갈등이나 여타 다른 이유일 수도 있다. 참, 바울은 결혼을 하지 않았으니 장모와의 갈등은 해당 사항이 없겠다.

핵심은 그의 나약함이 진짜였다는 것이다. 그리고 그것이 바울과 그의 사역에 영향을 미치고 있었으며, 또한 그의 영향력과 유효성을 제한하고 있었다. 우리 기준으로 본다면 그것은 제거해야 할 문제였다. 그것이 유일한 논리적 결론일 것이다.

그러니까 신약에서 가장 위대한 저자이고, 예수님께서 친히 당나귀를 빼앗고 당신의 천상의 모습을 보여주셨던 사도이며, 비유대인 세계 전체에 복음의 문을 열어 주었던 인물인 그가 혼란스러움과 나약함의 굴레에서 벗어나지 못했던 것이다.

바울은 이미 상황을 바꿔 보려고 힘닿는 데까지 노력해 봤을 것이다. 자신의 문제를 해결하려고 노력하는 게 나쁠 건 하나도 없다. 하나님이 우리에게 두뇌를 주신 건 써먹으라고 주신 거니까.

하지만 이 경우는 그것으로 충분하지 않았다. 그래서 바울은 우리 중 누구라도 했음직한 행동을 했다. 하나님께 바로잡아 달라고 청한 것이다. 세 차례나.

세 번째에 이르러서는 그냥 공손한 청이 아니었을 것이다. 바울은 아마 엎드려 빌고, 눈물로 애원하고, 온갖 감언이설을 동원했을 것이다. 심지어 하나님을 상대로 약간 술수를 부려 보려고도 했을 것이다. 확신하건대 우리 모두 이렇게 해 왔을 것이다. 참호기도(foxhole prayer)[18]는 기독교인과 비기독교인을 불문하고 오랜 세월 동안 숭배되어 온 전통이 아닌가. 하지만 그것도 듣질 않았다. 아무것도 변화되지 않았고, 아무것도 개선되지 않았다.

바울이 하나님께 기도를 드릴 때마다 하나님은 그에게 이렇게 말씀하셨다.

내 은혜가 네게 족하도다 이는 내 능력이 약한 데서 온전하여짐이라
(고린도후서 12장 9절)

그것은 바울이 듣고 싶었던 말씀이 아니었다. 그래서 바울은 계속 하나님께 빌었던 것이다.

그 말씀이 결코 만족스럽지 못했던 이유는 바울은 인간이었기 때문이다. 그는 우리와 똑같은 걱정거리를 갖고 있었다. 그도 우리가 필요로 하는 안전과 통제와 확언이 똑같이 필요한 사람이었다.

우리가 하나님께 듣고 싶은 말씀은 이것이다.

"네 삶에서 뭐가 고장 났는지 알려 줘서 고맙다! 지금 당장 고쳐 주마!"

그리고 우리가 원하는 것은, 하나님께서 한 손을 휙 흔드시자 하루가 끝날 무렵 우리의 모든 결점들이 완전히 제거되는 것이다! 하지만 하나님은 우리에게 우리가 약할 때 당신의 능력이 가장 잘 발휘된다는 수수께끼 같은 말씀을 하신다. 우리는 그 말씀이 진정 무슨 의미인지 잘 알지 못한다. 그래서 결코 마음이 편치가 않다. 게다가 그것은 실질적으로 적용할 만한 구체적인 해결 방안이 아니다.

그런데 그날 이 구절을 읽으면서 나는 바울과 동질감을 가질 수 있었다. 바울의 좌절감을 공감할 수 있었다. 나도 그런 좌절감을 느끼고 있으니까. 나는 왜 약점을 가지고 있어야 하는가? 내가 완벽하다면 하나님의 일에 훨씬 더 효과적이지 않았을까?

바로 그때 나의 이런 생각을 멈추게 한 구절이 눈에 들어왔다. 바울은 10절에 이렇게 썼다.

이는 내가 약한 그때에 강함이라 (고린도후서 12장 10절)

갑자기 내 머릿속이 환해지는 것 같았다. 나는 그 구절을 읽고 읽고 또 읽었다. 그리고 나는 깨달았다. 내가 읽고 있는 그 구절이 바로 바울 자신의 '나는 ……이다.' 문장이라는 사실을. 그것은 바울 자신의 가운데 말이었다.

당신 눈에도 그것이 보이는가?

나는 약하다.

그리고 그때에……

나는 강하다.

약하다와 강하다는 둘 다 바울의 가운데 말이었다. 그렇다면 우리는 약해야 하는가, 아니면 강해야 하는가? 바울은 이에 대한 해답을 알아냈다. 그 둘은 동시에 필요하다.

주목하라. 바울은 "나는 예전에는 약했지만 지금은 강하다."거나, "만약 내가 약해지는 것을 멈출 수 있다면 나는 결국 강해질 수 있다."라고 말하지 않았다. 바울의 가운데 말은 약함에도 불구하고 강하다는 의미가 아니다. 또한 약점들이 다 사라진 후에야 강해진다는 의미가 아니다. 그것은 나약함 속에서, 나약함을 통하여, 나약하기 때문에 강해진다는 의미이다.

하나님은 우리가 모든 것을 체념한 채 실패와 패배의 삶을 살 작정을 할 정도로 우리의 약함을 포용하기를 원하시는 것이 아니다. 또한 우리가 운명을 시작하기 전에 모든 약점을 강점으로 교체해야 하는데 대해 압박감을 느끼고 초조해 하기를 원하시는 것도 아니다.

우리는 약함과 동시에 강할 수 있다. 그리고 나는 심지어 여기서 한 발 더 나아가 우리의 약점은 실제로 강점이 될 수 있다고 생각한다.

현재 우리 자신의 모습, 다시 말해서 약점과 강점, 실패와 성공을 모두 가진 지금의 우리는 문제가 아니다. 지금의 우리는 해법이다. 믿기지 않겠지만 지금 우리 자신을 화나게 하는 요소들이 장차 우리의 잠재력을 실현시키는 데 있어서 가장 중요한 역할을 할지도 모른다.

우리 약점들은 우리를 무자격자로 만들지 않는다. 사실 약점들로 인해 우리는 더 많은 자격을 부여받는다. 왜냐하면 약점은 하나님의 능력이 우리 삶 속으로 스며들어 오는 통로이기 때문이다. 그렇다고 해서 우리가 결코 변할 필요가 없다는 뜻은 물론 아니다. 사실 우리는 변화를 결코 멈추지 않는다.

그보다는 현재 당신의 모습이 바로 이 순간에 딱 맞는 당신의 모습이라는 뜻이다. 당신의 본모습은 완벽하고 대단히 소중하기 때문에 지금과 다른 모습이 되려고 압박감과 중압감을 느낄 필요가 없다는 의미다.

지금의 당신 모습은 하나님이 함께 일해 오신 모습일 뿐만 아니라 하나님이 함께 일하고 싶어 하시는 모습이다. 그리고 바로 이 출발점에서부터 발전이 가능하다.

최근에 그레첸 루빈(Gretchen Rubin)의 저서 『이전보다 나은(Better Than Before)』을 읽었다. 이 책은 우리에게 뿌리 깊게 자리한 '기대하는' 성향이 우리 습관에 얼마나 큰 영향을 미치는지를 고찰한 책이다. 인류에게 가장 선호되는 성향이 무엇인지를 고려함에 있어서 저자는 다음과 같은 통찰력을 제시한다.

"가장 행복하고 가장 성공한 사람들은 그들의 성향을 이득이 되는 방향으로 활용하는 방법을 알아냈던 사람들이다. 또한 그와 똑같이 중요한 것으로, 그 성향의 한계를 상쇄하는 방법을 발견했던 사람들이다."

내 능력의 성장을 결정하는 것이 타고난 성향이 아니라 나와 그러한 성향들과의 관계라는 저자의 생각이 마음에 든다.

다시 말하는데, 그것은 받아들이느냐 교체하느냐에 관한 문제가 아니다. 그것은 이거냐 저거냐 중에 양자택일할 문제가 아니다. 어느 정도 양쪽에 다 걸쳐 있다. 우리는 우리가 지향해야 할 모습이 되기 위해 현재의 자신을 받아들인다. 교체를 위해 수용하는 것이다.

내가 약한 그때에 강함이라 (고린도후서 12장 10절)

나는 이 구절을 읽으면 읽을수록 더욱더 신이 났다. 마치 내가 궁금해 했던 하나님에 대한 그 많은 수수께끼들을 풀어 주는 마스터키 같았다.

나는 최근에 공부해 왔던 성경 속 영웅들 중 여기에 해당하는 몇몇 인물들을 기억해 내려고 바삐 머리를 굴렸다. 모세 같은 인물은 말더듬이 증세가 너무 심해서 자신은 결코 하나님한테서 쓰임받지 못할 거라고 생각했다. 하지만 그는 결국 인류 역사상 가장 위대한 지도자 중 한 사람이 되었다. 라합과 룻과 예레미야와 바울과 같은 인물들은 모두 결격자처럼 보이지만 그들은 자신들의 약점에서 강점을 발견했다. 그리고 물론 반(反)영웅 야곱을 빼놓을 수 없겠다. 그는 거짓말쟁이에다 사기꾼이었지만 어찌된 일인지 결국에는 하나님의 인류 구원 계획에 있어 주전 선수가 되기에 이른다.

히브리서의 저자는 그 원칙을 잘 이해하고 있었다. 그는 히브리서 11장에 성경 영웅들의 명단을 나열해 놓았다. 어떤 점에서 그들은 얼굴이 화끈거릴 정도로 한심한 인물들이라서 대체 믿음의 전당을 누가 운영했을지 궁금증이 일 지경이다. 저자는 그 장을 다음과 같이 마무리하고 있다.

내가 무슨 말을 더 하리요 기드온, 바락, 삼손, 입다, 다윗 및 사무엘과 선지자들의 일을 말하려면 내게 시간이 부족하리로다 그들은 믿음으로 나라들을 이기기도 하며 의를 행하기도 하며 약속을 받기도

하며 사자들의 입을 막기도 하며 불의 세력을 멸하기도 하며 칼날을 피하기도 하며 연약한 가운데서 강하게 되기도 하며 전쟁에 용감하게 되어 이방 사람들의 진을 물리치기도 하며 (히브리서 11장 32-34절)

여기서도 다시 '연약함'이 '강함'으로 변했다. 보아하니 바울의 경우는 요행이 아니었다. 그것은 하나님 특유의 작업 방식이었다.

하나님은 우리의 약점을 무시하거나 건너뛰지 않으시며, 그 약점에 의해 방해받는 일은 결코 용납하지 않으신다. 하나님은 약점에 강경하게 대응하시고, 그것을 강점으로 바꾸신다. 그래서 하나님은 위대하신 분이고, 좋으신 분이며, 절대 주권자이신 것이다.

약점을 대하는 우리의 방식

———————————— 이 대목에서 당신은 이런 생각을 할지 모르겠다.

'잠깐, 지금 내가 아무것도 고칠 필요가 없다는 얘기인가? 내가 무슨 죄를 지었든 하나님은 상관하지 않으신다는 말인가? 하나님이 마법처럼 내 죄를 강점으로 바꿔 주실 테니까 나는 아무것도 할 필요가 없다는 소린가?'

천만의 말씀이다. 성경에는 변화하고, 죄를 짓지 말고, 유혹을 이기고, 아성에 도전하라는 간곡한 권고와 훈계로 가득하다. 내 말의 요지는 약점에 대한 우리의 반응이 언제나 포용이나 교체라는 판에 박힌 것만이 아니라는 것이다. 우리 정체성이 복잡한 만큼이나 우리 반응도 그만큼 복잡 다양하다. 특정한 약점을 대할 때 하나님이 우리가 그 약점을 가지고 무엇을 하고 싶어 하시는지 알아내야 한다.

첫째, 약점들 중에는 수용해야 할 필요가 있는 약점들이 있다. 그것은 받아들이고 견뎌 낼 필요가 있는 약점들이다. 또한 쉽사리 떨어져 나가지 않을 것이므로 차라리 거기에 익숙해지는 편이 나을 수도 있다. 약점을 상쇄하는 법을 터득하고, 다른 사람들의 도움에 기댈 필요가 있다. 또한 겸손함이라는 건전한 보조제의 복용도 요구된다.

둘째, 교체할 필요가 있는 약점들이다. 이러한 것들은 우리가 하나님으로부터 부여받은 정체성에 속하지 않는 것들이다. 불청객이요 침입자들이다. 그것들은 우리 자신과 다른 사람들에게 해를 끼치는 것이기에 하나님께서는 우리를 도와 지금 당장 근절시키기를 원하신다.

셋째, 결국은 교체되어야 하는 약점들이다. 지금 당장 시작할 수 있지만 그 과정은 몇 년 걸릴 수도 있다. 따라서 우리는 인내력을 기르고, 다시금 겸손함을 키워야 할 것이다.

우리가 가진 약점이나 결함 중에는 위에 열거된 범주 중에 어디에 해당하는지 쉽게 판단할 수 있는 것들이 있다. 누가 봐도 죄가 분명한 것일 때 특히 그렇다. 예를 들자면 살인이나 간통이나 거짓말을 향후 30년의 인생에 포함시킬 필요가 있는가 하는 것은 구태여 하나님께 여쭙지 않아도 된다. 성경에서는 그것들이 죄라고 명시되어 있다. 그리고 하나님은 우리가 당신을 알고 믿는 한, 우리에게 다른 삶을 살 수 있는 능력을 주실 것이다.

하지만 우리가 가진 대부분의 약점들은 약간 애매모호하다. 정도나 맥락에 따라 판단이 달라질 때가 있는 것이다. 예를 들어 당신이 내

성적인 사람이라고 하자. 그것을 바꿀 필요가 있을까? 그보다 그것을 약점이라 부를 수 있을까?

대답하기 힘든 문제다. 하나님은 당신이 두려움 속에서 살기를 원치 않으신다. 수줍음은 때때로 두려움에서 나온 결과이기도 하다. 두려움이 그 정도로 당신의 삶을 지배한다는 의미이므로 이 경우의 수줍음은 하나님께서 당신이 극복할 수 있게 도와주시고 싶어 하시는 약점이라고 볼 수 있다.

만약 두려움이 당신 삶을 지나치게 지배한 나머지 하나님 뜻에 복종하지 못할 정도라거나 침묵하는 당신 태도가 다른 사람에게 상처를 줄 정도라면 그것은 분명 죄이고, 하나님이 당신을 거기서 해방시켜 주고 싶어 하실 거라고 단언할 수 있다.

하지만 설령 당신이 두려움을 극복하고 주위에서 가장 자신만만하고, 용감하고, 확신에 찬 사람이 되었다 하더라도 외향적인 사람이 될 수 있을까? 아마 그렇게 되지는 않을 것이다. 당신은 원래 그렇게 만들어지지 않았으니까.

내성적인 성격은 한 개인의 아름다운 특성이며, 그런 만큼 그것은 약점이 아니라 강점이다. 하나님이 당신을 내성적으로 창조하셨음에도 외향적인 사람이 되려고 인생을 허비하는 것은 두려움에 얽매인 은둔자만큼이나 문제가 심각한 짝퉁 인생이다.

따라서 친애하는 '이론상' 내성적인 친구여, 당신은 자신이 어디에 해당하는지 선택하게 될 것이다. 자신이 극적인 변화가 필요한지, 적당한 변화가 필요한지, 아니면 전혀 그럴 필요가 없는지를 하나님의 도움으로 알아내게 될 것이다.

또 다른 예를 들어 보자. 당신이 보다 즉흥적인 사람이 되고 싶어 한다고 가정해 보자. 당신은 재미를 추구하며 사는 사람들을 흠모한다. 왜냐하면 그 사람들은 원할 때면 언제든지 사랑하는 사람들과 추억을 만들 수 있기 때문이다. 사실 당신은 개방적인 그들의 라이프스타일을 부러워한다. 하지만 그렇다고 해서 그러한 삶을 모방해야 할까? 모든 것을 꼼꼼히 계획하는 성향을 가진 당신이?

어쩌면 약간 다른 방식을 실험해 볼 수도 있겠다. 약간 거칠고 무모하게 정말로 계획할 필요가 있는 것은 무엇이고 그냥 지나칠 만한 것은 무엇인지, 그리고 비정상적인 통제를 필요로 하는 것은 무엇인지를 판단해 보는 것이다. 그렇다고 본인의 기질을 넘어선 즉흥성에 스스로 인질이 되라는 의미가 아니다. 그렇게 하면 당신이 훌륭하게 계획한 일들을 즐기기 위해 필요한 힘을 다 쏟아부을 뿐이다.

자, 이제 우리가 가진 약점들이 얼마나 복잡 다양한지, 그리고 그것을 다루는 과정도 얼마나 다양하고 개별적인지 이해하겠는가? 당신의 약점들은 당신의 강점들만큼이나 독특하다. 그리고 그런 만큼 약점들은 어느 정도 존중되어야 마땅하다. 오스왈드 챔버스(Oswald Chambers)는 "보호받지 못한 강점은 사실상 두 배의 약점이다."라고 말한 바 있다.

하지만 제대로 이해받지 못한 약점 또한 박탈당한 강점이 될 수 있음을 깨달아야 한다. 당신은 이 점에 대해 인식하고 있는가?

당신 안에서 역사하시는 하나님의 능력을 고려해서 당신의 가운데 말들을 겸손하고 솔직하게 평가하는 시간을 가질 필요가 있다. 너무 빨리 당신의 죄를 변명하지도 말고, 그렇다고 당신의 기벽을 결점이라고 너무 빨리 딱지를 붙여서 그것들을 바꾸려고 노력하지도 말라.

중요한 것은 하나님께서 당신을 어떻게 정의하시는지를 아는 것이다. 진짜 당신에 대한 하나님의 정의를 발견하면 당신은 자신만의 독특한 요구와 문제를 어떻게 다루어야할지를 알게 될 것이다.

그렇다면 자신의 약점들을 어떻게 평가할 것인가? 내가 특정 분야에서 성장할 사람인지 아닌지를 어떻게 알 수 있는가? 이러한 결정에 도움이 될 만한 질문 몇 가지를 아래에 소개하겠다.

성경에서는 나의 약점을 죄라고 부르는가?

만일 그렇다면 하나님은 당신을 도와 그 일을 해결하기를 원하신다. 그것은 외계인이고 기생충이다. 그것은 하나님이 의도하신 당신의 일부가 아니기 때문에 당신은 하나님의 도움으로 변화할 수 있다. 다시 말하는데 그 일은 시간이 걸릴 수 있다. 따라서 너무 일찍 포기해서는 안 된다. 그 과정이 진행되는 내내 유혹에 저항하고 하나님의 은총에 응답하라.

말이 나왔으니 얘긴데, 당신에게 죄가 있다고 해서 하나님이 계획하신 바를 추구할 자격이 자동적으로 박탈되는 것은 아니다. 만일 그것이 사실이라면 우리 모두는 가망 없는 무자격자일 것이다. 왜냐하면 우리는 모두 죄를 지었으니까. 하나님은 우리의 죄에도 불구하고 우리를 축복해 주신다. 하나님은 우리 실수조차도 당신의 영광을 위해 사용하실 정도로 절대 권력을 지니신 분이고, 선하신 분이다.

반면에, 당신의 약점이 명백한 죄가 아니라면 그것을 서둘러 근절시킬 필요가 없을 것이다. 그보다 먼저 해야 할 일은 하나님이 당신을 변화시키기를 원하시는지 아니면 당신을 있는 그대로 받아들이길 원하시는지를 파악하고, 하나님이 당신의 약점 안에서 능력을 발휘하시게 하는 것이다.

나는 이 약점을 극복하길 원하는가, 아니면 이 안에서 성장하길 원하는가?

하나님은 당신의 뜻을 위해 우리에게 "소원을 두고 행하게" 하신다고 말씀하신다(빌립보서 2장 13절). 만일 당신이 무엇을 하고 싶고, 어떤 사람이 되고 싶고, 어떤 식으로 변화하고 싶은 절절한 소망을 가지고 있다면 하나님께서 당신이 그것을 성취하도록 도와주실 것이다. 그 어떤 불리한 조건에서도 말이다. 만일 자기가 무엇을 소망하는지 확실히 모른다 해도 하나님을 믿고 따르면 자기 인생에서 무엇이 최선인지를 본능적으로 알게 될 것이다. 당신이 해야 할 일은 그저 당신 자신(그리고 당신 안에 계신 하나님)을 조금 더 믿는 것뿐이다.

내게 변화의 은총이 있는가?

은총은 우리 삶 속에 깃든 하나님의 초자연적인 능력이다. 보통은 자기가 특정 분야에서 성장하거나 변화할 은총을 가지고 있는지를 상당히 빨리 파악할 수 있다. 우리가 어떤 일에 시간과 에너지를 투자하면 하나님은 입김을 불어넣으신다. 자연스럽고도 만족스럽게. 그러고 보면 기독교인으로 산다는 것은 그렇게 힘들거나 불가능한 일이 아닐지도 모른다. 예수님도 "내 멍에는 쉽고 내 짐은 가볍다(마태복음 11장 30절)"고 하시지 않았는가.

다른 사람들은 나의 약점과 강점에 대해 뭐라고 말할까?

사람들이 당신에 대해 깜짝 놀랄 정도로 많은 것을 말해 줄지도 모른다. 따라서 관건은 누구의 말에 귀를 기울일지를 판단하는 일이다.

우리는 우리를 이해하고, 우리를 연마하고, 우리에게 도전 의식과 용기를 북돋워 줄 사람들이 필요하다. 그러한 사람들을 찾게 되면 그들이 당신에 대해 하는 말에 귀를 기울여라. 당신의 약점은 다른 사람의 눈에 거의 들어 오지 않는 반면, 당신의 강점은 확연히 드러나 보인다는 사실을 알면 깜짝 놀랄 것이다. 때때로 우리는 자신의 가운데 말에 대해 주위 사람들이 어떻게 평가하는지를 들어 보고 그것을 토대로 보정할 필요가 있다.

우리를 위해 마련하신 하나님의 반대말

만약 하나님이 우리의 가운데 말을 바꾸길 원하신다면 아마도 우리가 사용했던 말과 정반대되는 말을 사용하실 거라고 우리는 쉽사리 추측한다.

'나는 지쳤다.'는 '나는 기운이 팔팔하다.'가 될 것이다.

'나는 상처받았다.'는 '나는 치유받았다.'가 될 것이다.

'나는 갇힌 신세다.'는 '나는 자유다'가 될 것이다.

물론 그 추측이 사실일 때도 있다. 하지만 성경을 살펴보면 하나님의 반의어는 종종 우리가 생각하는 것과 다르다는 것을 알게 된다. 하나님은 우리가 생각하는 것보다 더 섬세하시고, 더 영민하시고, 훨씬 더 효율적이시다.

우리가 하나님을 따를 때 그분은 우리에게 영적인 차원에서 새로운 것을 창조해 주시지만, 그것이 우리 개성을 없애거나 우리의 자연적인 정체성을 강제로 밀어낸다는 의미가 아니다. 하나님은 모든 것을 뒤엎고 밑바닥에서부터 다시 짓기 시작하시지 않는다. 그분은 앞에 놓여 있는 것들을 이용해서 일하시는 것을 선호하시는 것 같다. 결국 모든 원재료는 하나님 자신으로부터 나왔으니 좋은 물건인 것은 확실하지 않겠는가.

하나님은 당신이 만드신 가운데 말들을 우리의 그것 위에 덮어씌움으로써 우리의 진짜 정체성을 환하게 드러내신다.

예전에 시리얼 상자에 암호해독기를 넣어서 판 적이 있었다. 그것은 판지에 빨간색 필름을 붙여 만든 종이안경 혹은 조그마한 틀인데, 그것을 상자에 있는 특정한 이미지에 대고 보면 처음에는 아무 의미도 없어 보이던 것이 빨간색 필름이 배경을 걸러내 줌으로써 비밀 메시지가 드러나 보였다.

어린 시절 나는 엄마한테 그 시리얼을 사 달라고 조르곤 했다. 그 시리얼을 좋아해서도 아니고, 영양 성분이 특별히 탁월해서도 아니었다. 단지 그 암호해독기가 갖고 싶어서였다. 나는 그 상자 뒷면에 숨겨진 메시지가 무엇인지 알고 싶었다.

그것은 하나님이 당신의 가운데 말을 우리에게 덮어씌우실 때 일어나는 일과 조금 닮았다. 갑자기 말이 안 되는 것이 말이 되고, 비논리적인 것이 의미를 찾는다. 우리 자신이 다르게 보인다. 하나님의 눈을 통해서 보고 있기 때문이다. 그리고 우리가 받은 메시지는 시리얼 상자에 숨어 있던 것보다 훨씬 더 심오한 것이다.

때때로 우리는 하나님께 우리의 결점들을 없애 주시고 정반대의 것들로 교체해 주십사고 간청한다. 하지만 하나님은 그 대신 당신의 가운데 말씀을 주실 것이다. 그리고 우리가 그 필터를 통해서 자신의 인생을 보면 모든 것이 달라져 있다.

몇 가지 예를 들어보자.

지금 당신 마음속에서 가장 요란하게 울리는 가운데 말이 '나는 실패하고 있다.'라고 해 보자. 물론 이보다 더 생생하고 화려한 표현들도 있다. '나는 실패자다. 나는 재앙 덩어리다. 나는 대형 참사다.' 하지만 이 모든 말은 '실패자'로 귀결된다.

그래서 당신은 하나님이 당신을 성공시키고 싶어 하실 거라고 생각한다. 실패의 반대말은 성공이니까, 실패가 문제라면 그 해답은 성공이 아니겠느냐고 말이다.

하지만 하나님은 그와 다른 계획을 가지고 계실지 모른다. 우리가 실패자로 느낄 때 하나님이 우리를 위해 마련하신 가운데 말씀은 '나는 성장하고 있다.'이다. 이것은 '나는 성공한다.'라는 말만큼 기를 살려 주는 말은 아니다. 하지만 훨씬 더 현실적이다. 그리고 당신이 그렇게 생각할 때 그 말은 훨씬 더 강력한 힘을 갖는다.

성공은 일시적이고 피상적이다. 그리고 어느 정도 임의적이다. 항상 모든 일에 성공하는 사람은 없다. 따라서 만일 당신의 정체성이 당신의 노력에 따른 결과에 근거한다면 당신은 엄청난 자기회의와 고통을 맞이할 준비를 하는 셈이다.

당신은 실패하는 중이 아니라 성장하는 중이다. 그리고 당신은 실패자가 아니라 지속적으로 개선되고 있는 사람이다. 그렇다. 당신의 실패는 현실이지만 그것이 마지막은 아니다. 그 실패는 사실상 미래에 도움이 될 수 있다. 당신 자신을 실패자로 정의하지 말고, 하나님이 당신의 실패를 통해 이뤄 내고 계시는 것으로써 당신을 정의하라.

그것이 인생에 훨씬 더 건강하게 접근하는 방법이다.

또 다른 예로 '나는 자격이 없다.'는 말이 있다. 이 말은 내 아우 맥스가 지금 씨름하고 있는 가운데 말이다. 이 말의 논리적인 반대말은 '나는 자격이 있다.'이다. 하지만 우리 문화에서는 '자격이 있다'라는 말이 통상적으로 '마땅한 권리가 있다'라는 말과 동일시된다. 하지만 이미 앞에서 살펴본 바와 같이 우리 중에서 하나님의 사랑과 용서와 축복을 받아 마땅한 사람은 아무도 없다.

그렇다면 하나님 입장에서 '자격이 없다'의 반대말은 무엇일까? 몇 가지 있겠지만 내가 가장 좋아하는 말은 '나는 받아들여졌다.'이다.

만일 당신이 '자격 없다'를 '자격 있다'와 바꾸어야 한다고 생각한다면 당신은 앞으로 평생을 스스로 쌓은 벽에 대고 이마를 찧을 것이고, 당신의 목표에 한 발짝도 다가가지 못할 것이다. 하지만 일단 하나님의 '받아들이심'이 당신의 '자격 없음'을 무효화한다는 것을 깨닫게 되면 그 즉시 평화를 얻게 될 것이다.

당신이 가진 죄와 결점들은 하나님과 당신을 갈라놓지 못한다. 하나님이 당신을 받아들이신 것은 예수님을 믿는 당신의 신앙을 통해서이기 때문이다. 당신은 자신의 일이나 성과를 통해서가 아니라 예수님을 통해서 사전 승인을 받은 것이다.

어쩌면 당신은 계속 실수를 저지를지도 모른다. 그것도 똑같은 실수를. 그리하여 점차적으로 하나님께 돌아가는 것이 더 어려워지게 된다. 왜냐하면 실수를 저지를 때마다 당신은 얼마나 많이 변화하겠다고 약속하고는 실패했는지를 깨닫기 때문이다. 당신의 낙천성과 의욕은 사상 최저로 떨어진다.

자격 없다는 생각에 집중하는 것을 중단하고, 그 대신 하나님의 받아들이심에 집중하라. 도움이 필요한 당신에게 구원의 손길을 뻗어주신 하나님께, 당신에게 무한한 사랑을 주신 하나님께 감사하라. 하나님의 분수에 넘치는 호의에 감사하고, 그것을 당신의 삶 속에 복기하라. 그런 다음 일어나서 다시 시도하라.

적의 가장 큰 승리는 당신으로 하여금 다시 죄를 짓게 할 때가 아니다. 적의 가장 큰 승리는 하나님이 당신을 받아들이심을 당신이 보지 못할 때이다. 정의와 하나님과의 친교는 당신의 행동이 얼마나 선하고 성공적이냐에 달려 있다는 적의 말에 설득될 때, 당신은 자괴감의 소용돌이에서 빠져나오지 못하게 된다. 자격 없음을 부정하려고 하지 말고 받아들여라. 그런 다음 그것을 하나님의 수용과 인정으로 교체하라.

가운데 말의 또 다른 예로, '나는 두렵다.'가 있다. 두려움의 반대말은 무엇인가? 용기인가? 담대함인가? 그것들도 다 좋은 말이다. 하지만 어쩌면 당신이 한 번도 생각해 보지 못했을지 모르는 말이 있다. 그것은 '사랑'이다.

'나는 두렵다.'는 말 대신 '나는 사랑한다.'는 말을 하려고 노력하라. 모든 상황은 초점을 어디에 맞추느냐에 따라 달라진다. 다른 사람에게 초점을 맞출수록 당신의 두려움은 배경 속으로 사라진다. 두려움은 당신이 느끼는 감정이지만, 사랑은 하나님이 당신을 만드신 이유이다.

지금까지 부정적인 가운데 말 세 가지와 그것들을 대체할 수 있는 말들을 살펴보았지만 이는 빙산의 일각에 불과하다. 우리는 저마다

다른 문제와 씨름하고 있고, 하나님은 그 각각을 대체할 완벽한 반대
말을 가지고 계신다.

하지만 하나님이 당신을 위해 마련하신 모든 가운데 말씀을 알려
주는 것은 내 목표도 아니고, 내 역할도 아니다. 그것은 하나님과 함
께하는 당신 자신만의 매우 사적인 여정이다. 하지만 이 말은 꼭 하고
싶다. 하나님의 반대말을 놓치지 않으려면 늘 정신 차리고 있어야 한
다는 것을.

인생은 발견과 변화의 여정이다. 당신 자신의 가운데 말보다 하나
님의 가운데 말씀에 더 귀 기울이는 법을 배우는 여정이요, 정직함과
믿음으로 자신의 결함들을 마주하는 법을 배우는 여정이다.

당신은 그 여정을 떠날 자격이 없다고 느낄지도 모른다. 우리는 때
때로 하나님이 주신 소명을 행하기에는 자격이 터무니없이 부족하다
고 느낀다. 그래도 괜찮다. 사실 그렇게 느끼는 것이 더 나을 수도 있
고, 심지어 그렇게 느낄 필요가 있을지도 모른다. 사실 약간 틈을 보
이는 법을 배우고 나서야 당신은 하나님의 힘을 경험할 수 있을 것이
다. 겸손은 약점이 강점이 될 수 있는 기회의 문을 여는 열쇠다. 이에
대해서는 다음 장에서 살펴보게 될 것이다.

CHAPTER 7
우리의 약점은 천국의 비밀 무기

혹시 하나님께서 일하실 때 가장 선호하시는 타입은 이런 사람이 아닐까?
"하나님, 저 여기서 뭘 어떻게 해야 하는지 모르겠어요.
하지만 만일 하나님께서 저에 대해, 인생에 대해,
관계에 대해, 저의 직업에 대해, 저의 결정에 대해 가르쳐 주시면
제가 그대로 따를게요."라고 말하는 사람 말이다.

* * *

　우리는 자신의 약점에 관한 한 양극단을 오가는 경향이 있는데, 양자 모두 불확실성에서 기인한 양태이다. 다시 말해서 우리는 본인의 약점에 푹 빠져 있거나, 혹은 약점이 없는 척 가장한다.

　전자에 대해서는 우리의 정체성과 가운데 말을 다룰 때 이미 논한 바 있지만 앞으로 몇 쪽에 걸쳐 좀 더 자세히 살펴볼 것이다. 자기 약점에 대해 '아, 슬프도다!' 식의 접근법을 취할 때의 문제는 하나님의 소명을 부정할 권한을 자기 자신에게 부여하게 된다는 점이다. 이는 사실상 자기 자신을 자격 부여자로 임명하는 것이나 다름없다. 이미 살펴본 바와 같이 자기 자신에 대해 스스로 내리는 평가는 오류의 소지가 크다.

　사실 우리가 자주 보이는 행태는 후자 쪽이다. 본인한테 약점이 없는 척 가장하는 것이다. 우리는 하나님께 자신의 결점들을 숨기려고 애쓴다. 하지만 문제는 우리 스스로 부족함을 인정하기 전까지는 하나님이 우리를 크게 도와주실 수 없다는 것이다. 위대함은 약점을 부정할 때가 아니라 겸손하게 받아들일 때 나온다. 결점은 무시되는 게 아니라 받아들여질 때 강점이 되는 것이다.

　때때로 우리는 하나님을 진정으로 사랑하는 사람은 완벽하지 않는 것에는 결코 만족하지 않을 것이라고 추정—어쩌면 그렇게 배워 온 것인지도 모르지만—한다. 그래서 긍정적인 생각을 가지고, 긍정적인 고백과 긍정적인 행동을 해야 한다고 생각한다. 물론 긍정성에 대해서는 전적으로 찬성한다. 하지만 정직하지 않는 것은 자기 자신에게 하는 거짓말이라 해도 나는 단호히 반대한다.

본인의 약점을 인정하는 것은 의심이나 두려움, 혹은 믿음이 부족한 데서 나온 결과가 아니다. 오히려 우리에게 믿음이 있다는 가장 명확한 증거다. 그것은 우리의 자신감이 우리 자신이 아니라 하나님으로부터 나온다는 믿음이다. 또한 우리가 하나님 안에 있으면 충분히 안전하기에 자신의 약점을 인정할 수 있다는 의미이다.

그 반면에 도움이 필요하다는 사실을 부정할 때는 약점이 강점이 되는 게 아니라 거꾸로 강점이 약점이 되고 만다. 우리가 모든 것을 통제하고 있다고 착각할 때 우리가 필요한 도움을 우리 스스로가 차단하는 꼴이 되고 만다.

나는 최근에 취미 삼아 테니스를 배우기 시작했다. 첫 수업을 받으러 갔을 때 나는 꽤 긴장한 상태였는데, 테니스 코치의 첫마디는 긴장감을 푸는 데 전혀 도움이 되지 않았다.

"자, 제가 어디서부터 가르쳐야 될지 한번 볼까요? 어디까지 알고 계시죠?"

나는 뭘 어떻게 해야 할지 모르겠다고 말했다. 그러자 코치는 그게 바로 자신이 원하는 바라며 나를 어리둥절하게 만들었다. 코치의 얘기를 들어 보니 테니스를 배우러 오는 사람들 중에 가르치기가 불가능할 정도로 테니스에 대해 많이 알고 오는 경우가 종종 있는 모양이었다. 그런 사람들은 본인들의 방식에 익숙해 있기 때문에 새로운 방식을 잘 신뢰하지 않는다. 그리고 코치한테서 배우려 하는 대신, 자신들이 얼마나 많이 알고 있는지를 코치에게 보여주고 싶어 한다.

코치가 말했다.

"제가 일할 때 가장 선호하는 타입이 바로 선생님 같은 분들이지요."

혹시 하나님께서 일하실 때 가장 선호하시는 타입도 이런 사람이 아닐까? "하나님, 저 여기서 뭘 어떻게 해야 하는지 모르겠어요. 하지만 만일 하나님께서 저에 대해, 인생에 대해, 관계에 대해, 저의 직업에 대해, 저의 결정에 대해 가르쳐 주시면 제가 그대로 따를게요."라고 말하는 사람 말이다.

자부심은 종종 약점을 통해서 강점을 받아들이는 것을 방해하는 장벽으로 작용한다. 어쩌면 당신은 다른 사람에게, 심지어 하나님한테조차 도움을 청하는 것을 쑥스럽게 여기는지 모른다. 어쩌면 당신은 하나님이 사명을 주셨다는 것을 알지만 자신의 약점들이 방해가 되는 것이 창피해서 이제는 좀 더 성숙해지고 더 큰 역량을 갖추어야 한다고 느끼고 있는지도 모른다.

'어쩌면 나에 대한 하나님의 인내심이 바닥이 났는지도 몰라. 나도 나 자신에게 정나미가 떨어졌는걸 뭐.'

하지만 하나님은 인내심에 한계가 있는 분이 아니다. 그리고 하나님은 당신 자신 대해 당신이 갖고 있는 것과는 상당히 다른 평가를 내리고 계실 게 분명하다.

하나님이 기드온이라는 남자에게 이스라엘 백성들을 미디안 사람의 압박으로부터 해방하라 명하신 이야기를 읽은 적 있는가? 이 이야기는 사사기 6장에 기록되어 있다.

하나님이 기드온을 발견하셨을 때 그는 용감무쌍한 전사와 같은 모습이 아니었다. 기드온은 적을 피해 숨어 있었다. 그럼에도 불구하고 하나님은 지극히 긍정적인 표현으로 기드온에게 인사를 건네신다.

큰 용사여 여호와께서 너와 함께 계시도다 (사사기 6장 12절)

큰 용사? 이에 기드온은 약간 비꼬는 투로 반응한다.

"오, 정말이요? 만약 주님께서 저희와 함께 계시다면 어째서 저희가 요 모양 요 꼴로 산단 말입니까?"

위의 말은 당신의 이해를 돕고자 내 방식으로 재구성한 것이다.

하나님은 그의 비아냥거림을 무시하고 말씀하셨다.

너는 가서 이 너의 힘으로 이스라엘을 미디안의 손에서 구원하라 내가 너를 보낸 것이 아니냐 (사사기 6장 14절)

나는 여기서 '너의 힘으로' 라는 표현을 좋아한다. 하나님은 기드온이 슈퍼영웅의 힘을 낼 것이라 기대하지 않으셨다. 하나님께서는 그 말씀을 하고 계실 때 기드온이 적을 피해서 포도주틀 속에 숨어 있었을지라도 기드온을 꾸짖지 않으셨다.

기드온은 이번에는 아까보다 약간 덜 빈정거리는 투로 대답했다.

오 주여 내가 무엇으로 이스라엘을 구원하리이까 보소서 나의 집은

므낫세 중에 극히 약하고 나는 내 아버지 집에서 가장 작은 자니이
다 (사사기 6장 15절)

기드온은 하나님께 자신의 약점을 숨기려고 하지 않았다. 그는 직
설적이고 뻔뻔스러울 정도로 정직했다.

"저는 약합니다. 저는 제일 어렵니다. 저는 이 일에 맞지 않습니다.
저는 제가 뭘 해야 할지 모릅니다."

이 말이 기드온의 생각이자 그의 가운데 말이었다. 그러나 하나님
은 조금도 개의치 않으셨다.

하나님께서 대답하셨다.

내가 반드시 너와 함께하리니 네가 미디안 사람 치기를 한 사람을
치듯 하리라 (사사기 6장 16절)

이 대목이 모세와 불타는 가시덤불의 속편처럼 들리는 건 나만 그
런 걸까?

그다음 몇 장의 내용을 보면 하나님께서는 기드온의 약함이 조금
도 문제가 되지 않는다는 것을 증명해 보이시기로 작정하신 것 같다.
심지어 하나님은 기드온의 군대를 3만 2000명에서 300명으로 줄이
셨다. 단지 좀 더 흥미진진한 상황을 만들기 위해서 말이다. 그런 다
음 그 300명의 군사들을 써서 무수히 많은 무적의 미디안 군대를 궤
멸하셨다. 그나저나 이것은 할리우드와 스파르타 인들이 등장하기
한참 전의 일이다.

이 이야기에서 하나님은 기드온의 능력이나 인적 자원의 부족에 대해 불만스러워하신 적이 단 한 번도 없었다. 여기서는 기드온에게 세부적인 일은 본인의 논리와 자원을 가지고 스스로 해결하라고 요구하시는 하나님의 모습을 찾아볼 수 없다.

우리가 목격하는 것은 그 반대다. 기드온은 자기를 부르신 하나님의 용기와 특징을 점점 닮아 갔다. 기드온의 변명은 하나님의 마음을 바꾸지 못했다. 그 대신 하나님의 권능이 기드온의 변명을 제거해 버렸다.

이 이야기에서 기드온이 명성을 얻게 된 이유는 그의 리더십 스타일이나 동기 유발 능력, 혹은 그의 무예와 용맹 때문이 아니다. 비록 결국에는 기드온의 인생에서 그 모든 측면이 발전되기는 하지는 말이다. 기드온의 명성은 천천히 시작된 그의 신앙심 때문이었다. 기드온은 결국 하나님을 기꺼이 믿고 하나님께 순종했던 것이다.

하나님께서 우리에게 원하시는 것도 바로 이것이다. 엄청난 능력이 아니다. 그건 이미 하나님이 가지고 계신다. 하나님은 단지 우리가 순수한 믿음을 가지기를, 하나님을 믿고 하나님께 기꺼이 순종하기를 원하실 뿐이다.

그로부터 수백 년 후, 이스라엘의 또 다른 지도자가 깨우친 점도 바로 이것이었다. 그의 이름은 솔로몬이었다. 솔로몬의 대관식이 있던 날 밤, 하나님께서 그에게 나타나셔서 당신께서 무엇을 해주기를 바라느냐고 물으셨다. 무슨 소원이든 다 들어주는 램프의 요정처럼 말이다.

솔로몬의 대답은 놀라울 정도로 정직했다.

나의 하나님 여호와여 주께서 종으로 종의 아버지 다윗을 대신하여 왕이 되게 하셨사오나 종은 작은 아이라 출입할 줄을 알지 못하고 주께서 택하신 백성 가운데 있나이다 그들은 큰 백성이라 수효가 많아서 셀 수도 없고 기록할 수도 없사오니 누가 주의 이 많은 백성을 재판할 수 있사오리이까 듣는 마음을 종에게 주사 주의 백성을 재판하여 선악을 분별하게 하옵소서 (열왕기상 3장 7-9절)

하나님께서는 어떻게 대답하셨나? 지도력이 약하다고 솔로몬을 질책하셨던가? 솔로몬이 자기 자신을 '단지 작은 아이'라고 칭했다고 꾸짖으셨던가? 어쨌든 '단지'라는 말은 왕이 가질 만한 유형의 가운데 말이 아니다. 왕은 모든 것을 가질 수 있는 존재니까. 솔로몬은 이스라엘을 위한 자신의 장기적인 전략적 비전을 하나님께 말씀드렸어야 했다. 그런 다음 하나님께 승리와 성장과 성공을 위해 자기 계획을 축복해 달라고 부탁했어야 했다. 그것이 진짜 왕이 할 법한 행동이 아닌가?

우리는 그 다음 절에서 솔로몬의 정직함에 대한 하나님의 생각을 알 수 있다.

솔로몬이 이것을 구하매 그 말씀이 주의 마음에 든지라 (열왕기상 3장 10절)

하나님은 솔로몬이 자신의 한계를 알고, 어디에 도움을 청해야 할지를 알고 있다는 사실에 흡족해 하셨다. 그 상으로 하나님이 솔로몬에게 주신 것은 지혜만이 아니었다. 하나님은 그에게 부와 영향력과 능력도 함께 주셨다.

솔로몬은 본인의 자격 부족과 직면했다. 하지만 그 사실을 부정하거나 압박감에 짓눌리는 대신 그는 정확하게 자신이 해야 할 일을 했다. 솔로몬은 하나님께 의지했던 것이다. 하나님께 부족한 부분을 채워 달라고 부탁했던 것이다. 그리고 하나님은 그렇게 하셨다. 솔로몬은 상상도 할 수 없고, 더구나 그의 힘으로는 해낼 수 없는 방식으로 말이다.

하나님은 우리 약점에 대해서도 그와 똑같은 방법으로 다루고 싶어 하신다. 하지만 하나님의 도움을 받으려면 먼저 우리 스스로 그 도움을 필요로 한다는 사실을 인정해야 한다. 우리는 자신의 약점들을 자책이나 절망이나 부끄러움 없이 믿음 안에서 하나님께로 가져가야 한다.

약점을 통한 승리

─────────── 약점을 통해 승리한다는 생각은 미국인에게는 건국이념에 반하는 것처럼 여겨질 수 있다. 관점에 따라서는 심지어 반(反)성경주의로 비쳐질 수도 있다. 우리 약점들이 우리에게 이로울 수 있다는 생각은 자조 프로그램이나 DIY가 성행하고, '노(No)'라는 대답은 우리 사회의 정서에 위배되기 때문이다. 어쩌면 패배주의나 염세주의처럼 들릴지도 모른다.

하지만 사실은 정반대다. 나는 포기를 옹호하고 있는 것이 아니다.

내가 말하고자 하는 것은 본인의 약점이 자신에게 이롭게 작용하도록 만드는 법을 배워야 한다는 것이다. 만일 하나님께서 우리 삶을 관리하신다고 진실로 믿는다면 우리는 모든 공격에서 우리에게 이로운 측면을 기대할 수 있을 것이다. 약점처럼 보이는 것에서 진짜 강점을 인식하는 법을 배우게 될 것이다.

그것이 바로 요셉이 수년 동안 그리고 창세기 여러 장에 걸쳐서 파란만장한 인생을 보낸 뒤 창세기 50장에 이르러 내린 결론이다. 만일 이 세상에 본인이 경험한 부당함과 손해로 인해 피폐해질 권리를 가진 사람이 있다면 요셉이 바로 그 사람이다. 친형들 손에 납치당하고 노예로 팔려 갔고, 그의 아버지는 그가 죽은 사람이라고 체념했으며, 그가 섬겼던 주인으로부터 부당하게 고발당해 감옥에 갇혔고, 그의 친구들의 뇌리에서 까맣게 잊혔던 요셉. 그는 정신적으로나 육체적으로 더할 나위 없이 취약한 상태였다. 평범한 자의 눈으로 보자면 요셉은 약점의 포로에 불과했다.

하지만 일련의 운 좋은 사건들을 거치면서 그는 결국 감옥을 나와서 궁전으로, 가장 천한 신분에서 절대 권력 곁으로 가게 된다. 약점이 강점으로 이동한 것이다. 그리고 그를 배신했던 형제들이 구걸하러 그 앞에 나타났을 때(아, 인생의 아이러니여!), 요셉은 상황이 어떻게 돌아가는지를 깨닫고 겸손하고 성숙한 태도를 보인다. 요셉은 그동안 보통사람의 관점에서는 분명 약점으로 비칠 수 있는 행동을 스스럼없이 할 수 있는 자신감과 강인함을 키웠던 것이다.

그는 자기 형제들과 함께 울었다. 그는 형제들을 용서했다. 그리고 하나님은 요셉을 그의 형제들을 구원하기 위한 수단으로 삼으셨다.

그의 약점이 강점이 된 것이다.

그는 자신의 강점이 약점이 되는 것을 허용하지 않았다. 만일 요셉이 그러한 취약한 상황에 처해 보지 않았다면 그가 그러한 동정심과 지혜, 그리고 세계 역사를 바꾸고 그 과정에서 자기 가족들을 구할 수 있는 기회를 가질 수 있었을까?

이에 대해 로마서 8장 28절은 다음과 같이 말씀하신다.

우리가 알거니와 하나님을 사랑하는 자 곧 그의 뜻대로 부르심을 입은 자들에게는 모든 것이 합력하여 선을 이루느니라

이 말씀은 수천 년 동안 예수님의 추종자들이 살아갈 수 있게 해준 힘이었으며, 그 말씀이 기록되던 날과 마찬가지로 지금 이 순간에도 여전히 유효하다. 따라서 우리는 자신의 약점이 하나님의 영광과 우리의 이익을 위해 사용될 수 있다고 기대할 수 있는 것이다.

실제로 약점과 강점은 어떻게 공존할 수 있을까? 어떻게 약점이 강점이 될 수 있으며, 어떻게 하나님의 강점이 우리의 나약함 속에서 완성될 수 있을까? 나는 하나님의 모든 오묘한 조치를 이해하라고 주장하는 것이 아니다. 따라서 하나님께서 당신의 약점을 강점으로 바꾸실 수 있는 모든 방법을 분석하거나 개요를 설명하지 않을 것이다. 다만 당신이 실패를 보다 긍정적인 시각에서 볼 수 있게 도와줄 몇 가지 생각들을 아래에 소개하고자 한다.

먼저, 만약 상처를 입거나 고통을 당하거나 힘겹게 싸워 본 적이 한 번도 없다면, 하나님께서 우리 삶 속에 불어넣으신 축복을 계속 유지

하는 데 필요한 강점을 우리가 어떻게 개발할 수 있겠는가? 또한 하나님은 당신의 강점을 보여주실 상황을 만들기 위해 우리의 삶 속에 약점을 허락하시는 것이다. 바울은 이렇게 말했다.

우리가 이 보배를 질그릇에 가졌으니 이는 심히 큰 능력은 하나님께 있고 우리에게 있지 아니함을 알게 하려 함이라 (고린도후서 4장 7절)

하나님은 내용물이 빠진 그릇은 원치 않으신다. 그래서 하나님은 당신의 강함을 대비하시기 위해 우리의 약함을 사용하신다. 이는 정말로 가치 있는 것은 그릇 속에 든 것이며, 그릇 안에 든 것은 우리가 아닌 그분한테서 나온 것이라는 사실을 우리가 기억할 수 있게 해준다.

또한 싫든 좋든 간에 실패는 우리가 계속 현실감을 유지하고, 건전하고 균형 잡힌 상태를 유지할 수 있게 도와준다. 실패는 거버너(governor)와 같다. 이때 거버너는 아놀드(Arnold Schwarzenegger)나 롬니(Mitt Romney) 같은 주지사를 의미하는 게 아니다. 내가 말하는 거버너는 골프카트에서부터 모페드(moped)[19]와 나스카(NASCAR)[20] 경주차에 이르기까지 수많은 자동차에 장착된 속도 조절 장치를 말한다. 자동차 제조업자들은 우리가 아드레날린을—그리고 소송도—얼마나 좋아하는지 잘 알고 있기에 자동차의 최대속력을 제한할 필요가 있다고 생각했다. 그래서 그들은 '거버너'라고 하는 장치를 고안했는데, 이 장치의 유일한 기능은 엔진이 과열될 때 연료 공급을 중단하는 것이다.

우리가 사는 동안 과속하게 될 가능성은 늘 존재한다. 지나치게 많

은 활동, 지나치게 많은 일거리, 심지어 지나치게 많은 사역을 할 수
도 있다. 또한 우리가 감당할 수 없을 정도로 지나치게 빨리 성장할
수 있다. 그러면 얼마 못 가서 자동차를 망가뜨리고 말 것이고, 어쩌
면 그 과정에서 주위 사람들을 다치게 할지도 모른다.

하나님께서 의도적으로 우리의 발전을 방해하신다고 말하는 게 아
니다. 그렇다고 우리를 뒤처지게 만드는 것은 언제나 악마의 소행이
라고 말하는 것도 아니다. 나는 하나님께서 어느 정도의 한계를 허용
하시며, 그것은 하나님께서 우리가 무엇을 준비하는지, 그리고 언제
준비가 되는지를 알고 계시기 때문이라고 확신한다. 그 한계는 우리
가 하나님께서 마련해 주시는 기회를 잡을 만큼 성장할 때까지 우리
에게 시간과 동기를 제공한다.

넬슨 만델라나 스티브 잡스처럼 세상을 바꾼 사람들의 전기를 읽
어 보면 그들 대부분의 인생에 '유배'의 시기가 있었다는 것을 알게
된다. 다시 말해서 그들 대부분은 실패처럼 보이지만 결과적으로는
목적을 실현할 수 있게 도와준 시기를 경험했다. 인생에서는 생산성
이 가장 낮은 시기가 사실상 가장 중요한 시기인 경우가 종종 있다.
지금 일어나고 있는 일은 앞으로 우리에게, 그리고 우리를 통해 일어
나게 될 일을 예비시키는 것일 수도 있다.

때로는 거버너가 작동하지 못하게 하는 방법을 알아내는 대신 그
냥 속도를 늦추어야 할 필요가 있다. 이 방법은 그다지 매력적으로 들
리지는 않지만 지속 가능하면서도 궁극적으로는 효과적인 방법이다.

골프 강사들이 교습생들한테 이런 조언을 한다고 한다. 제1타를 칠
때 공을 멀리 치려면 스윙을 천천히 해야 한다고 말이다. 내 귀에는

역효과를 낼 것처럼 들린다. 그리고 바로 이런 식의 조언 때문에 골프 코스에서 내 모습이 보이지 않는 것이다.

하지만 우리의 계획이나 목표를 다루는 데 있어서는 훌륭한 조언이 될 수 있다. 스윙을 천천히 하라. 기회를 너무 빨리, 너무 멀리, 그리고 너무 세게 밀어붙이려 하지 마라.

나는 골프는 치지 않지만, 사실 어린이 야구 리그 출신이다. 어릴 적 우리 아버지가 나를 가르치실 때 늘 하시던 말씀이 지금도 내 귀에 생생하다. 나는 배트를 너무 세게 휘둘러서 시야에서 공을 놓치는 일이 잦았는데 그때마다 아버지가 소리쳤다.

"공을 죽일 듯이 치지 마! 그냥 살짝만 건드리라고!"

우리는 본인의 한계에 노여워할 게 아니라 그 한계가 주는 메시지에 귀 기울이는 법을 배워야 한다. 그리고 한계를 인정하고, 그것이 우리 성장을 이끌고 우리 결정에 영향을 미치게 하는 법을 배워야 한다. 공을 계속 주시하는 법을 배워야 한다.

그리고 그냥 살짝만 건드려라.

실패는 하나님께 더 가까이 다가가게 한다

한계와 실패는 하나님과의 친교를 유지하는 데 커다란 역할을 하기도 한다. 다시 말해서 우리의 약점과 실패는 우리를 하나님 곁으로 바싹 다가갈 수 있게 도와준다. 또한 우리는 하나님이 필요하며, 하나님이 모든 일의 원천이자 해답이라는 사실을 상기시켜 준다.

인생에서 모든 일이 술술 잘 풀릴 때는 온통 성공에만 정신이 팔려서 그것이 인생의 전부라고 생각하기 쉽다. 그러면서 승리, 번영, 영향력, 성직 등을 좇기 시작한다. 이러한 것들이 나쁜 것은 아니지만 그렇다고 인생의 목적이 되어서는 안 된다. 그것들은 우리와 하나님과의 관계가 점점 성장함에 따라 얻어지는 부산물이어야 한다. 다시 말해서 우리가 하나님을 좇듯이 그것들도 우리를 좇아오는 것으로 여겨져야 한다.

한계는 힘의 원천으로 돌아가도록 상기시켜 주는데 있어서 능력보다 훨씬 더 큰 역할을 한다. 한계는 우리를 하나님께로, 하나님께 대한 의존으로, 하나님과의 관계로 다시 돌아가게 해준다.

가장 큰 문제는 우리가 실수를 저지르면 하나님이 노하신다고 생각할 때 발생한다. 그리고 하나님은 우리가 약점을 드러내는 것에 실망하신다고 생각할 때, 하나님은 우리의 죄에 염증을 느끼신다고 생각할 때, 그리고 우리 약점이 하나님이 우리를 못마땅해 하시는 증거라고 생각할 때 발생한다.

만약 우리가 그런 식으로 하나님을 이해한다면 우리 약점들은 우리를 하나님 곁으로 다가가게 만들지 못할 것이다. 그 반대로 우리를 하나님한테서 멀어지게 하고, 비난과 죄와 형식주의와 어쩌면 분노에 의해 지배당하는 존재로 우리를 몰아갈 것이다. 우리는 결국 자기 자신을 고쳐 보려고, 스스로를 정화해 보려고, 자신을 하나님에게 가치 있는 존재로 만들어 보려고 고군분투하게 될 것이다. 어쩌면 아무 소용없는 일이라며 그 과정을 모두 포기하게 될지도 모른다.

하지만 이미 앞에서 지적한 바와 같이 하나님은 우리 약점에 대해 우리 자신들만큼 괴로워하지 않으신다. 하나님은 우리 약점들을 어떻게 다룰지를 알고 계신다. 심지어 그것을 사용할 계획까지 가지고 계신다. 이러한 사실들을 이해할 때 하나님과 더 가까워질 수 있다. 우리는 하나님을 속마음을 털어놓을 수 있는 친구로, 구원자로, 그리고 일종의 공모자로 볼 수 있어야 한다. 우리가 아무리 일을 엉망으로 만들고, 수모를 당하고, 나약한 상황에 처해 있더라도 말이다.

"실패는 한 걸음 전진(Fail forward)"이라는 격언을 들어 봤을 것이다. 이 말은 실패를 하더라도 그것을 학습과 성장의 기회로 사용하라는 의미다.

실패가 당신에게 도움이 되게 하라. 그보다 더 중요하게는 실패가 당신을 하나님께 더 가까이 다가가게 하라. 실패는 하나님께 더 가까이, 믿음에 더 가까이, 신앙에 더 가까이 가게 만든다.

이면의 메시지가 중요하다
───────────────────────── 약점의 또 다른 이점은 우리가 다른 사람과 관계를 맺을 수 있게 도와준다는 것이다. 다른 사람들과의 가슴에서 우러나오는 가장 진정한 교류는 종종 약점을 공유함으로써 이루어진다.

주위에 사적인 일로 고통을 겪고 있는 사람이 있을 때 당신에게는 직접적인 도움을 줄 수 있는 지식이나 노하우가 없다면 그 사람을 어떻게 위로해 줄 수 있을까? 이때 당신이 겪었던 시련들이 고통을 겪고 있는 사람에게 이런 말을 해줄 수 있는 자신감을 줄 것이다.

"나도 그런 일 당해 봤어. 우리 함께 이 고난을 헤쳐 나가자."

진정한 공감은 자신의 약점을 드러내는 아픔을 겪어 본 사람만이 줄 수 있는 격려의 선물이다. 당신은 도움이 필요할 때 가장 먼저 누구의 말을 듣겠는가? 아는 체하는 지식인인가, 아니면 당신이 처한 상황을 겪어 보고 나서 경험에서 우러나오는 얘기를 해줄 수 있는 사람인가?

우리가 가진 영향력의 최대치는 종종 아주 깊은 상처와 고난 속에서 탄생한다. 우리가 받은 교육, 언변, 혹은 지성이 도움이 되기는 하지만 공감을 불러일으키는 데에는 우리의 약점을 따라올 수 없다. 우리가 주위 사람들을 감동시킬 수 있는 것은 우리가 공유하는 고통과 인간미 때문이다.

자기 약점의 세세한 부분까지 모든 사람에게 털어놓을 수도 없고, 또한 그래서도 안 된다. 우리가 가진 약점들을 세상 사람들 다 보라고 훈장처럼 달고 퍼레이드를 펼치는 것이 우리의 목표는 아니다. 하지만 하나님과 신뢰할 만한 사람들 앞에서는 약점을 보일 필요가 있음을 배웠던 것처럼, 올바로 다루어진 모든 약점들은 비밀 무기를 갖고 있음을 발견하게 될 것이다.

당신이 최근에 와르르 무너져서 친구 앞에서 눈물을 보인 적이 있었다면 그때를 떠올려 보라. 아마 마음이 불편했을 것이다. 그리고 창피했을 것이다. 하지만 장담컨대 당신이 그렇게 허점을 보인 순간은 당신이 지금까지 공유해 왔던 그 어떤 경험보다 더 상대방의 마음을 얻고 우정을 두텁게 하는 역할을 했을 것이다.

약함에는 사람의 마음을 여는 무언가가 있다. 그것은 수비수를 무장해제하고, 의심하는 자를 누그러뜨리며, 무관심한 자의 환심을 사게 한다. 그것은 사람들에게 우리가 두려움이나 숭배의 대상이 아님을 보여준다. 우리는 '그들 중 하나'이며, 그런 만큼 우리는 그들의 삶에 대해 말할 자격을 부여받는다.

누군가 내게 이런 말을 한 적이 있다. 사람들이 상심해 있을 때 가장 필요한 말은 "괜찮아질 거야."가 아니라 "나도 그래."라고……

여기에 딱 들어맞는 사례가 바로 예수님이다. 예수님은 신생아의 몸으로 인류 역사에 화려하게 등장하셨다. 이것은 많은 것을 시사한다. 무엇보다 신생아는 지구상에서 가장 무기력한 생명체를 의미한다.

설상가상으로 예수님의 어머니는 십대 미혼모였고, 그분의 아버지는 노동자 계급의 남자였다. 그들은 촌사람이라고 조롱받던 후미진 마을, 나사렛 사람이었다. 예수님의 훈육은 왕족들이 백성들에게 기대하는 수준, 다시 말해서 신성(神性)이 많이 떨어지는 수준이었을 것이다.

그리고 예수님은 30년 동안 기록되지 않은 인간의 삶을 보내신 뒤 사역을 시작하셨는데, 그것은 불과 3년 반밖에 지속되지 않았다. 계산해 보면 예수님은 당신의 일생 중 85퍼센트 이상을 무명으로 보내신 셈이다.

성경에는 특히 예수님이 사역하시는 동안 드러났던 그분의 인간적인 약점들이 잘 묘사되어 있다. 물론 예수님은 원죄 없이 이 땅에 오셨지만 피곤함, 굶주림, 갈증, 분노, 슬픔, 비극, 배신, 비판, 유혹, 그리고 온갖 박해를 경험하시고 결국 죽음에 이르셨다.

가시적으로 드러난 이 이야기의 이면에는 어떤 얘기가 숨어 있을까? 당신은 궁금한 적 없는가? 예수님께서 유아기와 배변 훈련과 사춘기를 겪는 것이 정말로 필요한 것이었을까? 예수님께서 지구에서 살아가시고 그렇게나 오랫동안 괴로움을 당하실 필요가 있었을까? 어째서 예수님은 토르처럼, 다시 말해 인간을 구하기 위해 하늘에서 내려온 근육이 울퉁불퉁한 슈퍼영웅처럼 짠하고 등장하지 않으셨을까?

히브리서는 예수님이 왜 그렇게 약하셨는지 그 이유를 알려 준다.

우리에게 있는 대제사장은 우리의 연약함을 동정하지 못하실 이가 아니요 모든 일에 우리와 똑같이 시험을 받으신 이로되 죄는 없으시니라 그러므로 우리는 긍휼하심을 받고 때를 따라 돕는 은혜를 얻기 위하여 은혜의 보좌 앞에 담대히 나아갈 것이니라 (히브리서 4장 15-16절)

다시 말해서 우리를 구원하신 것은 그리스도의 정의로움이지만, 우리가 그분 가까이 다가갈 수 있게 해준 것은 그리스도의 인성(人性)이다. 바로 그것이 하나님과 인간 사이의 간극을 메우는 것이다.

예수님의 인격은 하나님의 "나도 그래!"라는 우렁찬 답변이다.

사도 바울은 이에 대해 완벽한 설명을 제시한다.

그리스도께서 약하심으로 십자가에 못 박히셨으나 하나님의 능력으로 살아 계시니 우리도 그 안에서 약하나 너희에게 대하여 하나님의 능력으로 그와 함께 살리라 (고린도후서 13장 4절)

그리스도 안에서 우리의 약점은 천국의 비밀 무기이다.

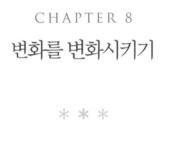

CHAPTER 8

변화를 변화시키기

* * *

변화에 대해 실질적 관점을 갖는 것이 중요하다는 것을 강조하는 이유는
변화만이 능사요, 모든 것을 완벽하고 올바르게 고쳐야 한다는 태도는
자칫 사람을 맥 빠지게 만드는 역효과를 낳기 때문이다.
그러한 태도는 냉소와 절망을 낳고, 그로 인해 본인이
도달하고자 했던 목표들을 깎아내리는 결과를 초래한다.

* ***** *

홀리와 내가 첫아이 일라이저를 가졌을 때 나는 배워야 할 게 많았
다. 아니, 이건 좀 절제된 표현이다. 사실 난 모든 것을 배워야 했다.

아내의 임신 기간 내내 나는 걱정과 두려움 속에서 살았다.

'뭔가가 잘못되면 어쩌나? 홀리가 저걸 먹어도 되나? 연기를 들이
마시면 태아의 성전환을 유발하는 건 아닐까? 누가 담배를 피우고 있
군. 내가 나서서 따끔하게 한 소리 해야 되는 거 아니야?'

걱정과 근심과 무지와 미지의 것들이 꼬리에 꼬리를 물고 이어졌
다. 출산 직후, 한 간호사가 '아프가 검사(Apgar test)'라는 걸 한다고
했다.

검사라고? 나는 그런 검사가 있는지 몰랐다. 방금 생전 처음으로
햇빛을 본 갓난아이가 벌써 검사를 받아야 한다고?

그들은 아프가 검사는 신생아의 건강 상태를 빠르게 평가하기 위
해 만든 것으로, 아이의 피부색과 맥박 같은 것을 근거로 점수를 매기
는 거라고 설명했다.

"어떻게 됐나요? 아이가 시험에 통과했나요?"

내가 묻자, 그들이 대답했다.

"퍼틱 씨, 아기는 건강합니다."

이 말을 듣자마자 나는 임무를 완수한 기분이었다! 지금도 그때 느

변화를 변화시키기   : 171

껐던 안도감이 생생히 기억난다.

'이제 더는 아기에 대해 걱정 안 해도 돼. 우리는 해냈어. 그러니까 내 말은 홀리가 해냈다는 거지. 아무튼 중요한 건 우린 더 이상 걱정할 필요가 없다는 거야.'

그때 나는 결승점이라고 생각했던 것이 사실은 출발 신호였음을 알지 못했다. 그때 나는 기저귀 전쟁, 유모차 소동, 수면 박탈, 그 밖에도 다양한 충격과 공포를 경험할 기회가 끊임없이 생성되는 새로운 현실에 막 들어섰음을 알지 못했다.

일라이저를 집으로 데려오고 나서 며칠 후 동네를 산책하러 나갔는데, 날벌레들이 일라이저의 머리 주위를 날아다니는 것이었다. 나는 더럭 겁이 났다. 그래서 날벌레들이 내 아이 몸에 내려앉지 못하도록 아이를 럭비공처럼 겨드랑이에 끼운 채 집으로 냅다 달려갔다. 아내는 깔깔 웃었지만 나는 비웃음을 사든 말든 상관없었다. 내 아이를 웨스트나일 바이러스(West Nile Virus)[21] 에 감염되게 할 수는 없는 일이었다.

기억할 것은 일라이저가 우리 부부의 첫아이라는 점이다. 지금은 아이가 셋이다. 그리고 셋째 아이 때에는 상황이 많이 달라졌다.

"에비, 그건 그냥 벌레야. 무서워하지 말고 만지고 놀아. 먹어도 돼. 훌륭한 단백질 공급원이니까."

하지만 첫아이인 경우, '쓸데없는 걱정'은 옵션이 아닌 필수다.

날벌레 사건이 있고 나서 며칠 후였다. 우리 가족은 집에 있었다. 일라이저는 유아용 침대에 누워 있었고. 그런데 한참 잠들어 있어야 할 일라이저가 빽빽 소리를 지르며 우는 것이었다. 사실 일라이저는 생후 1년 동안 악을 쓰며 우는 게 일상이었다. 우리 부부는 일라이저가 혼자 울음을 멈추는지 보기 위해 몇 분간 달래지 않고 내버려 두었다.

그때 아기 감시 모니터가 약간 치직 소리가 났고 일라이저의 울음 소리도 그쳤다. 다시 조용해지자 처음에는 마음이 놓였지만 곧바로 걱정이 밀물처럼 밀려왔다.

'녀석이 잠들었나? 아니면 죽었나? 혹시 질식 상태인 건 아닐까? 아이는 위험한 상황에 빠져 있는데, 나는 아무것도 모른 채 달콤한 고요함을 즐기고 있는 건 아닐까?'

나는 곧장 방으로 뛰어가서 방문을 확 열어젖혔다. 일라이저는 물론 단잠에 빠져 있었다. 아니, 적어도 내가 불쑥 나타나기 전까지는 그랬다.

나중에 내가 홀리에게 말했다.

"난 출산이나 육아에 대해 아무것도 모르는 멍청한 남자들과 조금도 다를 바 없었어. 아이가 태어나기만 하면 걱정할 일이 없을 줄 알았거든. 그런데 요즘은 이건 단지 시작에 불과하다는 느낌이 들어."

그때 홀리는 매우 심오한 말을 했다.

"그래, 자식의 인생을 하나님께 맡기는 것은 평생의 과정인 것 같아. 그리고 시간이 흐를수록 더 힘들어질 뿐이고."

나는 홀리의 말에 전적으로 동감한다. 물론 지금 당장은 내 자식들을 벌레의 공격으로부터 지켜 줄 수 있다. 하지만 언젠가는 아이들이 성장해서 대학 생활을 하러 집을 떠날 것이다. 그때는 아이들을 겨드랑이에 끼울 수도 없고, 멍청한 룸메이트나 난폭한 운전자로부터 구해 줄 수도 없을 것이다.

아이를 낳아 기르면서 중요한 사실들을 배웠다. 결혼하고 아이를 갖는 꿈을 꾸는 건 쉬운 일이다. 하지만 '아이를 갖는 것'은 버킷리스트에 체크하는 목표가 아니다. 그것은 임무를 완수한 다음 자화자찬하고 넘어갈 업적이나 성과가 아니다.

'아이를 갖는 것'은 하나의 사건도 아니요, 프로젝트도 아니다. 그것은 하나의 과정이다. 아이를 낳아 기르는 과정은 하나님이 어떤 분이신지에 대해 많은 것을 이야기해 준다. 인생의 주기에서 유아기는 어떤 의미가 있을까? 왜 하나님은 '10대'라는 기간을 생각해 내셨을까? 한번 상상해 보라. 만일 우리 인간이 세상에 태어나서 18년이라는 긴 시간을 대소변 가리기, 여드름, 사춘기, 졸업 여행 등등과 씨름하느라 보내지 않았다면 문명이 얼마나 발전했을지!

하나님은 우리를 온전히 형성된 인간으로 창조하실 수도 있었을 것이다. 그리고 우리는 인생을 마흔 살 언저리에서 시작할 수도 있었을 것이다. 마흔. 참 좋은 출발점 아닌가? 삶의 지혜를 적당히 갖추었으면서도 아직 관절염에 걸리지는 않았을 나이다.

하지만 하나님은 우리를 완전한 의존 상태로 세상에 내놓으신다. 왜일까? 그것은 그분이 과정의 하나님이시기 때문이다.

신앙적 여정에 있어서도 마찬가지다. 우리가 예수님을 주님으로 받아들일 때 그것은 종업식을 의미하는 것이 아니다. 그것은 결승선이 아니다. 바로 그 순간부터 우리가 예수님과 똑같이 생각하고, 걷고, 말하고, 행동하게 될 거라는 의미가 아니다. 나는 지금까지 구원을 경험하고 나면 공중전화 부스에서 가슴에 슈퍼맨의 S자를 새긴 채 튀어나오게 될 거라고 기대하는 사람들을 많이 만나 왔다.

내가 제일 좋아하는 성경 구절은 골로새서 2장에 나오는 다음 두 절이다.

그러므로 너희가 그리스도 예수를 주로 받았으니 그 안에서 행하되 그 안에 뿌리를 박으며 세움을 받아 교훈을 받은 대로 믿음에 굳게 서서 감사함을 넘치게 하라 (골로새서 2장 6-7절)

다시 말해서 우리는 어느 특정한 시점에 예수님을 주님으로 받아들였지만 그것이 이야기의 끝이 아니라는 말이다. 이제 우리는 그분 안에서 계속 머물러야 한다. 그분 안에서 살아야 한다. 그분 안에 뿌리를 내리고, 그분 안에서 우리의 신앙을 굳건히 세워야 한다.

때때로 우리는 자신이 충분히 빨리 변화하지 않는 것 같아서 걱정한다. 자신을 괴롭히는 실패와 약점들을 보고는 좌절한다. 우리는 왜 더 빨리 좋아질 수 없을까? 그러면 하나님께 좀 더 쓰임새 있는 인간이 되지 않았을까? 주님을 따르고 섬길 자격을 더 많이 갖추지 않았을까? 하지만 우리를 고치고 바로잡는 일에 관한 한 하나님은 당신만의 특별한 시간표를 가지고 계신다.

하나님만의 특별한 시간표

이는 좀처럼 듣기 힘든 말이다. 우리는 목표 지향적 사회에 살고 있기 때문이다. 우리는 목표, 결단력, 결과 따위를 좋아한다. 물론 그렇다고 나쁠 건 없다.

나는 뭔가를 끝냈을 때 느끼는 짜릿한 기분을 맛보기 위해 사는 사람이라 해도 과언이 아니다. '할 일 목록'에서 완수한 항목 체크 표시를 할 때 느끼는 그 기분은 이루 말로 표현할 수 없을 정도로 짜릿하다. 사실 가끔씩 계획하지 않았던 임무를 완수했을 때 이미 끝난 일임에도 불구하고 목록에다 그 일을 써 놓을 때가 있다. 그래 놓고 재빨리 체크 표시를 하려고 말이다. 다들 한 번씩 해 본 일 아닌가?

이러한 행태는 내 인생에서 이롭게 작용하기도 하고 불리하게 작용하기도 했다. 때로는 어떤 일의 끝장을 보게 하는 원동력이 되기도 했다. 왜냐하면 나는 마무리 전문가니까. 하지만 다른 경우, 예를 들자면 시간이 좀 필요한 어떤 일을 시작해 볼까 하고 고민할 때나 어떤 일을 한창 하는 중인데 그 끝이 보이지 않을 때는 그냥 얼어붙어 버린다. 만약 시간표에 따라 일이 진행되지 않거나 중간에 상당한 발전을 이루지 못하면 금세 동기를 잃어버리고 만다.

지금까지 우리 정체성에 대해 고찰해 보았다. 또한 우리의 가운데 말에 대해, 우리 약점과 장점들에 대해, 그리고 현재의 자기 자신을 있는 그대로 받아들이는 동시에 하나님이 의도하신 모습으로 변화하는 모순된 행동 양식에 관해서도 살펴보았다.

이 모든 것을 아우르는 한 단어가 있다면 그것은 '과정'이다. 기독교인의 걸음이 향하는 것은 결승선이 아니다. 목표나 성취도 아니다. 그것은 하나님과 진행 중인 관계이다. 그것은 성장과 변화의 과정이고, 포용과 대체의 과정이며, 하나님의 목소리에 귀를 기울이고 하나님이 정하신 우리의 모습으로 살아가는 과정이다. 남은 인생 동안 지속될 과정이다.

예수님을 따르는 일은 진행 중에 있고 계속 진화하는 경험이다. 그리고 우리가 이 사실을 더 빨리 깨닫고 받아들일수록 그 여정을 더 많이 즐기게 될 것이다.

완벽의 역설, 과대평가된 변화
———————————————— 과정을 견뎌 내야 한다고 말하기는 참 쉽다. 약점의 유익함에 대해 떠들어 대거나 진정한 자기 자신을 포용하는 미덕을 찬양하기도 참 쉽다.

하지만 우리는 왜 그렇게 서둘러서 변화하려고 하는 것일까? 그 이유는 다들 잘 알고 있을 것이다. 왜냐하면 실수는 아픔을 주기 때문이다. 실수는 괴롭고, 부끄럽고, 성가신 것이기 때문이다. 그것은 실수의 본질이며, 또한 개인적인 견해로 그것이 변화의 가장 큰 동기가 아닐까 생각한다.

신앙적 관점에서 말하자면 변화를 위한 동기는 하나님 마음에 드시는 것이어야 한다. 이상적으로는 이는 진실이고 숭고한 얘기다. 그리고 만일 당신이 그러한 삶을 영위하고 있다면 당신은 놀라운 사람이다. 그런 당신에게 박수를 보낸다.

하지만 솔직히 말하면 우리 대부분은 필요성을 절실하게 느끼기 전까지는 변하지 않는다. 다시 말해서 상황에 대한 욕구불만이 폭발 일보 직전이 될 때까지, 장롱 속에 있는 바지가 죄다 몸에 안 맞는 지경이 될 때까지, 스스로를 너덜너덜한 누더기가 될 때까지 혹사해서 건강과 인간관계에 큰 대가를 치를 때까지, 또는 본인의 문제로 스스

변화를 변화시키기

로를 고립무원의 상태로 만들어서 살아온 길을 되돌아보게 만들 때까지 우리는 변하지 않는다. 이는 인간의 보편적 행동 양식이다. 그래서 '비싼 교훈을 얻는다'는 말이 생겨난 것이다.

때때로 우리는 자기 실수로 인한 고통을 하나님이 내리신 벌이라고 해석한다. 하지만 내 생각은 다르다. 실수로 인한 고통은 우리가 변화의 가능성을 깨닫게 해주는 선물일 수도 있다.

그렇다면 하나님은 왜 우리가 그런 변화를 만들기를 원하실까? 그건 하나님보다 우리에게 더 중요하기 때문이다. 그리고 하나님은 우리가 하나님을 영광되게 하고, 하나님을 정확히 반영하기를 원하시는 것은 사실이지만, 하나님은 변덕스러운 폭군이 아니다. 그분은 당신의 만족을 위해 우리로 하여금 완벽한 수준에 부합하도록 만드실 필요가 없는 분이다.

하나님은 우리에게서 삶을 앗아 갈 위험이 있는 것들이 무엇인지 잘 아신다. 그것들이 우리를 해치고, 주위 사람들을 해치고, 우리와 하나님과의 관계를 해칠 거라는 것을 아신다. 그래서 하나님은 그것들을 죄라 부르시고, 우리로 하여금 그런 행동을 멈추게 하실 수 있다.

확실히 짚고 넘어가야 할 점은, 하나님은 당신께 어떤 이득이 되기 때문에 우리에게 변화를 요구하시는 게 아니라는 것이다. 우리가 인생의 방향을 바꾼다고 해서 하나님께 이득이 될 것은 아무것도 없다. 그것은 다 우리를 위한 일이다. 하나님께서 우리에게 원하신 순종과 거룩함은 우리 자신들과 우리 주위에 있는 사람들의 행복을 위한 것이다.

실수가 삶을 혼란에 빠트리고 복잡하게 만든다는 의견에 이의를 제기할 사람이 없을 것이다. 실수는 삶의 기반과 체면을 잃게 하고 여러 가지로 골탕을 먹인다. 어쨌든 실수는 그 자체로 나쁘다. 따라서 사람들이 실수를 제거하거나 만회하기 위해 그렇게나 노력하는 것도 당연하다. 우리는 매년 새해 결심을 한다. 피트니스 클럽에 등록하고, 강의를 신청하고, TED 강연을 듣는다.

우리는 모퉁이만 돌면 실패 제로의 삶이 나온다고 확신한다. 만일 그러한 삶을 정말로 원하고, 열심히 노력하고, 부지런히 공부하고, 있는 힘껏 밀어붙인다면 우리는 결국 목표에 다다를 것이고, 우리의 약점은 극복될 것이며, 그리하여 마침내 행복해질 것이라고 믿는다.

하지만 그런 일은 결코 일어나지 않는다. 내 말은 우리 삶이 결코 향상되지 않을 거라는 얘기가 아니다. 물론 우리는 더 나은 삶을 살 수 있다. 그것은 인간이 누리는 특전 중 하나다. 우리는 자신이 어떤 사람이 되고 무엇을 성취할 것인가라는 문제에 있어서 엄청난 지배력을 행사할 수 있다. 다만 우리가 도달할 거라고 생각하는 곳에는 도달하지 못할 뿐이다. 열심히 노력해서 어느 정도 진전을 이루고 잠시 동안 보람을 느낄 수는 있다. 하지만 거기서부터 더 많은 일들이 기다리고 있다.

그리고 종종 우리가 이룬 발전이 기대했던 것만큼 우리를 행복하게 해주지 않을 때가 있다. 아이러니하게도 우리가 스스로를 더 많이 개선할수록 아직 개선해야 할 부분이 남아 있다는 것을 더 크게 인식하게 된다. 그것이 바로 '완벽의 역설'이다. 저기 보이는 낙원은 손만 뻗으면 닿을 것 같지만 여전히 우리를 비웃으며 수평선 위에 머물러 있다. 그래서 우리는 자기개선에 매진하고는 몇 년 후 자신이 왜 여전히 행복하지 않는지 의아해 한다.

물론 우리는 자신을 최고의 버전으로 만들기 위해 노력해야 한다. 하지만 자기개선 그 자체가 행복을 만들어 주지 않는다는 것을 인식할 필요가 있다. 실패가 적은 삶이 더 만족스러운 삶을 의미하는 것은 아니다. 왜냐하면 우리의 약점들이 반드시 불행의 원천이라고 할 수 없기 때문이다. 따라서 완벽성은 불행의 치료법이 될 수 없다.

변화는 좋은 것이고, 필요한 것이며, 또한 불가피한 것이다. 하지만 변화를 위한 변화는 상당히 과대평가되어 있다.

나 그거 해 봤는데……

──────────── 변화가 과대평가되었다고 하는 이유는 인생에는 자립이나 자기개선 그 이상의 무언가가 있기 때문이다. 그보다 훨씬 더 심오하고, 영구적이며, 성취감을 주는 무언가가 있다.

그 '무언가'는 하나님과의 관계 속에서 새로운 차원들을 발견하는 일이다. 그것은 할 일 목록에 체크 표시를 할 수 있는 일은 아니지만 그 목록에 적힌 모든 항목에 의미를 부여하는 일이라 할 수 있다. 하나님과의 관계가 목표에 이르기 위한 주요 수단이 되어서는 안 된다. 우리가 인생의 우선순위를 올바로 매기고 있다면 우리 목표는 하나님께 더 가까이 다가가는 수단이 되어야 한다. 그리고 우리가 목표를 이루건 못 이루건 간에 만일 하나님께 좀 더 의지하고 있다면 우리는 궁극적인 목표를 달성한 셈이다.

예수님을 아는 것이 우리 자신을 완성하고 스스로를 만족시킬 수 있는 유일한 일이다. 우리는 하나님을 알아야 하는 존재로 만들어졌다. 따라서 하나님께 의지할 때만이 우리가 지속적인 성취감의 원천을 찾을 수 있다.

변화는 일시적인 기쁨을 주지만 하나님과의 관계는 지속적인 만족을 준다. 그것이 과정의 핵심이다. 주님과 함께하기 위해서, 골로새서 2장 6절의 말씀과 같이 "그 안에서 행하기" 위해서……

기독교를 하나의 자조 프로그램으로 축소할 수는 없는 일이다. 우리를 완전한 경지에 이르게 하려고 예수님이 피 흘리시고 십자가에 못 박혀 돌아가신 것이 아니다. 우리가 둘러앉아서 완벽함을 놓고 서로를 비평하게 하려고 예수님이 우리 죄를 대속하신 것이 아니다.

동물원에서 원숭이들이 서로 털을 고르며 이를 잡아 주는 모습을 본 적 있는가? 뭔가 역겨우면서도 곰살맞은 광경이다. 하지만 대체로는 역겹다. 때때로 예수님의 추종자들인 우리도 그와 똑같은 행동을 한다. 우리는 그것이 하나님이 주신 소명이라고 생각한다. 서로서로 사사건건 트집 잡는 것을, 확대경과 족집게를 끄집어내서 우리 죄성의 족적을 남김없이 제거하는 것을 기독교인들의 지고한 자선 행위라고 착각한다.

우리를 둘러싼 세상은 하나님의 사랑과 은총을 절실히 필요로 한다. 제3세계 사람들은 소위 선진국에 사는 우리를 부러워하지만, 정작 우리는 제1세계의 죄악들—우리의 성마른 성질, 자만심, 포르노그래피 중독 등—때문에 심각한 좌절감에 빠져 있다. 우리는 자신이 유효한 존재이기 전에 완벽한 존재가 되어야 한다고 생각한다.

하지만 그런 일은 이 지구상에서 일어나지 않는다. 그리고 만일 그런 일이 일어난다면 아마 우리는 참을 수 없을 만큼 오만해질 것이다. 요샛말로 '완전 비호감'이 될 것이다.

우리는 이 세상의 모든 성인들과 죄인들이 밟았던 것과 똑같은 과정을 밟고 있다. 그것은 괜찮다. 심지어 도움이 되기도 한다. 그러니 당신이 그 과정 속 어디에 있든 간에 하나님께서 당신을 사용하시게 하라.

하지만 제발 오해 없기를 바란다. 누누이 말하는데 나는 죄를 옹호하거나 변명하려는 것이 아니다. 우리는 더 나은 사람이 될 뿐만 아니라 다른 사람에게 축복인 존재가 되고자 지속적으로 노력해야 한다.

하지만 자기완성이 우리의 실존적 목표가 되어서는 안 된다. 우리의 실존적 목표는 하나님과 친교를 맺는 일이다. 하나님과 동행하는 일이다. 하나님을 알고, 하나님을 따르고, 하나님의 말씀에 귀 기울이고, 하나님께 순종하는 것, 이것이 인류가 창조된 목적이다. 남의 털을 들추며 서캐를 잡거나, 남의 눈(또는 제 눈)에 있는 티끌을 찾아내는 것이 목적이 아니다.

천국에 가면 죄는 더는 문제되지 않을 것이다. 하지만 하나님과의 관계는 영원히 계속될 것이다. 이것은 우리에게 중요한 사실을 말해 준다. 그것은 일시적인 것을 향상시키기 위해 영원한 것을 잃어서는 안 된다는 것이다.

내가 하고 있는 말이 다소 괴상하게 들릴지도 모르겠다. 우리 기독교인들은 자신의 잘못을 살피고 그것을 고치는 데 엄청난 시간을 들이기 때문이다. 만약 거룩함을 붙잡고 있는 손을 놓치면 죄의 손아귀에 곧장 떨어질 것이라고 생각하면서 말이다.

하지만 나는 예수님을 따르면 따를수록 예수님이 우리 삶에 관여하시는 편이 훨씬 더 안전하다는 것을 더욱 절실히 깨닫는다. 예수님은 설계자이시자 완성하시는 분이시다. 예수님은 우리에게 의지뿐만 아니라 복종하는 법도 알려 주신 분이시다. 예수님은 주창하시고, 주도하시며, 변화시키는 힘을 공급해 주신다.

하나님은 우리 삶을 위한 시간표를 가지고 계시는데, 그분의 일정표는 우리의 그것과 다를 것이다. 어쩌면 현재 우리를 돌아 버리게 만드는 문제는 하나님의 우선순위 목록에는 상위권에 올라가 있지 않을지도 모른다. 그래서 우리는 자신이 변화하지 않는다고 생각한다. 왜냐하면 우리가 정한 우선순위 톱 텐에 올라가 있는 항목들이 눈에 띄는 변화를 보이지 않기 때문이다.

하지만 사실 우리는 언제나 심오한 변화를 경험하고 있다. 그것도 종종 눈치 못 채는 사이에 말이다. 나중에 가서 뒤돌아본다면 하나님이 내내 놀라운 일을 해 오고 계시다는 사실을 깨닫게 될 것이다.

변화에 대해 실질적 관점을 갖는 것이 중요하다는 것을 이렇게 힘주어 강조하는 이유는 변화만이 능사요, 모든 것을 완벽하고 올바르게 고쳐야 한다는 태도는 자칫 사람을 맥 빠지게 만드는 역효과를 낳기 때문이다. 그러한 태도는 냉소와 절망을 낳고, 그로 인해 본인이 도달하고자 했던 목표들을 깎아내리는 결과를 초래한다.

최근에 나는 치과를 옮겼다. 치과의사와 처음 만나서 내가 말했다.

"솔직하게 털어놓고 양해를 구해야 할 게 있어요. 저는 선생님이 평생 만나 왔던 환자 중에서 최악의 환자로 기록될 겁니다. 왜냐하면 저는 선생님이 이번 치료를 끝내고 다음에 병원에 올 때까지 어떻게 하라고 지시하는 것을 하나도 실천하지 않을 거니까요."

그 여의사는 살짝 웃었지만 나는 농담하는 게 아니었다.

"저 6개월 후에 다시 올게요. 하지만 그동안에는 치실을 사용하지 않을 거예요. 치아 뒤쪽에 교정기를 착용하고 있는데, 작은 플라스틱 실을 그 밑으로 끼워 넣지 않을 거예요. 그거 해 봤는데 무척 성가셔요. 그래서 선생님이 저한테 치실을 주셔도 결국 쓰레기통으로 들어가고 말 거예요. 어쩌면 치실이 병원 문턱을 넘지 못할지도 몰라요. 제가 병원 로비에 있는 쓰레기통에다 버릴 테니까요.

그리고 이왕 말이 나온 김에 솔직히 다 말씀드리는데요, 전 하루 세 번 양치 안 해요. 하루 한 번이나 잘하면 하루 두 번이에요. 하지만 저 같은 사람이 있어야 선생님 같은 분도 먹고 사실 게 아니겠어요.

제가 마우스가드가 필요하다는 거, 저도 알아요. 밤에 잘 때 이를 갈 거든요. 아마 제가 마흔이 넘어가면 성한 이가 하나도 남아 있지 않겠죠. 하지만 지난번에 마우스가드를 끼고 잤다가 질식사할 뻔했어요. 저는 밤에 자다가 질식사를 당할 생각은 없어요. 그러니 마우스가드도 처방하지 않는 편이 나을 거예요. 전 사용하지 않을 거니까요."

불쌍한 여의사…… 나 같은 환자에게는 진료비를 배로 부과해야 한다. 목회자인 나는 가끔 성도들로부터 내가 그 치과의사한테 했던 행동을 상기하게 하는 눈빛을 받을 때가 있다.

"저 그거 해 봤어요. 하지만 저한테는 먹히질 않았어요. 목사님 말씀은 경청하겠지만 목사님이 하라는 일은 아무것도 안 할 거예요."

나도 그 심정 안다. 정말이다. 치과 위생 습관이건 하나님과의 동행이건 간에 우리는 모두 똑같은 딜레마에 빠져 있는 것이다. '나 그

거 해 봤는데'라는……

우리는 변화하려고 노력했다. 더 잘하려고 노력했다. 상황이 나아질 거라고 희망하고 기대하고 믿었다. 하지만 상황은 나아지지 않았고, 이제 우리는 약간 냉소적이 되었다. 아무런 진전도 보이지 않는데 어떻게 그 과정에 지속적으로 전념할 수 있겠는가?

줄곧 똑같은 문제와 씨름하고 있다면

──────────── 내 나이 열여섯에 내 인생을 예수님께 바치기로 결심했을 때 나는 그 일을 완수해야 할 하나의 프로젝트라고 생각했다. 나는 예수님께서 십자가에 매달리신 채 하셨던 "다 이루었다"(요한복음 19장 30절)는 말씀을 읽었다. 나는 바울이 쓴 "누구든지 그리스도 안에 있으면 새로운 피조물이라"(고린도후서 5장 17절)라는 말씀을 읽었다. 그래서 나는 생각했다.

'좋았어! 이제부터는 아무리 예쁜 소녀를 만나도 내 마음속에서는 그 어떤 욕정도, 한번 꼬셔 볼 생각도 일지 않을 거야.'

그때 치어리더 한 명이 내 곁을 지나갔다. 하나님의 자녀로 살겠다고 맹세한 지 채 24시간도 되지 않아 나는 후끈 달아오르고 말았다. 내 느낌과 감정은 그대로였다. 지금에서야 그런 생각이 잘못된 것이라는 것을 알고 반성하지만, 그 당시에는 왜 여전히 그런 감정을 느끼는지 이해할 수 없었다. 그리고 낙심했다.

당신도 그런 좌절감을 맛본 적이 있을 것이다. 나보다는 훨씬 더 세련된 수준에서 말이다. 예를 들어 당신은 아내를 더 많이 사랑해야 한다는 에베소서 5장의 말씀을 읽은 적이 있을 것이다. 그리고 당신은 이렇게 생각했을 것이다.

'그래. 그리스도께서 교회를 사랑하시듯 나도 아내를 사랑해야 해.'

그래서 당신은 일찍 귀가해서 설거지를 할 것이다. 그런데 당신 아내는 크게 감동하지 않는 것 같다. 심지어 고맙다는 말도 하지 않는다. 그래서 당신은 생각한다.

'난 지쳤어. 내 아내를 위해 성경 말씀대로 했어. 그런데 먹히질 않아.'

명심하라. 그것은 과정이다. 만일 당신이 몇 달 동안 매일 저녁 식사가 끝나기만 하면 스마트폰을 들여다보고 있었다면, 단 한 번 설거지한 것으로 그 모든 것을 해결할 수는 없다.

이런 예는 어떤가? 예전에 당신을 몹시 괴롭힌 사람이 있었는데, 당신은 이미 그를 용서했다고 생각했다. 그런데 어느 날 그가 승진했다는 소식이 들리자 당신은 은근히 속이 뒤집힌다. 그때 당신은 그에 대한 앙금이 가시지 않았음을, 그가 당신한테 잘못한 대가를 치르기를 내심 바라고 있었음을 깨닫게 된다. 그렇다고 그가 교통사고를 당했으면 좋겠다고 바라는 건 아니지만, 적어도 그가 승승장구하는 꼴을 보고 싶지는 않은 것이다. 이는 참 맥 빠지게 만드는 일이다. 당신은 낭패감에 젖어 이렇게 생각할 것이다.

'다 극복했는 줄 알았는데…… 내가 더 잘났다고 생각했는데…….'

하나님과 동행하는 여정은 여기서 시작해서 저기서 끝나는 직선코스가 아니다. 그것은 때때로 약간 방향감각을 잃을 수도 있는 하나의 과정이다. 만일 그것이 시간이 필요한 과정이라는 것을 이해하지 못한다면, 올바른 기대를 하지 못한다면 우리는 결국 환멸과 패배의 길로 접어들 수 있다.

교회 강연이나 신앙고백을 할 때 우리는 '구원'을 말하면서 과거형을 사용하는 경향이 있다. 예를 들면 "저는 열여섯 살 때 구원을 받았습니다." 혹은 "저는 20년 전에 구원을 받았습니다." 이런 식으로 말이다.

우리는 구원을 마치 하나의 사건인 것처럼 생각하지만 사실은 하나의 과정이다. 성경은 과거, 현재, 미래라는 세 가지 기본 시제로 구원에 대해 말씀하신다. 우리가 그리스도께 우리의 믿음을 고백했을 때 우리는 구원받았다.

> 너희는 그 은혜에 의하여 믿음으로 말미암아 구원을 받았으니 (에베소서 2장 8절)

이것은 과거형이다. 그것은 끝났고, 완성된 일이다. 그리고 한순간에 일어난 일이다. 하지만 우리는 구원을 '받는 중'이기도 하다. 현재형으로 말이다.

> 십자가의 도가 멸망하는 자들에게는 미련한 것이요 구원을 받는 우리에게는 하나님의 능력이라 (고린도전서 1장 18절)

이는 변화하는 과정, 성장하는 과정, 깊어 가는 과정에 관한 말씀이다. 그리고 구원에는 미래형이 있다. 우리는 '구원받을' 것이다.

썩지 않고 더럽지 않고 쇠하지 아니하는 유업을 잇게 하시나니 곧 너희를 위하여 하늘에 간직하신 것이라 너희는 말세에 나타내기로 예비하신 구원을 얻기 위하여 믿음으로 말미암아 하나님의 능력으로 보호하심을 받았느니라 (베드로전서 1장 4-5절)

우리는 구원받았고, 구원받는 중이며, 구원받을 것이다. 그것은 의심할 여지가 없다. 하나님과의 동행은 평생의 경험이다. 그리고 그 이상이다.

그렇다. 우리는 이미 용서받았다. 우리는 지금 이 순간 더없이 큰 용서를 받았다. 우리는 지금 이 순간 더없이 큰 사랑을 받고 있다. 우리는 이미 목적지에 다다랐고, 이미 인정받았다. 하지만 그와 동시에 이는 계속 진행되는 과정이 될 것이다. 왜냐하면 우리는 매일 변하고, 바뀌고 있기 때문이다. 그리고 그 과정은 우리가 예수님과 대면할 때까지, 예수님이 우리를 당신 자신의 모습처럼 만드실 때까지 끝나지 않을 것이다.

당신은 어떤지 모르지만 내게는 계속 진행 중인 문제들이 많다. 그중에는 내가 태어나기 전에 이미 발생한 것도 있고, 내 유전자 속에 담겨 있는 것도 있다. 어떤 것은 나 스스로 결정한 것도 있고, 점점 커져서 나를 지배하는 습관처럼 된 것도 있다.

그리고 나는 똑같은 문제들 주위를 맴도는 것에 질려 버렸다. 나는 지금까지 그 문제들을 극복하기 위해 기도해 왔다. 그리고 그 문제들을 극복해 냈다고 생각한 적도 있다. 그래서 똑같은 문제들 주위를 몇 번이고 반복해서 맴도는 나 자신을 발견하면 좌절감에 빠진다. 그리고 그 좌절감은 나 자신을 질 낮은 절망감으로 가득 채운다. 내가 제일 좋아하는 1990년대 밴드인 익스트림(Extreme)의 노래 중에 '내가 과연 변하게 될까?'라는 다소 저평가된 노래가 있다. 그때 나는 십대였는데, 그때도 그 노래 제목이 내 인생의 문제를 잘 표현하고 있다고 느꼈다. 어른이 된 지금은 예전보다 더 울화가 치미는 상태로 제자리를 맴돌고 있다.

최근에 내가 평생 동안 짊어지고 온 문제에 관해 전문 심리상담사인 친구와 얘기를 나누었다. 그건 바로 나의 욱하는 성질머리다. 폭력적이거나 공격적이진 않지만, 약간 한심한 사람처럼 굴 때가 있다. 예를 들면 내가 가장 사랑하는 사람들한테 짜증을 내고 쌀쌀맞게 구는 것이다. 심지어 설교를 마치고 난 직후에도 말이다. 그래서 나는 친구에게 그런 내 자신이 지긋지긋하다고 말했다.

그가 대꾸했다.

"왜 그런 생각을 하는 거지?"

"줄곧 똑같은 문제와 씨름하고 있거든. 몇 번이나 반복해서 이 문제를 맴도는 게 지긋지긋해. 나 스스로 이것이 잘못됐다는 것을 충분히 알고 있고, 하나님이 나에게 얼마나 큰 축복을 주셨는지를 고려한다면 어떻게든 이 문제를 해결해야 맞잖아!"

나는 하나님께 화가 난 게 아니었다. 내 자신에게 화가 나 있었다. 나는 내 자신을 바라보며 생각한다.

'결국 모든 게 하나님께서 내게 주신 것인데, 내가 왜 바꿀 수 없어? 자, 또 시작이군. 성질머리 도돌이표 한 번 더! 내가 태어날 때부터 시작된 이 지긋지긋한 돌림노래는 내가 죽을 때까지 끝나지 않을

거야!'

내가 친구에게 "난 이 문제에 맴도는 게 신물이 나."라고 말하자, 친구는 알 듯 말 듯한 묘한 말을 했다.

"글쎄, 적어도 자네는 예전과 같은 수준에서 맴돌고 있지는 않아."

심리상담사 티가 뚝뚝 묻어나는 말이다. 그는 계속 말을 이었다.

"우리가 좋은 친구로 지낸 지도 여러 해가 되었지? 그래, 내가 보기에 자네는 아직도 똑같은 문제와 씨름하고 있어. 하지만 언제부턴가 자네가 그 얘기를 할 때 예전과 똑같은 수준에 머물러 있지 않다는 걸 알아챘어. 이제는 진심이 느껴진다고나 할까. 예전에는 본인의 행동과 결과에 대한 얘기였는데, 지금은 그런 행동을 하게 된 동기에 대해 말하고 있어. 수준이 좀 더 높아진 거지."

여기서 질문 하나. 혹시 내가 똑같은 문제를 맴돌고 있다 할지라도 하나님께서는 내 마음속 더 깊은 곳에서 일하고 계시는 중이 아닐까? 어쩌면 우리는 스스로가 인식하고 있는 것보다 축하할 이유를 더 많이 가지고 있는지 모른다.

하지만 내 친구의 말은 끝나지 않았다.

"한 가지 더. 자네가 여전히 같은 문제에 맴돌고 있다는 건 사실이야. 하지만 자네는 예전보다 더 높은 고지에 있어."

나는 혼합 은유 같은 그의 말이 도무지 이해가 되지 않아서 이렇게 물었다.

"잠깐, 그게 무슨 말이지? 내 문제가 더 심각해졌다는 거야, 아니면 덜 심각해졌다는 거야?"

내 친구는 전혀 동요하지 않고 말을 이었다.

"자네의 인식 수준이 예전보다 더 높아졌다는 얘기야. 몇 해 전 내가 자네를 처음 만났을 때에는 자네가 상대하고 있다는 것조차도 모르고 있었던 문제들을 지금은 본인 입으로 말하는 수준까지 발전한 거지. 자네는 크게 변화하고 있어. 비록 그 힘든 싸움의 강도가 예전과 조금도 달라지지 않았다고 느껴지더라도 말이야."

그러니까 내가 예전과 똑같은 문제에 맴돌고 있다고 해서 내가 예전과 똑같은 수준에 붙박여 있다는 의미는 아닌 것이다. 이러한 사실을 인식하는 것은 나에게 있어 하나의 획기적인 전환점이었다. 이 글을 읽는 당신도 그렇게 받아들이기를 나는 희망한다. 어쩌면 당신은 이렇게 생각하며 자책해 왔는지도 모르겠다.

'왜 나는 답이 없는 것일까? 왜 나는 일을 제대로 해내지 못하는 것일까?'

어쩌면 당신에게 일어난 변화가 아직 수면 위로 드러나지 않은 것인지 모른다. 그것은 변화가 일어나지 않고 있다는 의미가 아니다. 똑같은 문제 주위를 맴도는 일이 무의미하게 보인다 해도 어쩌면 그것이 우승한 뒤에 경기장을 한 바퀴 도는 승리의 세리머니의 예행연습일지도 모르는 일이다.

시작하시고 완성하시는 분

———————————— '시작 했으면 끝을 봐야 한다.' 이 말은 세상 사람들에게는 유명한 삶의 경구 중 하나다.

하지만 하나님과의 동행에 관한 한 맨 처음 시작한 것은 우리가 아니다. 하나님께서 시작하셨다. 만일 관계를 시작하는 것이 우리 일이었다면 우리는 아직도 하나님과 멀찌감치 떨어져 있을 것이다. 하지만 하나님이 다가오셨다. 하나님께서는 또 당신의 아들을 보내셨다.

우리가 아직 죄인 되었을 때에 그리스도께서 우리를 위하여 죽으심으로 (로마서 5장 8절)

하나님은 우리의 혼돈과 불복종, 우리의 줄달음질과 배회, 그리고 우리를 만드신 분이신 당신에 대한 부정 한가운데로 발을 들여놓으셨다. 하나님은 우리의 돌림노래를 중단시키고 말씀하셨다.

내 은혜가 네게 족하도다 (고린도후서 12장 9절)

앞서 나는 골로새서 2장 6절의 말씀을 인용했다.

그러므로 너희가 그리스도 예수를 주로 받았으니 그 안에서 행하되

만일 이 구절을 하나님을 위해 살라는 명령으로 읽었다면 올바로 읽은 것이 아니다. 이것은 하나님을 위해 살라는 말씀이 아니다. 이것은 하나님 안에서 살라는 말씀이다. 초대의 말씀이다. 하나님은 "만약 네가 예수를 안다고 주장한다면, 예수처럼 살아야 한다."라고 말씀하시는 것이 아니다. 하나님은 "만일 네가 예수를 안다면, 너는 예수와 함께 살아가게 될 것이다."라고 말씀하시는 것이다. 그것은 하

나의 특권이자 관계이다.

우리의 고난이 반드시 하나님과 멀어졌음을 의미하는 것이 아니다. 때로는 우리가 가장 큰 고난에 처해 있을 때가 사실은 그분과 가장 가까이에 있는 때이다. 그때 우리는 그 어느 때보다 더 절실하게 하나님이 필요하다는 것을 인식하고, 하나님께서는 은혜와 인내로 응답하신다.

하나님과의 관계는 목적지가 아니라 여정에 관한 것이다. 그리고 우리를 관계로 이끌었던 은총이 우리가 관계를 지속할 수 있게 해줄 바로 그 은총이다.

이 절은 "그 안에서 행하되"로 끝난다. 성경은 '그것' 안에서가 아니라, '그' 안에서라고 말씀하신다. 기독교인의 삶은 '그것'이 아니다. '그'이다. 그것은 어떤 원칙이나 프로그램이 아니다. 그것은 사람이다. 예수님이다.

이다음에 똑같은 죄를 맴도는 자신을 발견하게 되면 예수님을 기억하라. 게으른 삶을 반복하며 '나는 왜 좀 더 절도 있고 규칙적으로 살지 못할까?'라고 느껴질 때, 낭비벽을 떨쳐내지 못하고 '나는 왜 좀 더 절약하지 못할까?'라는 생각이 들 때, 작심삼일의 의지박약함을 이기지 못하거나 신경을 건드리는 사람이나 압박감을 견뎌 내지 못할 때 예수님을 기억하라.

당신 스스로 끝이라고 느껴질 때가 은혜의 시작인 경우가 종종 있다. 예수님께 눈을 돌리고, 예수님이 이끄시게 하라. 예수님은 우리 변화에 우리 자신보다 더 관심이 많으시다. 그분은 우리 자신보다 우리를 더 잘 참아 내신다. 그분은 그 과정에 헌신하시며, 한 발 한 발 우리를 이끌어 주실 것이다.

히브리서의 저자는 이렇게 썼다.

이러므로 우리에게 구름같이 둘러싼 허다한 증인들이 있으니 모든
무거운 것과 얽매이기 쉬운 죄를 벗어 버리고 인내로써 우리 앞에
당한 경주를 하며 믿음의 주요 또 온전하게 하시는 이인 예수를 바
라보자 그는 그 앞에 있는 기쁨을 위하여 십자가를 참으사 부끄러움
을 개의치 아니하시더니 하나님 보좌 우편에 앉으셨느니라 (히브리서
12장 1-2절)

어떻게 하면 그 경주를 끝낼 수 있을까? 바로 예수님을 바라봄으로
써다. 예수님은 우리 신앙의 개척자요, 발기인이시며, 완벽하게 하시
는 분이시며, 완성하시는 분이시다.

다소 추상적으로 들릴 수도 있겠지만 모든 것은 어디에 초점을 두
느냐에 달려 있다. 만일 당신이 앞으로 가야 할 길이 얼마나 남았는지
에 초점을 두고 생각한다면 발걸음이 천근만근 무겁고 앞날이 불확
실하게 느껴질 것이다. 하지만 하나님이 이미 당신을 어디까지 멀리
데려다 주셨는지에 초점을 둔다면, 또 예수님이 당신을 위해 이미 해
오신 일에 대해 확신을 갖는다면 견뎌 낼 수 있는 힘은 당신 것이 될
것이다.

"시작한 일은 끝을 봐야 한다."라고 세상 사람들은 말한다. 하지만
하나님은 그 반대로 말씀하신다. "내가 이미 끝낸 것을 계속해라. 내
가 이미 승리한 것을 즐겨라."라고.

예수님은 당신을 위해 돌아가셨고, 당신을 위해 부활하셨다. 그리고 당신은 용서받았으며 해방되었다고 선언하셨다. 계속 걸어가라. 또 한 바퀴 돌아라. 예수님이 당신을 인도해 주고 계신다. 당신은 성장할 것이다. 당신은 예수님께로 점점 더 다가가는 중이다. 당신은 아직 완벽하지 않지만 그 '과정'에 있다. 그리고 바로 그것이 가장 중요한 것이다.

나에게 아주 큰 위로와 격려가 되는 점은, 성경은 우리 신앙의 선조들의 성장 과정을 다룸에 있어 조금도 거리낌이 없다는 것이다. 하나님은 그들의 인성을 숨기거나 그들의 문제점에 덧칠을 하려는 시도를 결코 하지 않으신다. 그들이 저지른 실수들은 문자로 영원히 기록되었는데, 그것은 경고로써의 역할뿐만 아니라 후세들의 용기를 북돋우는데 더 큰 역할을 한다. 성경의 영웅들이 그렇게 했다면, 우리도 그럴 수 있지 않겠는가.

우리는 이미 앞에서 그들 중 몇 명을 살펴본 바 있다. 모세, 요셉, 기드온, 다윗, 솔로몬, 바울, 그리고 심지어 예수님까지. 그분들은 모두 자신의 약점과 한계에 직면한 사람들이었다. 그럼에도 불구하고 하나님은 그들 안에서 그리고 그들을 통해서 위대한 역사를 이루셨다.

하지만 성경에 나오는 모든 인물들 중에서 과정, 약점과 성장, 그리고 잘못된 가운데 말과 올바른 가운데 말이라는 개념을 설명함에 있어 가장 완벽한 본보기가 되는 인물을 딱 한 명 꼽으라면 나는 이미 마음속에 점찍어 둔 인물이 있다.

그는 파란만장한 삶을 통해 그 누구보다도 '예수님께 이르는 과정'에 대해 훤히 꿰뚫고 있는 인물이다. 그는 영웅이자 악인이었으며, 가해자이자 피해자였다. 그는 평생을 부적절한 시기에 부적절한 방법으로 자기 것이 아닌 것을 쟁취하려고 애쓰며 보내다가 마침내는 자신의 진짜 모습을 받아들이는 법을 배우게 된다.

그의 이름은 야곱이다. 그리고 그의 인생은, 하나님은 무자격자뿐만 아니라 심지어 부적격자와도 함께 일하는 것을 좋아하신다는 흥미롭고도 명명백백한 증거였다.

야곱의 하나님

떠오르는 해를 배경으로 윤곽을 드러낸
두 사람의 모습은 기이한 광경이었다.
아니, 만일 누가 그 광경을 지켜보고 있었다면
그렇게 생각했을 것이다.
그들은 몇 시간 동안이나 씨름을 하고 있었지만
둘 다 굴복하려 하지 않았다.
근처 야영지는 텅 비어 있었고 고요했다.
다급하게 떠난 흔적만 뚜렷이 남아 있었다.
남아 있는 거라고는 타고 남은 숯 몇 조각,
버려진 가재도구들과 쓰레기들, 그리고 공포감뿐이었다.
두 남자는 마치 목숨이 달린 일이라는 듯이
온 힘을 다해 버둥거리며 싸웠다.
사실 그 중 한 사람에게는 목숨이 달린 일이었다.

CHAPTER 9

우리는 왜 잘난 척하는가?

우리 모두는 자신들의 결점이나 약점들과 너무나 친숙하다.
그것들은 우리 자신을 창피하게 만들고, 좌절하게 하고, 조롱한다.
그래서 결국 우리는 인생에서 성공하려면 내가 아닌 다른 사람처럼 될
필요가 있다는 생각에 이른다. 그리고 허세 떠는 법을 배운다.
그래서 성공하거나 허세가 우리를 파멸시키거나
둘 중 하나가 될 때까지 말이다.

＊ ＊ ＊

나는 지금까지 내 자신의 정체성을 여러 버전으로 창조해 왔다. 이는 남을 속이려는 의도에서가 아니다. 어쩌면 그렇게 되고 싶다는 열망 때문일 수도 있고, 어쩌면 나의 진짜 모습을 받아들이기가 너무 불편해서일 수도 있다. 혹은 둘 다일 수도 있다.

내가 여섯 살 때의 기억이 어렴풋이 떠오른다. 뜨거운 해가 약간 식기 시작하는 오후가 되면 나는 이렇게 소리치며 우리 집 마당을 뛰어다니곤 했다.

"크리스코(Crisco)[22]의 힘으로, 나는 힘을 얻었다!"

그러고는 히-맨(He-Man)[23]의 '힘의 검'을 공중에 쳐들며 '크리스코의 힘'이 나를 슈퍼영웅으로 변모시키는 것을 상상하는 것이었다. 그러면 우리 어머니는 부엌에서 킥킥 웃고, 우리 옆집에 살던 버디 씨는 잔디 깎는 기계를 털털 돌리면서 빙그레 웃곤 했다. 그때 나는 두 분이 무엇 때문에 웃는 건지 이해가 되지 않았다.

그러던 어느 날, 어머니가 내게 믿기 힘든 진실을 알려 주셨다. 아니, 이 경우에는 '기름투성이 진실'이라고 하는 편이 더 나을 것이다.

"아들, 너 크리스코가 뭔지 알아?"

"네, 엄마. 그건 히-맨이 슈퍼파워를 얻기 위해 사용하는 거예요."

"그래?"

"네, 엄마! 아담 왕자가 힘의 검을 번쩍 들면서 '크리스코의 힘으로!'라고 말하면, 히-맨으로 변해요. 그러고는 이렇게 말해요. '나는 힘을 얻었다!' 그런 다음 검을 크린저(Cringer)²⁴에게 겨누면 크린저는 배틀캣으로 변신하지요."

그러자 어머니는 '크리스코'의 정체가 무엇인지 알려 주셨다. 어머니는 심지어 마가린 깡통 하나를 보여주시면서 내가 좋아하는 슈퍼영웅은 그 '크리스코'가 아니라 '그레이스컬(Grayskull)!'하고 외친다는 사실을 알려 주셨다. 크리스코나…… 그레이스컬이나, 토마토나 토메이토나 그게 그거 아닌가?

어머니는 말씀하셨다.

"하지만 아들, 네가 원하면 크리스코의 힘이라고 해도 돼. 그게 더 귀여워."

"싫어요. 바보같이 들릴 거예요."

나는 그것을 마지막으로 더는 '힘의 검'을 들어 올리지 않았다. 하지만 내가 실제보다 더 강한 척 허세를 떤다거나, 엉뚱한 곳에서 힘의 원천을 찾으려는 시도는 그때가 마지막이 아니었다.

자기가 아닌 다른 사람인 척하는 데 있어서 어른들은 애들보다 훨씬 더 세련되고 정교한 기술을 구사한다. 물론 부정적인 의미에서 말이다. 독창성에서는 타의 추종을 불허하는 팝가수 프린스(Prince)의 말을 인용하면, "우리 삶 전체가 무대다. 모두가 스타다. 현실은 아주 모호하다."

우리 삶의 얼마나 많은 부분이 외모, 이미지, 평판, 인정(認定) 등을 중심으로 돌아가는지 생각해 본 적 있는가? 우리는 자신이 얼마나 경쟁력이 있고 가치 있는 존재인지를 증명하기 위해 날마다 자기 피아르(PR)를 펼친다.

우리 모두는 자신들의 결점이나 약점들과 너무나 친숙하다. 그것들은 우리 자신을 창피하게 만들고, 좌절하게 하고, 조롱한다. 그래서 결국 우리는 인생에서 성공하려면 내가 아닌 다른 사람처럼 될 필요가 있다는 생각에 이른다. 그리고 허세 떠는 법을 배운다. 그래서 성공하거나 허세가 우리를 파멸시키거나 둘 중 하나가 될 때까지 말이다.

앞으로 몇 장에 걸쳐서 살펴보게 될 야곱은 대단한 허세꾼이었다. 야곱은 결국 어떻게 되었을까? 결국 그는 어떤 상황에 처하게 되었을까?

몇 분만 먼저 태어났더라면

———————————— 야곱은 태어나는 순간부터 정체성 문제를 가지고 있었다. 이 불쌍한 남자는 실패하기에 최적화된 운명을 가지고 태어났다.

우선 야곱이라는 이름부터 그다지 긍정적이지 않다. 그 이름은 '발뒤꿈치를 붙잡는 자'라는 의미다. 괴상한 이름이긴 해도 그가 이런 이름을 갖게 된 것은 그의 부모가 출생증명서에 이름을 기입하기 전에 작명 책에서 그 의미를 찾아보지 않았기 때문이 아니었다. 게다가 '클렘'이나 '러-대시-어'만큼은 나쁘지 않다. 사실 그 이름에는 작명가 나름의 의도가 숨어 있었다. 당신도 아마 그 이야기를 읽어 본적이 있을 것이다. 창세기 25장에 나오는 이야기다.

야곱은 쌍둥이 중 한 명이었다. 야곱과 그의 쌍둥이 형제 에서는 못 말릴 정도로 경쟁이 심했다. 그 둘은 엄마 뱃속에 있을 때조차 싸웠다. 그리고 해산할 때가 되었을 때 에서가 먼저 나왔는데, 사실 간신히 나온 것이었다. 야곱이 에서의 뒤꿈치를 붙잡고 있었던 것이다. 그래서 그런 이름이 지어진 것이다.

요즘 세상에는 나중에 혼자 킥킥 웃고 말 이야기다. 혹은 쌍둥이 형 에서의 전승담 정도로 여겨질 수도 있겠다. 하지만 그 당시에는 출생 순서가 모든 것을 결정했다.

장자인 에서에게는 두 가지 특별한 특권이 주어졌는데, 그것은 장자권과 축복이었다. 장자권은 에서가 유산을 두 배나 받게 된다는 의미였다. 그의 아버지 이삭은 엄청난 부자였기 때문에 에서가 받을 유산은 상당했다.

하지만 그보다 더 중요한 것은 축복이었다. 그것은 여생 동안 행운과 번영을 누리게 될 것이라는 하나님의 약속을 의미했다. 또한 한 가정을 대표하는 지도자로서의 권위와 책임이 아버지로부터 아들에게로 양도된다는 의미이기도 했다.

야곱은 태중 경주에서의 패배를 영영 만회할 수 없을 것처럼 보였다. 야곱은 십여 년 동안 에서가 가진 것을 쟁취하기 위해 온갖 음모와 계략을 꾸미느라 보냈다. 하지만 그는 그냥 야곱일 뿐이었고, 야곱은 영원한 2인자로 남는 듯했다.

성경은 상당한 지면을 할애하여 에서와 야곱이 쌍둥이임에도 불구하고 서로 정반대였다는 사실을 설명하고 있다. 에서는 태어날 때부터 몸이 붉고 털이 많은 인물이었다. 그의 부모가 그렇게나 간절히 기다려 왔던 아들 중 한 명이 아기 츄바카[25]같은 모습으로 태어났을 때 어떤 심정이었을지는 굳이 말하지 않아도 짐작할 수 있을 것이다. 에서는 들과 숲에서 생활하는 사냥꾼으로 성장했다. 그는 강인하고 거칠었다. 수사슴의 가죽을 벗길 줄 알았고, 주낙을 드리워 고기를 잡을 줄도 알았다. 이를테면 야생 리얼리티쇼 스타의 원조격이라 하겠다.

그럼 야곱은 어땠는가? 성경에서는 야곱이 피부가 부드럽고 매끈했으며, 장막에서 지내기를 좋아하는 온순한 남자였다고 쓰여 있다. 이를 약간 달리 해석하면 야곱은 마마보이였을 가능성이 크다. 말하자면 스포츠 오락 전문 채널보다는 홈인테리어 전문 채널에 더 어울리는 타입이라고나 할까. 설상가상으로 그들의 부모는 자식들을 편애했다. 아버지 이삭은 에서를 편애했고, 어머니 리브가는 야곱을 더 사랑했다.

야곱은 늘 형의 그늘에서 성장했다. 에서는 늘 야곱보다 더 크고, 더 빠르고, 더 나았다. 이들의 외형적 차이는, 야곱은 무엇을 해도 늘 부족하다는 사실만 강조할 뿐이었을 것이다. 아마 야곱은 이렇게 생각했을 것이다.

'내가 몇 분만 더 일찍 태어났더라면 미래의 보장과 축복은 내 것이었을 텐데.'

흥미롭게도 야곱이라는 이름은 단지 '발뒤꿈치를 붙잡는 자'라는 뜻만 있는 게 아니었다. 그 이름은 '사기꾼, 대체자 또는 강탈자'라는 의미도 가지고 있다. 또한 자기 것이 아닌 것을 취하기 위해 대단한 사람인 척 허세를 부리는 자를 일컫기도 한다.

그런 의미에서 야곱의 부모님은 그보다 더 적절할 수 없는 이름을 선택했다. 야곱은 에서의 자리를 차지하고 싶은 마음이 너무나도 간절한 나머지 술수를 부려서 에서가 자신의 장자권을 죽 한 사발과 맞바꾸게 만들었다. 하지만 야곱이 에서를 대상으로 가장 크게 사기를 친 것은 훗날 이삭이 임종을 맞이할 때였다.

형제를 원수로 만든 부모의 편애

──────────── 그즈음 이삭은 너무 늙어 앞을 잘 볼 수 없었다. 이삭은 자신이 앞으로 살날이 얼마 남지 않았음을 깨닫고 에서에게 축복을 내려 주고 싶었다. 그래서 에서를 불러 사냥해 온 고기로 음식을 만들어 오면 복을 빌어 주겠다고 말했다.

그때 두 형제의 어머니인 리브가가 옆방에서 그 이야기를 모두 엿듣고 나서 야곱을 조용히 불렀다. 리브가가 야곱에게 한 말을 대충 풀어 쓰면 이렇다.

"야곱아, 지금이 네가 태어난 이후로 그렇게나 갈망해 왔던 축복을 가로챌 절호의 기회다. 에서는 사냥하러 나갔지만 이내 돌아오지는 못할 거야. 에서가 돌아오기 전에 모든 일을 해치워야 한다. 내가 별미를 만들 테니 너는 에서의 옷을 입어라. 너희 아버지가 너를 만질 수도 있으니 목과 팔에 짐승 가죽을 붙이도록 해. 너희 아버지는 눈이 어두워 알아채지 못할 거야. 에서가 돌아왔을 때는 축복은 이미 너의 것이 되어 있을 것이다. 그땐 에서도 돌이킬 방법이 없을 거야."

이 이야기를 계속하기 전에 짚고 넘어가야 할 중요한 사실이 하나 있다. 그것이 이 이야기의 핵심이며, 에서와 야곱이 왜 그렇게 행동하게 되었는지를 이해하는 데 큰 도움이 될 것이라고 나는 생각한다.

그것은 이삭과 리브가가 자식들을 편애했다는 사실이다. 에서와 야곱은 일생을 통틀어 부모 중 한 사람은 그 둘 중 하나가 충분치 않다고 생각하는 환경에서 성장했다. 그들은 늘 비교당해 왔고 서로 충돌해 왔다. 그러니 이 쌍둥이 형제의 관계가 그렇게나 틀어진 것도 당연한 일일 것이다.

여기서 이런 의문이 든다. 우리의 가운데 말과 정체성에 관한 문제들이 인생 초년기의 경험에 의해 자리를 잡게 되는 일이 얼마나 많은가? 내가 비록 심리학자는 아니지만 다음과 같은 질문들은 스스로에게 물어볼 가치가 있다고 생각한다.

나는 왜 '척'하는가? 나는 왜 내가 아닌 다른 사람이 되려고 하는가? 나에게 어떤 사람이 되어야 한다고 말한 사람은 누구인가? 그리고 나는 왜 절대로 그 기대에 부응하지 못할 거라고 느끼는 것인가?

만일 이삭이 야곱의 개성을 더욱 존중해 주었다면 야곱은 에서인 척 가장할 필요를 느꼈을까? 만일 야곱과 에서의 부모가 그들을 똑같이 사랑했다면 두 형제는 서로를 파멸시킬 때까지 경쟁하기보다 서로의 약점과 강점을 인정해 주면서 성장하지 않았을까?

나는 어렸을 때나 세 아이를 둔 부모인 지금이나 부모의 가운데 말이 자녀들의 인생에 지대한 영향을 미치는 것을 목격하고 있다. 이는 흥미진진하면서도 동시에 심각한 사실이다.

부모는 자식이 하나님이 의도하신 대로 자라도록 이끌 수도 있고, 아이가 위선을 떨고, 젠체하고, 허세를 부리는 인간으로 커 가도록 은연중에 내몰 수도 있다. 아이들이 그렇게 하는 것은 부모의 기대를 충족시키기에는 자신들이 부족하다고 생각하기 때문이다.

당신이 자식을 둔 부모라면 당신한테는 아이들이 자신이 누구인지를 깨닫도록 이끌어 줄 크나큰 책임이 있다. 당신은 아이들의 정체성을 꿰뚫어 볼 수 있는 통찰력을 하나님으로부터 부여받았고, 그들의 정체성을 드러내게 하는 데 일익을 담당하게 된다.

그것은 아이들을 통제하거나 그들이 당신 생각대로 인생을 살도록 강요하는 일이 아니다. 그것은 아이들을 당신의 축소판으로 만드는 일이 아니다. 또한 당신 자신은 한 번도 이루지 못했던 꿈을 아이들에게 강요하면서 자식을 통해 대리 만족을 느끼는 것이 아니다.

그것은 현재 그들의 모습을 소중하게 생각하는 일이다. 그들이 인생의 어느 단계에 있든, 어느 정도로 성숙해 있든 상관없이 말이다. 또한 그들이 한 인간의 모습으로 성장하는 놀라운 과정을 믿음의 눈으로 바라보고, 장차 탐스런 열매를 맺을 묘목인 그들에게 물을 주고 가꾸는 일이다. 그리고 무엇보다 그것은 아이들이 자신이 누구인지를 인식하고, 자기 자신을 가치 있게 생각하도록 도와주는 일이다.

중학생 자녀를 둔 학부모라면 누구나 공감하겠지만 그게 말처럼 쉬운 일이 아니다. 갑자기 아이의 학급 친구가—아이의 친구건 아이를 괴롭히는 녀석이건 상관없이—아이에게 새로운 가운데 말을 툭툭 던지기 시작한다. 그러면 부모인 우리는 그것을 가려서 듣도록 도와줄 임무가 있는 것이다.

우리 애들은 아직 어리지만 벌써 애들 됨됨이가 어떤지, 앞으로 어떻게 자라게 될지가 언뜻언뜻 보인다. 나는 애들이 자아발견과 자아실현의 여정을 떠나는 것을 지켜볼 날이 너무나 기다려진다. 그들이

CHAPTER 9

가치 있고, 능력 있고, 부름받았다는 사실을 깨달을 때 환한 빛이 그들의 눈동자 속으로 쑥 들어가는 것을 목격할 날이, 하나님께서 친히 그들 가슴속에 떨어뜨리신 꿈이 싹을 틔우는 광경을 볼 날이 너무나도 고대된다.

어린 시절을 돌이켜 보면 어떤 특정한 가운데 말이 우리에게 주어졌던 순간을 기억할 수 있을 것이다. 그것은 우리가 믿었고, 우리가 어떤 사람이 될지를 결정하고, 그때부터 줄곧 우리 삶의 모습을 규정했던 말들이다. 그리고 언제부턴가 우리는 내가 부족한 사람이 아닐까, 내 삶에 영향력을 가진 사람들이 나에게 걸었던 기대에 부응하지 못하지는 않을까 하고 의심하기 시작한다.

그래서 우리는 '척' 하기 시작한 것이다. 가식적으로 행동하기 시작한 것이다. 우리 삶에 큰 영향을 미치는 사람들을 좀 더 만족시키기 위해서, 그럴싸한 허울을 짓고, 정체성을 날조하고, 우리의 참모습은 묻어 버리려 했던 것이다.

거듭 말하지만 나는 심리학자가 아니다. 내 목표는 당신을 분석하거나 분류하는 게 아니다. 그리고 이미 앞에서 살펴봤듯이 정체성이란 매우 복잡한 개념이다. 하지만 우리의 정체성이 아무리 복잡하다 할지라도 하나님은 눈 하나 깜짝하시지 않는다.

만일 당신이 문제가 있는 환경에서 자라났다면, 혹은 당신이 정체성 모독이나 비교나 권모술수나 편애의 희생자라면 꼭 명심해야 할 사실이 있다. 하나님은 간절하게 진정한 당신을 드러내고 싶어 하신다. 심오한 가치를 가진 당신을, 부름받은 당신을, 그리고 그 어떤 억압으로부터도 해방되어 소명을 받들기 위해 성장하는 당신을 말이다. 만일 지금까지 당신을 해치는 페르소나나 가면을 쓰고 있었다면 하나님께 당신의 본모습을 보여주십사고 간청하라.

우리는 다른 사람들의 정의가 낳은 필연적 결과물이 결코 아니다. 자기의 길을 선택하는 것은 우리 자신이다. 내가 누구인지, 내가 무슨 일을 했는지를 놓고 남 탓을 해서는 안 된다.

하지만 우리가 어릴 때 흡수했던 가치 체계는 매우 강력하다. 그 가치 체계가 우리 모습을 빚고, 우리에게 딱지를 붙이고, 때로는 우리 행동을 제한한다. 그리고 우리는 종종 그런 사실조차 깨닫지 못한다. 그러니 재차 말하는데, 스스로에게 물어보라.

나는 왜 '척' 하는가?

이제는 당신이 어린 시절부터 붙잡고 있었던 자기 정체성과 가치에 대한 불건강한 생각들을 놔줄 때가 되었다. 이제 당신은 자신이 그들(그들이 누구든 간에)이 하는 말보다 더 나은 사람이라는 사실을 믿을 때가 되었다. 당신은 더 강하고, 더 능력이 있으며, 더 가치 있다는 사실을 말이다. 이제 당신이 진정 누구인지를 알아내고, 하나님께서 그러하시듯 진짜 당신을 소중히 여길 때가 되었다.

속임수로 얻은 축복의 대가

———————— 리브가가 야곱에게 자신의 엄청난 계획을 말했을 때 야곱은 사실 확신이 없었다. 하지만 야곱은 그 일에 동의했다. 나는 한때는 야곱이 안됐다고 생각했다. 그의 엄마가 그를 부추겨 자기 형을 속이게 했고, 결국 그 때문에 고통을 받아야 했다고

말이다. 하지만 이 이야기를 좀 더 깊이 연구하고 나서야 깨닫게 된 사실은, 그 당시 야곱의 나이는 일흔여섯 살이었다는 것이다. 일흔여 섯은 자기 엄마를 원망하기엔 좀 많이 늦은 나이 아닌가? 사람은 누 구나 자기 인생에 대해 주인 의식을 가져야 한다.

창세기 27장에 리브가와 야곱이 축복을 받기 위해 공들여 꾸민 계략을 어떻게 수행하는지가 자세히 설명되어 있다. 처음에 야곱은 약간 회의적이었다. 아버지 이삭이 자기 목소리를 알아챌 것 같았기 때문이었다. 하지만 이삭은 털이 수북한 살갗을 만지고, 들판의 냄새를 맡고는 그가 에서라고 확신했다. 위장술이 들어 먹혔고, 이삭은 야곱을 축복했다.

바로 그때 에서가 나타났다. 에서가 야곱이 한 짓을 알고 느꼈던 분노는 단순한 분노가 아니었다. 살기등등한 분노였다. 그는 욕설을 퍼붓고 길길이 날뛰며 죽일 거라고 위협했다. 그리고 모두가 그 말이 허언이 아님을 알고 있었고, 그가 무기 다루는 재주가 뛰어나다는 것도 모두 다 아는 사실이었다. 이 말은 곧, 부엌일에 능한 그의 동생이 선택할 수 있는 길은 하나밖에 없다는 의미였다.

도망쳐, 야곱, 도망쳐!

야곱은 축복을 받았지만 그 후 21년이라는 세월을 자기 집과 가족과 조국으로부터 추방된 도망자 신세로 살아야 했다.

참 대단한 축복이다. 바로 이것이 우리가 진짜 자기가 아닌 다른 사람의 허울을 쓰고 하나님의 축복을 받고자 할 때 벌어지는 일이다. 나는 이에 대해 앞에서 이렇게 말했다.

"하나님은 거짓으로 꾸민 당신에게 축복을 내리시지 않는다."

이 말은 외모 중심주의와 비교 심리에 매몰된 사회에 살고 있는 우리가 반드시 마음에 새겨야 할 진리다.

야곱은 사기꾼이었다. 그는 술수를 부리고 사기를 치는 법을 알고 있었다. 그는 속임수를 쓰고 남을 음해하는 일에 능숙했다. 자기가 원하는 것을 얻기 위해 변장하고 연기하고 거짓말하는 것쯤은 식은 죽 먹기였다. 하지만 그가 그렇게나 원했던 축복을 받았을 때 전혀 예상치 못했던 짐 보따리도 함께 따라왔다. 야곱은 외로움과 두려움에 사로잡혔고, 결국 도망 길에 올랐다.

그렇다. 이 이야기의 마지막 부분에도 나오다시피 야곱은 결국 물질적인 축복을 받았다. 그의 계략이 그 정도 성공은 거두었던 것이다. 하지만 그것으로 그가 소원했던 것이 충족되었던가? 이삭은 자기가 살기를 품은 형제를 피해 도망 다니는 신세가 될 줄은 꿈에도 생각지 못했을 것이다.

그로부터 몇 백 년 후 솔로몬은 다음과 같이 썼다.

여호와께서 주시는 복은 사람을 부하게 하고 근심을 겸하여 주지 아니하시느니라 (잠언 10장 22절)

다시 말해서 하나님은 우리에게 복을 주실 때 그것을 즐길 수 있는 능력까지 함께 주신다. 이 말은 우리가 갑자기 고통에서 해방된 완벽한 삶을 살게 된다는 의미가 아니다. 이 말은 우리가 하나님의 축복을 받을 때 진정한 만족감과 성취감을 찾게 된다는 의미다.

야곱이 받은 축복은 그가 에서처럼 변장한 이상 제한적일 수밖에 없었다. 다른 사람인 것처럼 살아간다면 당신도 나도 그와 똑같은 상황에 처하게 될 것이다.

당신이 솔직한 사람이라면 야곱의 입장이 쉽게 이해될 것이다. 다들 한 번쯤은 그런 입장이 되어 본 적이 있을 테니까. 히-맨처럼 변장하고, 말하고, 행동해 본 적이 있을 것이다. 그러면서 우리는 왜 삶이 공허하게 느껴지는지, 왜 상황이 변하지 않는지, 왜 자기 자신에 대해 깊은 실망을 느끼는지 궁금해 한다.

세 가지 다른 버전의 '나'

─────────────── 개인적으로 내가 가진 문제는 내가 적어도 세 가지 버전의 자아상을 가지고 있다는 것이다.

첫 번째 버전은 현재의 나다. 이 친구는 비교적 긍정적이지만 많은 약점과 문제점을 가지고 있다. 그 대부분이 수년 동안 지속되어 온 것들이다. 이 친구는 일관성이 없고, 종종 따분하며, 때때로 실망스럽기까지 하다. 나는 이 친구를 '실망스러운 퍼틱'이라 부른다.

그다음은 내가 되고 싶어 하는 나다. 이 친구는 실망스러운 퍼틱과 정반대다. 나는 그를 '미래의 퍼틱'이라 부른다. 미래의 퍼틱은 한마디로 완벽하다. 누구나 그 친구를 만나 보면 결혼하고 싶다거나 대통령으로 뽑고 싶은 생각이 들 것이다. 이 친구는 일관성이 있고 친절하다. 규범을 잘 따르지만 그렇다고 앞뒤가 꽉 막혀 있지는 않다. 재미를 추구하지만 자기 할 일은 깔끔하게 해 놓는다. 일과 인간관계를 어느 한쪽으로 치우침 없이 잘 운영할 줄 안다. 에잇팩 복근을 가지고 있지만 사교모임에서 달콤한 디저트를 즐길 줄도 안다. 한마디로 바람직한 인간의 표본이다.

미래의 퍼틱은 내가 되고 싶은 나이다. 하지만 나는 완벽하게 이 친구가 될 수 없다는 사실을 잘 알고 있다. 그리하여 실망스러운 퍼틱과 미래의 퍼틱 사이의 간극을 좁히기 위한 처절한 노력을 하는 사이, 또 다른 세 번째 버전의 나가 창조되었으니 이름하여 '가짜 퍼틱'이다.

나는 미래의 퍼틱이 될 수는 없을지라도 그런 척 가장할 수는 있다. 내가 아닌 다른 사람처럼 행동할 수는 있다. 왜냐하면 진짜 나는 아무래도 부족하다는 생각이 들기 때문이다.

가짜 퍼틱은 존재하지도 않는 인물이지만, 나는 사람들이 진짜로 존재한다고 믿게 만들기 위해 엄청난 시간과 에너지를 퍼붓는다. 마음속 깊은 곳에서는 사람들이 그 친구가 가짜라는 것을 간파할 거라고 의심하면서도 어쨌거나 거짓 행세는 계속한다. 왜냐하면 나는 진짜 내가 너무⋯⋯ 실망스러우니까.

그래서 나는 거짓 행세를 계속한다. 내 것이 아님에도 불구하고 머릿속에 암기해 왔던 행동들을 끊임없이 복기한다. 방금 전에 차고에서 아이들에게 고함을 질러 놓고도 차고를 빠져나오면서 이웃들에게 방긋 웃으며 손을 흔든다. 무슨 말인지 알아듣지 못해도 질문하지 않고 이해한 척 고개를 끄덕인다. 약점을 인정하는 대신 강점을 과시한다. 어떻게 해서든 내가 만든 이미지를 평생 동안 유지하려고 든다.

하지만 그건 불가능하다. 적어도 항상 그렇게 하지는 못한다. 또한 삶의 모든 영역에서 그런 척 행동하는 것도 불가능한 일이다.

물론 우리는 긍정적인 사람이 되어야 한다. 우리는 감사할 줄 알아야 하고, 승리를 축하해야 하며, 미래에 대한 믿음을 가져야 한다. 나는 삶을 개선하고자 하는 열망에 찬물을 끼얹으려는 게 아니다.

그러니 내 말을 끝까지 들어 보시라. 내가 하려는 말은 우리에게는 두려움과 불확실성 때문에 자신의 약점들을 덮어 가리려는 경향이 있다는 것이다. 그리고 심층의 잠재의식 속에 잠복해 있는 패배감과 피해 의식이 우리로 하여금 실제의 나보다 더 나은 사람인 것처럼 위선적인 행동을 하게 만든다는 것이다. 이러한 부정적인 에너지는 변화하려는 우리의 시도와 노력을 방해할 뿐이다.

안타깝게도 완벽해야 한다는 압박감은 우리 사회 전반에 만연해 있다. 그래서 우리는 자신의 이미지에 색을 입히고, 자신의 결점을 포토샵으로 보정한다. 우리는 다른 사람들이 우리도 그들만큼이나 완벽하다고 믿어 주기를 바라며 우리의 페르소나를 치장한다.

하지만 우리는 완벽하지 않고 그들도 완벽하지 않다. 이 세상에 완벽한 사람은 아무도 없다. 우리 모두는 감탄할 만한 완벽한 찰나의 순간을 꽁꽁 얼려 놓은 사진 이미지가 아니다. 우리는 우리의 본모습을 포토샵 스테이지로 불러와서 밝게 보정하고, 잘라내고, 거기에다 필터 효과를 적용할 수 없다.

우리의 삶은 편집되지 않은 영화에 더 가깝다. 그리고 대부분의 시간을 자신이 무엇을 하고 있는지 모르고 있기 때문에 그 영화에서 삭제될 필름의 양은 어마어마하다. 다들 그때그때 실수하거나 승리하며 삶을 더듬어 나아가고 있다. 따라서 우리는 자기 자신과 상대에 대해 고삐를 늦출 필요가 있다.

하나님은 미래의 당신과 사랑에 빠지신 것이 아니다. 하나님은 진짜 당신을, 가장 실망스러운 부분까지도 사랑하고 계신다.

하나님은 가짜 퍼틱을, 거짓 행세하는 그 친구를 축복해 주실 수 없다. 물론 미래의 퍼틱도 축복해 주실 수 없다. 이 친구는 존재하지도 않고 앞으로도 존재하지 않을 상상 속의 이미지이기 때문이다.

하지만 하나님은 나의 베타버전인 '실망스러운 나'는 축복해 주실 수 있다. 하나님은 그런 나를 사랑하시고, 이용하시고, 기대 이상으로 탈바꿈하게 하실 수 있다. 하지만 그런 일이 일어나게 하려면 먼저 진짜 나 자신이 되어야 한다. 그건 당신도 마찬가지다.

더 이상 나 아닌 다른 사람인 척 가장하지 말자. 더 이상 거짓 행세나 허세를 부리지 말자. 우리는 하나님이 의도하시는 사람이 되기 전에 먼저 있는 그대로의 자신을 포용해야 한다.

우리는 야곱처럼 대체 정체성을 꽤 공들여 만들고 꾸밀 수 있다. 에서의 옷장에서 최고의 멋진 옷을 꺼내 입을 수 있다. 고상하게 말하는 법, 우아하게 걷는 법, 세련되게 옷 입는 법을 배울 수 있다. 하지만 그렇게 해서 우리가 바라던 것을 이루었다 하더라도(가짜 자아가 받아들여지는 것) 우리가 느끼는 공허감은 더 커지기만 할 뿐이다.

우리 주위에는 절대 교제해서는 안 되는 남자들의 관심을 계속 끌기 위해 결코 찍어서는 안 되는 사진들을 스냅챗(Snapchat)[26]에 전송하는 젊은 여성들이 있다. 하지만 결국 미디어의 새로움이 시들해지고 나면 배신감과 버림받았다는 자각만이 남을 뿐이다.

우리 주위에는 착하고 섬세한 품성을 가졌지만 남들이 자신들을 진짜 남자로 봐주지 않을까 봐 사나운 폭력배처럼 행동하는 청년들이 있다. 하지만 인공적으로 만들어진 터프가이 이미지는 공감 능력이나 진정한 용기의 성장을 저해할 뿐이다.

우리 주위에는 마사 스튜어트(Martha Stewart)[27]와 비욘세가 동시에 되려고 하는 주부들이 있다. 그들은 대단한 어머니와 아내들이지만 그들이 추구하는 실현 불가능한 이미지 때문에 영영 걷히지 않는 실패의 구름을 이고 살아간다.

우리 주위에는 하루 열네 시간 일하고, 신용카드는 늘 한도까지 바짝 당겨쓰는 생활을 반복하다가 결국 스스로 부과한 성과와 부양에 대한 스트레스로 인해 불안 장애에 시달리게 되는 남편들이 있다. 거짓 행세와 허세에 뒤따르는 그러한 압박은 좋고 완벽한 선물만 주시는 하나님으로부터 나온 것이 아니다.

우리는 건물 정면을 멋들어지게 짓는 법을 배울 수는 있다. 우리의 진짜 모습을 덮어 가리는 법을 알아낼 수는 있다. 어쩌면 다른 사람을 속일 수도 있을 것이다. 하지만 하나님은 결코 속일 수 없다. 그리고 우리 자신도 그렇게 오랫동안 속이기란 불가능하다. 그것은 결코 하나님이 의도하신 바가 아니다.

하나님은 진짜 당신과 사랑에 빠져 계신다. 그러니 거짓 행세는 천하에 무의미한 짓이다. 하나님은 진정한 우리의 모습을 끌어안으신다. 우리의 가운데 말이 아래와 같을 때라도 말이다.

나는 두렵다…… 나는 길을 잃었다…… 나는 괴롭다…… 나는 실패하고 있다…… 나는 자신이 없다…… 그리고…… 나는 나약하다.

하나님의 축복은 우리가 솔직하고 투명할 때 찾을 수 있다. 우리가 자신의 가운데 말을 바꾸거나 보완할 수 있는 권한을 하나님께 넘기지 않는 한, 하나님은 그렇게 하실 수 없다. 하나님은 약점과 문제를 가진 진짜 당신에게 축복하시길 원하신다. 진짜 당신은 완벽하지 않지만 축복이 머무는 곳은 바로 그 모습이다. 바로 그 모습이 하나님이 은총을 가장 크게 내리시고, 하나님이 능력을 가장 크게 발휘하시는 곳이다.

우리가 승리해야할 진짜 싸움

———————————— 야곱은 에서인 척하는 것이 자신에게 없는 것을 채울 수 있는 길이라고 생각했다. 하지만 예상과 달리 그의 거짓 행세는 가족과 집으로부터 추방당하는 것을 포함해서 더 복잡한 문제를 만들 뿐이었다.

사기꾼 야곱은 결국 그 후 21년이라는 세월을 외삼촌 라반의 집에서 살게 되는데, 그 라반이라는 자는 야곱이 명함도 못 내밀 정도로 야비한 인물이었다. 라반은 야곱을 한순간에 잘 속는 어리바리로 만들어 버렸다.

하지만 결국 야곱은 다시 집으로 돌아가서 자신의 과거와 마주하기로 결정한다. 그리고 집으로 가는 도중에 하나님과 조우하게 된다. 그 결과 야곱은 자기 자신과도 만나게 된다. 어떻게 그런 일이 일어날 수 있을까?

이 이야기는 창세기 32장에서 읽을 수 있다. 스무 해 넘게 망명 생활을 보낸 후, 야곱은 에서와 화해하고 부모님을 뵙기 위해 집으로 돌아가는 길에 올랐다.

당연히 그는 두려웠다. 그는 여전히 위선과 기만으로 점철된 자신의 과거에 사로잡혀 있었다. 에서를 만나기 전날 밤, 야곱은 홀로 야영지에 있었다. 에서가 어떻게 나올지 몰라 자기 식솔들은 따로 가게 했던 것이다.

그때 난데없이 낯선 남자가 나타나서 대뜸 야곱을 붙들고 씨름을 시작했다. 정말 희한한 일 아닌가! 그런데 더 희한한 사실은, 그 남자가 알고 보니 하나님이었다는 것이다! 많은 학자들은 그 남자(혹은 천사)를 그리스도가 성육신하시기 전의 모습이라고 믿고 있다.

두 사람은 밤새도록 씨름했고, 야곱은 그 남자를 놓아주지 않았다. 심지어 남자가 야곱의 허벅지 관절을 탈골시키기까지 했지만 야곱은 포기하지 않았다. 그 시점에 야곱은 누구와 씨름하고 있는지 정확하게 알고 있었던 것 같지는 않다. 하지만 자기가 붙잡고 있는, 아니 더 중요하게는 자기를 붙잡고 있는 상대가 아주 중요한 존재라는 것은 알고 있었다. 평생을 남을 움켜잡으며 보냈던 야곱은 이제 누군가에게 움켜잡히게 되었던 것이다.

그리고 한창 싸우는 중에 야곱은 이렇게 말한다.

당신이 내게 축복하지 아니하면 가게 하지 아니하겠나이다 (창세기 32장 26절)

97년이라는 세월을 살았지만 그의 완강한 손아귀의 힘은 조금도 약해지지 않았다. 어머니 뱃속에서 보여주었던 그의 집요함은 다음 축복을 받기 위한 그 순간에도 여실히 드러났다. 하지만 이번에 그가 붙잡고 있는 대상은 진정으로 축복을 내릴 능력을 가지신 유일한 분이었다.

그때 난데없이 그 남자가 이렇게 묻는다.

"네 이름이 무엇이냐?"

내가 야곱이었다면 그 순간 이런 생각을 했을 것이다.

'참 시기적절한 질문이네요. 밤새도록 싸우고, 제 허벅지 뼈까지 탈골시켜 놓고는 이제야 제 이름을 알고 싶으시다고요?'

사실 이 질문은 그리 생뚱맞은 질문이 아니다. 야곱은 예전에도 이와 비슷한 질문을 받은 적이 있었다. 21년 전, 그가 에서의 축복을 빼앗으려고 아버지 이삭에게 갔을 때 이삭은 그에게 "너는 누구냐?"라고 물었다. 그때 야곱은 "저는 에서입니다."라고 대답했다.

수십 년 전 야곱은 에서 행세를 하며 이삭에게서 축복을 받았지만 이제는 하나님으로부터 축복을 받아야 할 차례였다. 하지만 이제는 그 누구도 아닌 자기 자신으로서 축복을 받아야 했다. 진정한 축복은 오직 진짜 자기를 인정함으로서만 구할 수 있는 법이니까.

"저는 야곱입니다. 그래요, 그게 바로 접니다. 그것이 저의 가운데 말입니다. 저는 사기꾼입니다. 저는 모략꾼입니다. 발뒤꿈치를 붙잡은 자입니다. 둘째 자식입니다. 위선자입니다. 망가진 자입니다. 저는 야곱입니다."

이것은 기만과 가식으로 점철된 수십 년 세월의 정점을 찍는 대목이다. 야곱은 마침내 자신의 모든 결함과 결점들과 더불어 자신의 참모습을 인정했다. 그리고 그는 필사적으로 하나님께 매달렸다. 그리고 성경은 그 결과를 기록하고 있다.

야곱이 마침내 자기 이름을 받아들였을 때 하나님은 그의 이름을 바꾸신 것이다! 아니, 하나님이 그의 진짜 정체성을 드러내셨다고 하는 것이 더 정확할 것이다. 하나님은 야곱에게 그가 늘 지향해야 할 모습을 보여주셨다.

네 이름을 다시는 야곱이라 부를 것이 아니요 이스라엘이라 부를 것이니 (창세기 32장 28절)

이스라엘은 "하나님과 겨루어 이겼다."는 의미다. '발뒤꿈치를 붙잡은 자'와 '사기꾼'에서 실로 어마어마한 승격이 아닐 수 없다.

야곱은 여전히 야곱이었다. 그러나 하나님 안에서는 이스라엘이었다. 야곱은 여전히 약점을 가지고 있었다. 그러나 하나님 안에서 그는 그 누구보다 강했다.

이것은 가운데 말의 역설이다. 이것은 운명의 아이러니다. 우리가 우리의 본모습을 받아들일 때에야 비로소 하나님은 소매를 걷어붙이시고 우리의 약점을 통해서 우리에게 축복을 내리시는 것이다.

내가 흥미롭게 생각하는 대목은, 야곱이 그 남자에게 이름을 알려달라고 했을 때 대답을 거부하는 부분이다. 그 대신 그 남자는 이렇게 대꾸한다.

어찌하여 내 이름을 묻느냐 (창세기 32장 29절)

그 남자는 야곱이 중요하다고 생각하는 질문에는 대답하지 않고 야곱이 구하고자 했던 축복을 야곱에게 내린다.

거기서 야곱에게 축복한지라 (창세기 32장 29절)

거기서 야곱에게 축복했다. 거기서란 언제를 말하는가? 바로 야곱이 자신의 가운데 말을 인정했을 때이다.

저는…… 야곱입니다.

지금 당신은 당신 자신의 불확실성, 두려움, 실패 등과 씨름을 벌이고 있는가? 나는 바로 그 현장이야말로 하나님께서 진짜 당신이 누구인지를 보여주시고, 하나님이 진정 어떤 분이신지를 상기시켜 주시는데 더없이 이상적인 장소라고 생각한다. 하나님은 거기서 당신을 축복해 주실 것이다. 바로 그 장소에서. 당신이 당신의 진짜 이름을 말하는 바로 그때에.

야곱은 이제 에서와 화해할 준비가 되었다고 생각했다. 하지만 사실은 야곱이 자기 자신과 화해하도록 하나님이 그날 밤 그 시냇가로 그를 이끌어 주셨던 것이다. 야곱은 에서에게 정성들인 선물을 안겨서 용서를 얻어 낼 계획을 세웠었다. 하지만 알고 보니 그것은 전혀 쓸데없는 일이었다.

그 두 사람이 마침내 서로에게 다가가는 광경을 성경에서는 이렇게 기록하고 있다.

에서가 달려와서 그를 맞이하여 안고 목을 어긋맞추어 그와 입 맞추고 서로 우니라 (창세기 33장 4절)

평생토록 싸워 왔던 상대와 얼굴을 마주하고 선 야곱은, 내가 점점 더 알아 가고 있는 중요한 사실을 깨달았다. 내가 승리해야 하는 유일한 진짜 싸움은…… 내면의 싸움이다. 그 싸움은 에서와의 싸움이 아니다. 나 자신과의 싸움이다.

나는 믿는다. 그 어떤 외적 상황이 당신을 인생 여정의 이 지점까지 오게 했을지라도, 하나님은 바로 지금 여기서 당신을 축복하고 싶어 하신다는 것을. 새로운 오늘 하루가 밝아 올 때 하나님은 당신에게 새 이름과, 당신 자신을 바라보는 새로운 관점을 주고 싶어 하신다는 것을.

CHAPTER 10
날 그냥 야곱이라고 불러

자기중심적인 성향은 우리 모두의 마음속에 여전히 건재하다.
우리는 원하는 것을 쟁취하기 위해 싸우는 법에 대해서는
그 누구한테도 배울 필요가 없다. 거짓말하고 속이고 훔치는 법에 대해서는
그 누구도 우리에게 가르쳐 줄 필요가 없다.
그것은 자연스럽게 나오는 본능이다.

                    * * *

　몇 년 전까지만 해도 그레이엄과 일라이저는 자기 전에 성경 이야기를 해 달라고 내게 조르곤 했다. 그건 필시 녀석들이 신앙의 힘을 빌려 조금이라도 늦게 자려고 꾸민 시간 끌기 전략이었을 테지만 나는 잘 속는 사람이다.

　"성경에 레슬링 시합 이야기가 나오는데, 너희들은 별로 듣고 싶지 않지?"

　내가 슬쩍 애를 태웠다.

　"아니요. 듣고 싶어요! 얘기해 주세요!"

　그래서 나는 녀석들에게 엄마 뱃속에서부터 씨름을 한 야곱과 에서 형제의 이야기를 들려주기 시작했다.

　나는 이 쌍둥이 형제에 관한 이야기를 내 아들들에게 빠짐없이 들려주었다. 야곱이 태어날 때 자기 형보다 먼저 나오려고 얼마나 애를 썼는지, 그리고 야곱이 자기가 원하는 것을 얻기 위해 얼마나 많은 거짓말과 속임수로 평생을 보냈는지도 설명해 주었다.

　나는 또, 야곱이 에서 행세를 하면서 자기 아버지를 속여서 형 대신 자기한테 축복을 내리게 했다는 얘기도 해주었다. 그 이야기를 하면서 이삭이 야곱에게 축복할 때 그의 오른손을 야곱의 머리 위에 올려놓았을 거라고 얘기해 주었다. 왜냐하면 오른손은 권위의 손이고, 장자의 손이기 때문이다.

내 두 아들은 분명 형제간에 벌어진 그 모든 경쟁과 대립을 십분 공감할 수 있었을 것이다. 야곱이 천사와 싸운 대목에 이르렀을 때 두 녀석은 이야기에 흠뻑 빠져들었다. 아마 그 대목에서 나는 좀 더 실감나게 설명하려고 이종종합격투기대회(UFC)의 동작 중에서 가벼운 동작 몇 가지를 직접 시연해 보이기까지 했을 것이다.

그 이야기를 들려준 것은 탁월한 선택이었다. 두 녀석은 이야기가 끝날 때까지 눈을 초롱초롱 빛내며 완전히 몰두했다. 하지만 그 이야기가 며칠이 지나도 잊히지 않을 정도로 아이들에게 깊은 인상을 주었는지는 그 당시에는 모르고 있었다. 며칠 후 다시 잘 시간이 되었을 때 나는 잠깐 아이들 곁에 누웠다. 함께 잠자리 기도를 올릴 생각으로 말이다. 노파심에서 말하는데, 내가 아이들을 위해 기도를 올릴 때마다 늘 이러는 게 아니므로 감동할 필요는 없다.

그런데 그날 밤, 기도를 올리는 동안 나는 아무 생각 없이 내 손을 아이들 머리 위에 올려놓았다. 그리고 우연하게도 오른손을 일라이저(장남)의 머리 위에 올리고 왼손은 그레이엄(막내)의 머리 위에 올렸다. 정말 아무 의미 없이 말이다.

그때 갑자기 그레이엄이 내 오른손을 움켜잡는 것이 느껴졌다. 나는 오른손을 일라이저의 머리에서 떼어 그레이엄의 머리 위에 올렸다.

그런데 그 잠깐 사이에 일라이저가 무슨 일이 벌어지고 있는지 알아챘다. 일라이저는 내 손을 홱 잡아당기며 말했다.

"안 돼. 그러지 마!"

"이미 끝났어!"

그레이엄이 히죽 웃으며 말했다. 그리고 그다음에 나온 대사는 완전히 할 말을 잃게 만들었다.

"날 그냥 야곱이라고 불러, 멍청아!"

분명히 말하는데, 이건 내가 지어낸 얘기가 아니다. 그때 그레이엄의 나이는 고작 다섯 살. 정말이지 우리 가족은 확실히 기도가 필요한 가족이다.

나의 두 아들 녀석이 보여주듯 야곱과 에서 사이에서 벌어졌던 형제간의 타이틀매치는 수천 년이 지난 오늘날에 와서도 조금도 변하지 않았다. 다른 이의 발뒤꿈치를 붙잡는 자기중심적인 성향은 우리모두의 마음속에 여전히 건재하다. 우리는 원하는 것을 쟁취하기 위해 싸우는 법에 대해서는 그 누구한테도 배울 필요가 없다. 거짓말하고 속이고 훔치는 법에 대해서는 그 누구도 우리에게 가르쳐 줄 필요가 없다. 그것은 자연스럽게 나오는 본능이다.

야곱과 에서는 태어나기 전, 엄마 뱃속에 있을 때부터 그들만의 UFC 경기를 펼쳤다. 그들은 서로 그러잡고 몸싸움을 벌이며 세상에 나왔다. 그리고 인생의 대부분을 서로 맞붙어 싸우며 보냈다.

왜 그랬을까? 그건 우리 인간이 선천적으로 자기중심적이기 때문이다. 우리는 태생적으로 태양계가 우리를 중심으로 돌아가고 우주는 우리를 행복하게 해주기 위해 존재한다고 생각한다. 자기보호와 자기계발은 본능적인 욕구다. 이기적인 동기는 우리 본성의 서식지다.

그런데 길게 보았을 때 이러한 태도로는 아무것도 이룰 수 없다. 야곱의 경우를 보라. 야곱은 남을 속이고, 잔꾀를 부리고, 내가 먼저라는 사고방식이 결국에는 전혀 도움이 되지 않는다는 것을 알아내는

데 그의 인생 대부분을 보냈다.

하지만 나는 생각보다 더 자주 그와 똑같은 짓을 하는 나 자신을 발견하게 된다. 자신의 목표와 욕구와 욕망에 사로잡히고, 보잘것없는 나의 왕국을 보호하려고 철옹성을 쌓고 허세를 떨었다. 그리고 인생에서 내 몫을 확실히 챙기기 위해 계획하고 모의했다.

이것은 나 혼자만이 이야기가 아닐 것이다. 이것은 인간의 보편적인 이야기다. 많은 사람들이 평생을 남을 속이고 계획하고 싸우면서 보낸다. 그들은 매일 매시간 매분을 자신들의 성공과 실패의 무게를 짊어지고 산다. 그들은 출세하기 위해 뭐든지 한다. "내 몫은 내가 챙겨야지 누가 대신 챙겨 주겠어?" 하면서 말이다.

그것이 야곱이었다. 그는 늘 제 몫만 챙기고, 늘 운명의 주인이 되려 하고, 늘 혼자서 세상과 맞서는 사람이었다. 하지만 하나님은 우리를 그런 식으로 디자인하지 않으셨다.

팥죽, 장자권 그리고 축복

앞장에서 우리는 야곱의 가식적인 성향에 대해 살펴보았다. 그는 배우고, 위선자고, 사기꾼이었다. 야곱은 하나님의 축복을 받기 전에 먼저 자신의 본모습을 받아들이는 법을 배워야 했다. 그는 야곱이 되는 법을 배웠을 때 이스라엘이 되었다.

위선적 성향과 마찬가지로 권모술수에 능한 그의 성향은 자기 삶에 대한 불확실성의 발로이며, 자신의 약점을 받아들이고 하나님의 권능에 의탁하기를 주저한다는 증거였다. 야곱은 자기 혼자서 모든 것을 해내야 한다고 생각했다. 그는 죽을힘을 다해 자신의 운명을 붙잡고 있었다. 그것 말고 다른 방법은 몰랐기 때문이다.

야곱이 평생 동안 집착한 것은 단 하나, 자기가 원하는 것을 쟁취하는 것이었다. 남보다 앞서는 것이었다. 일등, 첫째가는 부자, 제일 빠른 사람, 그리고 최고가 되는 것이었다. 야곱이라는 이름이 그에게 안성맞춤인 것도 바로 그 때문이다. 그는 천성적으로 발뒤꿈치를 붙잡는 자였고, 근본적으로 사기꾼이었다.

이러한 사실은 야곱과 에서가 태어나는 순간부터 나타나지만, 앞장에서 살펴본 이야기에서 특히 분명하게 드러난다. 에서가 자신의 장자권을 놓고 야곱과 거래하는 이야기 말이다.

아시다시피 에서는 사냥에 능했고, 야곱은 음식을 만들 줄 알았다. 이러한 특징이 어느 날 야곱에게 유리하게 작용하게 된다. 에서는 사냥을 나갔다가 배가 고파 죽을 지경이 되어 집으로 돌아왔다. 마침 그때 야곱이 팥죽을 쑤고 있기에 에서가 야곱에게 팥죽 한 그릇을 달라고 한다. 그러자 야곱은 착한 동생처럼 굴며 작은 것 하나를 넘겨주면 기꺼이 팥죽을 주겠다고 말한다. 그 작은 것이란 에서의 장자권이었다.

그 당시 사회에서는 장자권을 가진 사람이 유산을 두 배나 받을 수 있었다. 이삭이 부자였기 때문에 에서가 받게 될 유산은 아주 큰돈이었다. 세상에서 제일 큰 그릇에 팥죽을 담아 준다 한들 어디 그 재산에 비하겠는가!

장자권은 당연히 첫째에게 돌아가야 마땅한 권리였다. 하지만 야곱은 그 권리를 원했고, 수단과 방법을 가리지 않고 그것을 쟁취하려

했다. 그는 형제의 것을 훔치는 것이 얼마나 파렴치한 행동이며, 그로 인해 사람들한테 손가락질당할 거라는 사실 따위는 아랑곳하지 않았다. 그의 관심사는 오로지 일인자가 되는 것뿐이었다.

야곱은 기회를 포착했고 그것을 쟁취했다. 믿기 어렵겠지만 에서는 속아 넘어갔다. 이 사건은 포르투갈이 부당하게 맺었던 토르데시야스(Tordesillas) 조약과 세인트루이스 호크스(St. Louis Hawks)가 빌 러셀(Bill Russel)을 보스턴 셀틱스(Celtics)에 보내기로 한 결정과 더불어 사상 최악의 거래로 역사에 기록되어야 마땅하다.

어쨌거나 그 일은 에서에 관해 많은 것을 말해 준다. 이것은 우리가 다른 기회에 살펴볼 또 하나의 큰 주제이다. 또한 그 일은 야곱에 대해서도 많은 것을 알려 주는 사건이기도 하다. 사기꾼은 야곱의 이름이었다.

"나 먼저!"는 그의 삶의 경구였다.

누구보다 더 많이, 나 먼저!

————————————— 에서는 야곱이 자신의 어려운 처지를 이용해서 이득을 취했다는 것을 결코 잊지 않았다. 하지만 야곱은 거기서 멈추지 않았다. 앞장에서 살펴본 바와 같이 야곱은 여전히 장자의 축복에 눈독을 들이고 있었다. 그리고 다들 아시다시피 야곱은 결국 그것마저도 쟁취하고 만다.

바로 그것이 '발뒤꿈치를 붙잡는 자'의 사고방식이다. 인생에서 오직 나 자신한테만 집중하는 사람에게는, 그릇된 자긍심을 떠받치기 위해 최고가 되고 최강자가 되어야 하는 사람에게는 그 어떤 것도 충분하지 않는 법이다. 그런 사람은 늘 더 많이 가져야 한다. 자기 우선적 사고방식과 항상 비교하려 드는 태도는 인간관계에 어마어마한 악영향을 끼친다. 야곱은 매번 이 사실을 증명해 보였다. 야곱은 자신의 정체성과 가치를 찾는 과정에서 늘 상처 난 관계의 파편들과 핏자국들을 남겼다.

지나친 불안감과 자신감 결여로 인해 아내와 자식을 개인 왕국에 가두고 자기 생각만 강요하는 가장들을 나는 여럿 만나 보았다. 그들은 자기가 모든 상황을 지배하고 통제해야 직성이 풀린다. 그들에게는 모든 것이 경쟁이고 도전이고 협박이다. 그들은 남을 섬기거나 사랑할 수 없는 사람들이다. 자신의 지배권을 지키기 위해 모든 에너지를 쏟아야 하기 때문이다. 자기 자식의 미래를 위태롭게 하는 부모들을 가끔 만나게 되는데, 그들이 그러는 이유는 그들 스스로가 부족하다는 생각에 사로잡혀 있기 때문이다.

이런 태도가 인간관계에 얼마나 나쁜 영향을 끼치는지 알고 있는가? 우리는 다른 사람들보다 더 많이 가지면 행복할 거라고 생각하지만, 기를 쓰고 우두머리 자리를 차지하려고 하다가 결국 가장 소중하게 생각해야 할 사람들을 사지로 내모는 상황이 벌어질 수 있다. 우리는 발전이라는 미명 아래 관계를 훼손시킨다. 그러고는 우리 인간은 왜 고독한지 궁금해 한다.

그것은 삶이 아니다. 그것은 엄청난 대가를 치르고 그냥 목숨만 부지하는 것일 뿐이다. 승자가 되든 패자가 되든 상관없이 세상과 대적한다는 사고방식 그 자체가 외로운 삶의 방식이다.

주위 사람들의 성공과 발전이 자신의 실패를 의미하는 것이 아니다. 그들의 성공이 우리의 가치를 떨어뜨리지 않는다. 그 반대도 마찬가지다. 그들의 실패가 우리를 좀 더 가치 있게 만들어 주지 않는다.

성공에 눈이 멀어 결국 우리 자신의 중요성을 보지 못하게 될 수도 있다. 우리는 본질적으로 지극히 중요한 존재라는 사실을 잊어버릴 수 있다. 우리가 중요한 이유는 하나님이 우리를 창조하셨기 때문이다. 하나님이 우리를 사랑하시고, 우리를 선택하셨기 때문이다.

일등 아니면 꼴찌

———————— 야곱은 에서 행세를 해서 아버지의 축복을 훔쳤지만 그 후 결국 21년 동안 외삼촌인 라반과 함께 살게 되었다. 내가 앞에서 언급한 바와 같이 라반은 사기꾼계의 제왕이었다.

예를 하나 들어 보자. 야곱은 라반의 딸 라헬과 사랑에 빠졌다. 그래서 라헬과 혼인하는 대가로 7년 동안 라반을 섬기기로 동의했다. 하지만 결혼 첫날밤, 라반은 야곱에게 장난질을 쳤다. 하지만 그것은 재미라고는 눈곱만큼도 없는 몹쓸 장난이었다.

라반은 야곱에게 라헬 대신 그 언니인 레아를 신방에 들여보낸 것이다. 야곱은 술에 취해서 신부가 바뀐 것을 눈치 채지 못했던 모양이다. 야곱이 다음 날 아침 레아 옆에서 깨어났을 때 당연히 격분했다. 그래서 라반은 야곱에게 라헬도 신부로 주겠다고 약속했다. 자기를 위해 또다시 7년을 일한다는 조건으로 말이다. 비열하기로는 우주 최강이다. 야곱이 호적수를 만난 것이다.

하지만 그것은 그들 사이의 드라마의 시작일 뿐이었다. 그것은 수십 년에 걸쳐 이어지는 거짓말과 속임수와 사기 행각이 점철된 유감스러운 이야기이다. 그리고 21년에 걸친 막장 드라마가 끝났을 때 야곱은 두려워서 도망치는 신세가 된다. 또다시 말이다.

사람들 모두가 상대방에게 술수를 부리고, 자기가 원하는 것을 얻기 위해 남을 이용하려고 한다면 삶이 얼마나 복잡해질지 생각해 본 적이 있는가? 그것은 복잡하고, 혼란스럽고, 진을 다 빼놓는 삶일 것이다.

예수님은 하나님 나라의 기본 이치에 대해 매우 강력하게 설파하신 적이 있다.

> 먼저 된 자로서 나중 되고 나중 된 자로서 먼저 될 자가 많으니라 (마태복음 19장 30절)

즉, 앞서가는 사람이 항상 앞서지는 않는다는 것이다. 우리 중에는 이 대목을 읽으며 이렇게 말하는 사람도 있을 것이다.

"아이고, 예수님. 세상일은 그렇게 돌아가지 않아요. 「탈라데가 나이트(Talladega Nights)」[28] 안 보셨어요? 거기서 리키 바비가 쌩 하고 지나갈 때 그의 아버지가 했던 말 못 들으셨어요? '일등이 아니면 꼴찌야.'라는 대사 말이에요."

그러면 예수님께서는 이렇게 대답하실지 모르겠다.

"괜찮은 영화긴 해도 그건 개똥철학이야."

하나님의 왕국에서는 일등이 되려고 노력하는 것은 꼴찌가 되는 최선의 길이다. 하지만 섬기고, 기다리고, 겸손하게 행하고, 하나님 안에서 안심하는 것을 배우는 것은 진정한 성공으로 이르는 길이다.

'나 먼저'의 삶을 사는 것은 참으로 우울한 일이다. 이건 내 경험에서 우러나온 소리다. 모든 일이 자기중심으로 돌아가야 하고, 자존심이 너무 강해서 늘 자기를 지키고 광내는 일에 모든 시간을 투자하고, 주변에 자신의 자긍심을 떠받쳐 줄 사람들이 늘 필요한 사람은 비참한 삶으로 가는 길 위에 있는 셈이다.

'발뒤꿈치 잡기'는 끔찍한 일이다. 자기중심적 환상에 사로잡혀 사는 것은 비참한 일이다. 평생 '나에게 최선은 무엇인가?'라는 생각에만 갇혀서 보다 큰 생각을 해 본 적이 없는 삶은 비참한 삶이다. 자신의 편의만 생각하느라 주위 사람들과 단절된 채 살아가는 삶은 비극적인 삶이다. 그리고 '나 먼저'식 삶의 태도만이 잘못된 것이 아니다. 문제는 결국에는 이로울 게 아무것도 없다는 것이다.

예수님은 다른 상황에서 또 이렇게 말씀하셨다.

사람이 만일 온 천하를 얻고도 자기를 잃든지 빼앗기든지 하면 무엇이 유익하리요 (누가복음 9장 25절)

다른 말로 표현하면 이러하다.

"야곱아, 물질과 지위와 성공과 안전을 움켜쥐려다가 너한테서 가장 중요한 것을 잃어버린다면 그게 다 무슨 소용이 있겠느냐? 추구하고 쟁취하고 움켜잡는 과정에서 네 자신을 잃어버린다면 무슨 소용이 있겠느냐?"

액슬 로즈(Axl Rose)[29]는 성인이 아닐지는 몰라도 그가 하는 말은 새겨들을 만하다.

"당신이 승리하고 있다고 해서 당신이 행운아라는 뜻은 아니야."[30]

몇 년 전 어느 행사에서 진정한 성공이란 무엇인가에 대한 나의 관점을 재정립하는 데 도움을 준 소중한 경험을 했다. 아주 저명한 목사님 몇 분을 모시고 고견을 들어 보는 목회자 행사였는데, 나도 그중 한 명으로 초대되었다. 그분들은 오늘날 기독교 사회를 이끄는 유명한 분들이었다. 행사가 열리기 전, 저녁 만찬 자리에서 나는 내가 왜 그들 중 한 명에 포함되었을까 하는 생각이 들었다. 명망 높은 분들 사이에 끼어 있으려니 약간 주눅이 들었던 것이다. 게다가 나는 그 자리에 계신 분들 보다 10년 넘게 젊은 최연소자였다.

대화가 활발하게 이루어졌고, 모두들 그 자리를 즐기고 있는 것처럼 보였다. 그러다가 갑자기 대화가 내가 전혀 예상하지 못한 방향으로 빠지고 말았다. 행사 주최자가 이런 질문을 던졌던 것이다.

"지금 이 시점에서 그간의 사역에 대한 전반적인 소회를 여쭙는다면 어떻게 말씀하시겠습니까?"

그 즉시 먹구름이 낀 것처럼 실내 분위기가 약간 우울 모드로 변했다. 목사님 한 분 한 분이 소회를 털어놓는 동안 나는 적잖은 충격을 받았다. 그리고 슬프기까지 했다. 비록 각자가 다른 식으로 표현하고 있어도 결국 똑같은 결론을 내리고 있었다. 그것은 바로 목회자의 삶은 감옥에 갇힌 죄인 신세와 다름없다는 것.

그 행사가 끝나고 며칠이 지나서야 나는 그 대화가 내게 얼마나 큰 영향을 미쳤는지를 깨닫게 되었다. 그분들은 자기 분야에서 정상의 위치에 있는 훌륭한 사람들이다. 그분들은 사람들을 돕고, 뚜렷한 목적을 가지고 있으며, 엄청난 영향을 미치는 사람들이다. 그런 분들 입에서 그런 얘기가 나온 것은 그들이 위선자들이라서가 아니다. 그것은 세상의 모든 성공은 하나님의 일을 하고 있을 때조차 정신적 만족을 보장하지 못한다는 사실을 증명하는 한 사례일 뿐이다. 많은 사람들이 부러워할 정도로 신앙적으로 성숙한 사람들도 남몰래 괴로움을 겪고 있는 것이다.

내 말은 그들이 사실 모두 위선자들이며, 이제 하나님이 그들이 잘못된 토대 위에서 사역을 한 것에 대해 벌주고 계시다는 얘기가 아니다. 그렇다고 하나님이 명하신 일을 하는 것이 항상 즐겁고 재미있다는 얘기도 아니다. 예수님이나 사도 바울의 삶을 떠올린다면 그 일이 얼마나 힘든 일인지 짐작이 갈 것이다.

내가 이 이야기를 소개한 이유는 그 대화로 인해 아주 중대한 결심을 하게 되었기 때문이다. 나는 만일 그러한 삶이 위대한 사역을 위해서는 불가피한 것이라면, 그 일은 내가 원하는 일이 아니라는 결론을 내렸다. 본인은 독방에 갇힌 신세처럼 느끼면서 다른 사람들이 자유롭게 살도록 돕는 일에 일생을 바치는 짓은 나는 하지 않을 것이다.

그날 밤, 예수님의 말씀이 내 머리와 마음속에서 울려 퍼졌다.

'그게 무엇이 유익하리요?'

만일 원하는 것을 쟁취했는데도 전혀 행복하지 않다면 어렵게 쟁취한 것들이 다 무슨 소용 있겠는가? 필시 그보다 더 나은 길이 있을 것이다. 하지만 걸음을 멈추고 자신의 인생행로를 숙고해 보는 사람은 그리 많지 않다. 그래서 사람들은 그렇게나 필사적으로 정상을 향해 기어오르는 것이고, 그 때문에 진정한 자신을, 가치 있는 자신을 잃어버리고 마는 것이다.

그때 예수님이 우리에게 이렇게 물으신다.

"만일 돈, 인기, 교회의 높은 출석률, 인스타그램 팔로어 따위를 얻느라 네 자신을 잃어버린다면 그게 다 무슨 소용이냐?"

하나님은 우리 인생이 이런 식으로 작동하도록 설계하지 않으셨다. 그리고 하나님은 각자가 자신의 운명의 무게를 온전히 혼자서 짊어지도록 설계하지 않으셨다. 그것은 하나님의 일이다. 그리고 하나님은 우리보다 훨씬 더 그 일을 잘 하신다.

우리가 늘 녹초가 되고 스트레스에 억눌려 지내는 것도 내 삶의 무게를 온전히 내가 다 짊어져야 한다는 생각 때문인지 모른다. 어쩌면 우리는 사랑해야 할 사람들을 이용하고 있었는지 모른다. 어느 정도 휴식을 취하면서 하나님의 일을 하나님께 온전히 의탁해야 함에도 불구하고 자신의 삶을 스스로 통제하려고 애를 쓰고 있었던 것인지도 모른다. 어쩌면 우리는 방문을 안으로 걸어 잠근 채 스스로를 가두고 있는지도 모른다.

욕하는 자가 욕을 먹는다

—————————————— 야곱은 처음에 라반의 집에 도착했을 때 무일푼이었다. 하지만 그 집을 떠날 때는 부자가 되어 있었다. 그에게는 가족과 가축 떼와 많은 재산이 있었다. 그렇게 된 것은 야곱이 그만큼 영리했기 때문이 아니었다. 그것은 하나님이 야곱을 축복하기

로 결정하셨기 때문이었다.

이 이야기를 읽어 보면 야곱의 축복은 하나님의 손에서 나왔다는 것을 라반과 야곱 둘 다 인정했음을 알 수 있다. 외삼촌과 조카는 서로를 염탐하고, 농간을 부리고, 계략을 꾸미고, 서로 속고 속이면서 십수 년을 보냈다. 하지만 마지막에 웃은 자는 라반도 야곱도 아니었다. 최후의 승자는 하나님이었다. 하나님이 그 둘을 이기신 것이다.

하나님은 당신께서 원하시는 일을 하는 데 있어서 당신만의 노하우를 가지고 계신다. 당신도 눈치 챘는가? 우리는 각자 나름의 전략과 계획을 가지고 있다. 그리고 남보다 앞선다고 생각하면서 졸과 포와 마를 움직이며 자신의 묘수에 스스로 탄복한다.

그때 들려오는 하나님의 한마디.

"장이요!"

'나 먼저'의 사고방식은 출세하려면 일류가 되어야 한다고 부추긴다. 출세하려면 교활해야 하고, 심지어 필요할 때는 극악무도한 짓도 서슴지 말아야 한다고 훈수를 둔다. 하지만 야곱은 온갖 시련과 고난을 통해 결국 사기꾼이 사기를 당하고 욕하는 자가 욕을 먹는다는 값비싼 교훈을 얻었다.

우리 중에는 너무 오랫동안 가식적이고 방어적이고 기만적인 삶을 살아온 나머지, 하나님께 자기 삶의 주도권을 맡긴다는 것은 꿈에도 생각하지 못하는 이들이 있다. 그들은 성공은 가장 힘센 자, 가장 똑똑한 자, 가장 교활한 자에게 돌아간다는 철학을 기반으로 자신의 삶을 구축해 온 사람들이다.

어쩌면 당신도 그렇게 생각하는지도 모른다. 나도 가끔 그렇게 느낄 때가 있으니까. 그래서 가끔씩 조금 긴장을 풀고 살고 싶다는 생각이 들 때도 있을 것이다. 일등을 차지하려고 아등바등 사는 대신 그냥 매일을 즐길 수 있었으면 하고 말이다.

하지만 이내 이런 생각이 들 것이다.

'내가 내 자신을 돌보지 않는다면 누가 돌봐 주겠어?'

당신의 가운데 말을 주의 깊게 살펴보라. 혹시 그것이 다음과 같은 말들은 아닌가?

나는 강하다.

나는 독립적이다.

나는 혼자다.

나는 자수성가한 사람이다.

위의 말들이 진실처럼 느껴지는가? 미안하지만 위의 말들은 진실이 아니다. 당신을 비난하려는 의도도 없고, 성공에 대한 당신의 노력을 폄훼하거나 기여도를 축소하려는 생각도 없다. 하지만 이렇게는 묻고 싶다. 당신은 자신이 이룬 성공의 근본적인 원인이 정말로 당신 자신에게 있다고 생각하는가? 아니면 하나님께 있는가?

하나님이 우리 인생에 내려 주시는 축복은 '우리가 어떤 사람이냐' 라는 사실보다 '하나님이 어떤 분이신가' 라는 사실과 훨씬 더 깊은 관련이 있다. 바로 이것이 하나님께서 당신 자신을 모세에게 드러내신 사건에서 가장 중요한 핵심이다.

인생을 권모술수의 대결장으로 보는 관점은 축복의 진정한 원천이 어디인지를 이해하지 못한 결과이다. 축복은 하나님으로부터 나오며, 축복은 우리의 진정한 자아에 달려 있다. 이러한 사실은 어느 정도 긴장을 풀게 해준다. 몇 장 앞에서 살펴보았던 고린도후서의 구절을 기억하는가?

"내가 약한 그때에 강함이라."

그 대목에서 바울은 나약함에서 자유롭게 해주십사고 하나님께 간청하고 있었다. 하지만 하나님의 대답은 '노'였다. 그런 다음 하나님은 그 이유를 설명하셨다. 하나님 안에서 바울의 약점은 더 이상 약점이 아니었다. 그것은 강점이었다. 최상의 것을 완수할 수 있는 장소는 바로 하나님 안이었다.

하나님께서 우리의 삶 속에 약점들이 서성거리게 허락하심은, 그 약점들이 우리가 하나님이 필요한 존재임을 깨닫는 기회를 제공하기 때문이다. 그 약점들이 온전히 자기 자신만 믿지 말고 지속적으로 하나님께 의지해야 한다는 사실을 상기시켜 주기 때문이다.

자기 운명을 통제할 수 있는 사람은 아무도 없다. 운명에 큰 영향을 끼칠 수는 있지만 운명을 통제할 수는 없다. 한번 생각해 보라. 우리는 자신의 출생지를 결정할 수 없다. 한 나라의 경제나 정부를 단독으로 운영하거나 주무를 수 없다. 우리는 자연재해를 멈추게 할 수 없다. 주위 사람들의 결정을 예측할 수 없다. 자신의 건강을 보장할 수 없다. 언제 죽게 될지도 모른다.

하지만 하나님은 이 모든 것뿐만 아니라 그 이상을 하시는 분이다. 우리는 휴식을 취하거나 잠을 자지 않고는 하루도 버티기 힘들지만, 우주는 우리가 이불 속에서 웅크리고 자고 있는 동안에도 쉼 없이 움직인다. 하나님께서 보잘것없고 유한한 존재인 우리들을 인도하시고, 보호하시고, 지켜보시고 있기 때문이다. 그러면서 가끔씩 우주의

먼지 알갱이보다 더 작은 우리의 자존심을 보시고는 한바탕 웃으실 게 뻔하다.

시편의 저자는 하나님의 무한한 통제력을 인식하며 다음과 같이 적었다.

내가 산을 향하여 눈을 들리라 나의 도움이 어디서 올까
나의 도움은 천지를 지으신 여호와에게서로다
여호와께서 너를 실족하지 아니하게 하시며
너를 지키시는 이가 졸지 아니하시리로다
이스라엘을 지키시는 이는 졸지도 아니하시고
주무시지도 아니하시리로다
여호와는 너를 지키시는 이시라
여호와께서 네 오른쪽에서 네 그늘이 되시나니
낮의 해가 너를 상하게 하지 아니하며
밤의 달도 너를 해치지 아니하리로다
여호와께서 너를 지켜 모든 환난을 면하게 하시며
또 네 영혼을 지키시리로다
여호와께서 너의 출입을 지금부터 영원까지 지키시리로다

(시편 121편 1-8절)

우리의 정체성과 가치관에 하나님이 개입하실 여지를 마련해야 한다. 그렇게 하지 않으면 과대망상과 절망의 구렁 사이를 오락가락하는 처지가 되기 십상이다. 한순간 슈퍼영웅이 되었다가 그다음 순간

백기를 흔들게 될 것이다. 우리는 성공이 100퍼센트 보장될 만큼 그렇게 뛰어난 존재도 아니며, 성공이 불가능할 정도로 그렇게 절망적인 존재도 아니다.

하나님은 우리의 강점뿐만 아니라 약점 안에서 변화를 만들어 내신다. 우리의 성공은 하나님의 은총으로부터 나온다. 우리는 모든 칭찬을 독차지할 수 없다. 우리는 혼자서 온갖 종목의 금메달을 싹쓸이할 정도로 뛰어나지도 강하지도 않다.

그와 동시에 우리의 약점도 하나님의 관점에서는 극복 못할 장애가 아니다. 실패와 나약함 속에도 희망이 존재한다. 왜냐하면 하나님의 가운데 말이 우리의 그것을 번번이 이기기 때문이다.

하나님을 움켜잡는 삶

―――――――――――― 우리의 정체성을 규정하는 일에 하나님이 개입하시게 하는 것은 자격자가 되는 길의 핵심이다. 진정한 기대에 부응하는 삶을 살고, 가치 있고 인정받고 중요한 존재가 되는 길의 핵심이다. 이것은 야곱의 삶 전체를 관통하는 진실이다.

그가 천사와 벌인 마지막 결전을 기억하는가? 축복은 야곱이 자신의 진짜 정체성을 고백했을 때, 강점뿐 아니라 약점까지 모두 털어놓았을 때 찾아왔다.

우리는 때때로 하나님의 축복을 받으려면 먼저 완벽한 사람이 되어야 한다고 생각한다. 그래서 우리는 거룩해지려고 노력한다. 물론 잘못된 얘기는 아니다. 하지만 우리가 그렇게 하는 이유가 하나님으로부터 축복받기 위해서라면 이는 잘못된 일이다.

혹시 당신이 헷갈려 할까 봐 부연 설명을 하자면, 우리는 하나님께 축복해 주십사고 설득할 필요가 없다. 하나님은 원래 우리를 축복하는 일을 무척 좋아하신다. 그리고 우리가 아무리 훌륭하다 해도 하나님이 우리에게 주시는 그 모든 것을 받아 마땅할 정도로 훌륭하기란 불가능하다.

하지만 앞에서 말한 사고방식에서 보자면, 야곱은 하나님이 이 지구상에서 축복을 내려 주시기 가장 꺼리는 인물일 것이다. 하지만 하나님은 진짜 야곱, 좌절하는 야곱에게 축복하셨다. 가짜 야곱, 미래의 야곱, 완벽한 야곱이 아니라. 하나님은 그의 약점, 그의 가식, 그리고 그의 사악함에도 불구하고 야곱을 보살펴 주셨다.

하나님이 야곱을 축복하신 것은 그것이 바로 하나님의 본성이고 하나님이 야곱을 사랑하셔서이지, 야곱이 그만큼 영리하거나 근면해서가 아니었다. 만일 야곱이 처음부터 하나님을 믿었더라면 하나님은 또 그만큼 야곱을 축복해 주셨을 것이다. 그리고 일찍 그런 축복을 받았더라면 삶의 고통과 번민은 훨씬 덜했을 것이다. 야곱은 평생을 남의 은총을 훔치기 위해 쇠지레로 창문을 비집어 열고 집 안으로 들어가려 애쓰는 도둑처럼 살았다. 하지만 그러는 동안에도 하나님은 야곱을 귀빈의 몸으로 현관문을 통해서 당당히 들어오라고 초대하고 계셨던 것이다.

무엇보다 흥미로운 대목은 야곱이 천사와 만나는 부분이다. 야곱은 늘 '발뒤꿈치를 잡은 자'로 살아왔다. 그는 늘 남을 쫓고 붙잡으려고 했던 자였다. 그랬던 그가 이제 하나님의 손에 붙잡힌다.

바로 이것이야말로 전체 이야기의 핵심이라고 나는 생각한다. 당신은 평생을 그러잡고 할퀴고 싸우며 살아갈 수 있지만, 당신에게 진짜로 필요한 것은 하나님께서 당신을 붙잡는 것, 은총이 당신을 움켜잡는 것이다.

야곱은 남의 발뒤꿈치를 붙잡은 채 태어났고, 바로 그것이 그가 평생을 어떻게 살았는지를 대변해 주었다. 하지만 이제 하나님께서 야곱을 꼭 잡고 계시고, 그와 동시에 야곱도 하나님을, 자기를 축복할 능력을 가진 유일한 분이신 하나님을 꼭 잡고 있다. 야곱은 훨씬 전에 이렇게 했어야 했다.

재미있는 것은 야곱을 모사꾼에 사기꾼으로 만들었던 발뒤꿈치를 놓지 않는 바로 그 집요함이, 야곱이 삶의 태도를 바꾸자 곧바로 그의 삶에 이롭게 작용하게 되었다는 것이다. 하나님이 일하시는 방식도 바로 이런 식이 아니던가? 하나님은 우리가 얕잡아 보는 특성들을 취하셔서 우리의 이익을 위해 그것들을 사용하시는 분이다.

이제는 우리가 손에 쥔 것을 내려놓고 하나님을 움켜잡아야 할 때가 아닐까?

사람들이 생각하는 것을 내려놓고,

당신의 과거를 내려놓고,

위선과 가식을 내려놓고,

온갖 계획과 조작을 내려놓자.

그리고 이왕 그렇게 하는 김에 한 가지를 더 내려놓자. 이제 곧 알게 되겠지만 그것은 세상에서 가장 간악한 덫 중의 하나다. 그것은 '비교'라고 하는 덫이다.

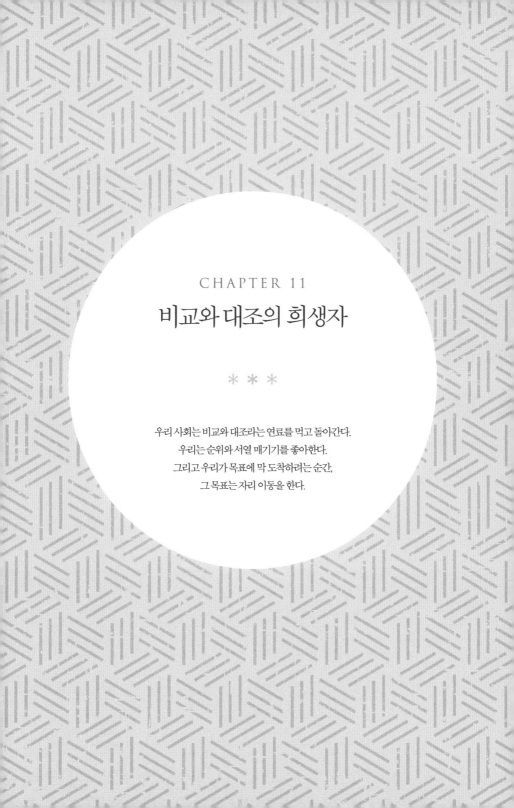

CHAPTER 11

비교와 대조의 희생자

* * *

우리 사회는 비교와 대조라는 연료를 먹고 돌아간다.
우리는 순위와 서열 매기기를 좋아한다.
그리고 우리가 목표에 막 도착하려는 순간,
그 목표는 자리 이동을 한다.

* * *

    나는 핀터레스트에 유감이 많다. 핀터레스트를 사용하지 않는 사람들은 그것이 흥미로운 이미지나 링크들을 만들고 공유할 수 있는 SNS 정도로만 알고 있을 것이다. 핀터레스트는 여행에서부터 DIY 프로젝트, 조리법에 이르기까지 모든 분야의 아이디어를 얻을 수 있는 유명 웹사이트이다. 거기서 다른 사람들이 작업한 멋진 작품들을 일람하고 직접 따라 해 볼 수도 있다.

    「PC 매거진」은 핀터레스트를 "온라인 메모판 형식의 사회 지향적 사진 공유 사이트"라고 정의하고 있다. 이 사이트에 대한 다른 정의를 소개하겠다. 내가 직접 쓴 것일 수도 있고 아닐 수도 있다.

    "핀터레스트는 당신 아이들이 이웃집 애들만큼 옷을 잘 입지 못한다는 것을, 당신네 집이 형편없는 아마추어 실력으로 장식되어 있다는 것을, 당신이 찍은 사진들이 예술성이라고는 눈곱만큼도 없고 단조롭다는 것을, 당신이 결혼식 계획을 엉망진창으로 세웠다는 것을, 그리고 당신은 끝내주게 멋지게 사는 다른 모든 사람과 달리 일반적으로 지루하고 단조로운 삶을 살고 있다는 사실을 하루 스물네 시간 내내 일주일 내내 논스톱으로 상기시켜 주기 위해 전략적으로 디자인된 이미지 기반 소셜 미디어 플랫폼이다."

    그렇다. 나는 핀터레스트에 약간 유감이 있다. 그렇다고 오해는 마시라. 나는 일반적인 소셜 미디어나 심지어 핀터레스트조차 반대하는 입장이 아니다. 소셜 미디어는 하나의 수단에 불과하다. 그리고 그것이 만들어 내는 결과는 사용자의 의도를 반영한다. 그리고 바로 그러한 점이 문제가 될 소지가 있다.

왜냐? 인간은 자신을 다른 사람들과 과도하게 비교하는 경향이 있으며, 소셜 미디어는 그런 점을 개선하는 데 전혀 도움이 못 되기 때문이다.

내가 핀터레스트에 대해 유감을 가지는 점은 이 사이트가 다른 사람들에게 본인의 완벽함을 자랑하는 곳이라는 점과, 그러한 사고 방식을 조장하는 것이 바로 핀터레스트이기 때문이다. 하지만 거기에 올라온 사진들은 흔히 진짜 이야기의 불완전한 이미지일 뿐이다.

하지만 사람들은 연출되고, 불필요한 부분은 다듬고, 화사하게 필터링된 사진들을 전혀 감동스럽지 않은 자신의 현실과 비교하고, 결국은 상대적 박탈감으로 비참함을 느낀다. 그렇지 않으면 완벽함과는 거리가 먼 자신의 처지를 포장하기 위해 조작된 현실을 업로드하거나.

최근에 '핀터레스트 페일(Pinterest Fail)'이라는 사이트를 발견했는데, 나는 핀터레스트보다 이 사이트가 훨씬 더 마음에 든다. 핀터레스트 페일은 보통 사람들이 핀터레스트에서 본 것을 그대로 따라 해서 생긴 결과물을 민낯 그대로 보여준다. 그 결과는 우스운 것에서부터 섬뜩한 것에 이르기까지 다양하다. 하지만 그 사이트는 적어도 우리에게 희망을 갖게 해준다. 우리가 아무리 못해도 저 정도는 아닐 거라는 안도 섞인 희망 말이다.

핀터레스트를 사용하지 않는 사람도 있을 것이다. 하지만 HGTV[31]
나 「피플」 잡지도 핀터레스트와 하등 다를 바 없다. 인스타그램이나
페이스북은 또 어떻고? 당신은 페이스북 타임라인에 올라오는 친구
나 다른 사역자의 사진을 보면서 나는 왜 에잇팩 복근이나 '동안' 얼
굴을 가지지 못해서 저들처럼 점잖게 거드름을 피워 보지 못하는가
하고 자괴감에 빠진 적은 없는가?

내 말의 요지는 남과 비교하는 행태는 하나의 특정 미디어에만 국
한된 문제가 아니라는 것이다. 그것은 우리 사회에 만연한 고질병이
다. 핀터레스트에서 느끼는 문제는 우리 내면의 문제일 뿐이다. 핀터
레스트는 불안한 자부심을 북돋우기 위해 허세를 부리고 잘난 척 연
기하기 좋아하는 우리의 성향에 딱 맞는 하나의 플랫폼일 뿐이다.

이러한 행태는 당장 멈춰야 하며, 왜 멈춰야 하는지는 야곱의 삶이
가르쳐 준다. 지금까지 우리는 야곱의 이야기가 인간의 불건전한 성
향들, 특히 위선과 술수라는 두 가지 성향을 잘 드러내고 있음을 고찰
해 왔다. 위선과 술수와 더불어 삼총사를 이루는 나머지 하나가 있으
니, 그것은 바로 '비교'이다.

이 셋은 모두 자부심을 잘못된 것에 기반을 둠으로써 비롯된 부정
적인 결과들이다. 우리의 본모습과 결점들을 모르거나 받아들이길
거부함으로써, 그리고 하나님이 우리의 자격 부여자이심을 알고 그
분의 은총 안에 우리의 삶을 완전히 맡기지 않음으로써 비롯된 결과
들이다.

야곱은 태어나는 그 순간부터 비교의 희생자가 될 운명이었다. 그
것이 필연적일 수밖에 없는 것이 그가 쌍둥이였기 때문이다. 야곱과

에서는 평생을 비교당했고, 그들 각자가 가진 장점이 아닌 서로의 기준에 필적하느냐 못 하느냐를 근거로 사랑을 받거나 거부당했다.

내 친구 중에도 쌍둥이로 태어난 여성이 있는데, 그녀의 말에 따르면 비교는 자기 삶의 알파이자 오메가라는 것이다. 그 친구와 그녀의 쌍둥이 자매는 자신들의 정체성을 갖기가 어려웠다고 한다. 왜냐하면 주위 사람들 모두가 그들을 '쌍둥이'로만 인식했기 때문이었다. 사람들은 예외 없이 누가 더 말랐네, 더 빠르네, 더 똑똑하네, 더 상냥하네, 누가 더 키가 크네 하며 사사건건 그 둘을 비교했다. 그들은 방도, 친구도, 엄마의 자궁도 공유했다. 비교와 경쟁은 그들의 성향만이 아니라 그들의 삶의 방식이었다.

하지만 이러한 삶의 방식이 야곱과 에서, 그리고 내 친구가 속한 쌍둥이들의 세계에서만 적용되는 것이 아니다. 세상 사람 모두가 그러한 삶의 방식에 영향을 받는다. 우리 사회는 비교와 대조라는 연료를 먹고 돌아간다. 우리는 순위와 서열 매기기를 좋아한다. 그리고 우리가 목표에 막 도착하려는 순간, 그 목표는 자리 이동을 한다.

'더' 위에 '더, 좀 더'

──────────── 야곱은 남과 비교했을 때 본인이 더 나은가 아닌가를 근거로 성공을 규정했다. 즉, 본인이 형보다 못하면 실패한 것이고, 형보다 나으면 성공한 것이었다.

철학자 C. S. 루이스(Clive Staples Lewis)는 다음과 같은 통찰력 있는 말을 남겼다.

"우리는 소유 그 자체가 아니라 다른 사람보다 더 많이 가지고 있다는 것을 더 자랑스럽게 생각한다."

다시 말해서 그냥 날씬한 것만으로는 충분치 않은 것이다. 우리는 그 여자보다 더 날씬해야 직성이 풀린다. 우리는 그 누구보다 더 부자여야 하고, 더 똑똑해야 하고, 더 유명해야 하고, 더 성취해야만 한다.

바로 이것이 문제다. 우리의 가운데 말이 비교하는 말일 경우, 그리고 그 말 앞에 '더'나 '좀 더' 같은 부사가 달려 나올 때는 언제든지 우리 머릿속에서 빨간 불빛이 번쩍번쩍 켜지면서 경종과 사이렌이 울려야 한다.

나는 더 부유하다.

나는 더 빠르다.

나는 더 아름답다.

나는 더 영향력이 있다.

나는 더 신앙심이 깊다.

위와 같은 말들은 우리에게 필요한 가운데 말이 아니다. 언제부터 더 크거나, 더 좋거나, 더 독한 것이 성공이라는 의미를 지니게 되었는가?

자신의 가치를 규정하기 위해 비교라는 수단을 사용하는 것은 본질적으로 안전하지 않다. 이는 우리 가치 체계가 잘못되었다는 명백한 증거다.

우리는 스스로가 인식하는 것보다 훨씬 더 자주, 그리고 더 많이 비교한다. 우리의 가운데 말이 타인에게 매달려 있는 경우가 비일비재하다. 다른 사람의 실력과 수준을 근거로 자기 자신을 평가하고 순위를 매기는 일이 다반사다.

때때로 자신이 얼마나 대단한지를 증명하기 위해 자기보다 못한 사람들과 비교하기도 한다. 또 어떤 때는 단지 자기연민의 감정에 먹잇감을 던져 주기 위해 자기보다 더 나은 사람과 비교하기도 한다. 이러한 극단적인 두 행태들은 도덕적이지도 논리적이지도 않으며, 둘 다 우리 영혼을 갉아먹는 짓이다.

전자는 현실에 안주하는 결과를 낳는다. 우리는 다른 사람과 비교해서 본인이 어떤 분야에서 그 사람보다 더 낫다고 판단되면, 자기 실력이 그 분야가 요구하는 수준에 도달했다고 생각하는 경향이 있다. 그러면 더 이상 노력을 하지 않아 성장이 멈추는 결과로 이어질 수 있다. 하지만 하나님은 당신에게 좀 더 많은 일을 하라고 명하셨을지 모른다. 어쩌면 하나님은 당신에게 좀 더 큰 능력을 주셨는지도 모른다.

후자의 경우는 자책을 낳는다. 다른 사람들의 업적이나 명성이나 재능을 살펴본 다음 부족한 자기 자신을 들여다보면, 자신에 대해 실망하고 불안감을 느끼게 될 수 있다. 비록 하나님이 본인의 현재 수준에 더 없이 만족하실지라도 본인 스스로는 자격이 없다고 느끼는 것이다.

이것은 가장 상대적이고도 주관적인 행태 중 하나다. 당신은 스스로 어떤 일에 아주 능숙하다고 생각하는가? 그렇다면 기뻐할 일이다. 하지만 생각해 보라. 지구상에는 70억이 넘는 사람들이 살고 있다. 그 중에서 당신의 전문 분야에서 당신보다 실력이 더 뛰어난 사람이 적어도 몇 백만 명은 되지 않겠는가?

내 친구 중에 해마다 여름이 되면 3주 동안 아내와 함께 요트를 타고 바다를 여행하는 친구가 있다. 부러운가? 하지만 나한테는 지옥처럼 들린다. 아내와 함께 간다는 점에서 그렇다는 게 아니다. (넘겨짚지 마시라!) 3주씩이나 배를 탄다는 점이 그렇다는 말이다. 사람마다 취향이 다르겠지만 요트는 결코 내 취향이 아니다.

하지만 내 친구는 무척 좋아한다. 일전에 그 친구가 자기 배를 몰고 바다로 나갈 때 겪게 되는 일을 얘기해 주었는데 무척 흥미로운 이야기였다.

"그게 말이야, 매번 여행을 떠날 때마다 3주 동안의 휴가와, 그 3주 동안을 함께 보낼 수 있는 아내와, 매력적인 작은 배를 가질 수 있어서 나는 얼마나 축복받은 사람인가 하고 생각해. 하지만 항해를 시작하고 2, 3일이 지나면 어김없이 더 큰 배를 가진 자들과 마주치게 되지. 심지어 배에 달린 구명정이 내 요트를 부끄럽게 만들 정도로 어마어마한 배를 가진 작자들도 있어. 게다가 그 사람들은 3주 휴가를 내고 온 것도 아니야. 평생 일할 필요가 없는 사람들이거든."

내 친구의 마지막 말이 내 가슴에 박혔다.

"문제는 말이야, 언제나 내 배보다 더 좋은 배를 가진 놈이 있다는 거야."

어쩌면 당신은 지금 위의 얘기를 듣고 머릿속으로 '#부자들의고충'이라는 해시태그를 달고 있을지도 모르겠다. 하지만 이것은 그런 얘기가 아니다. 이 이야기는 당신이 얼마나 많은 '더'를 가졌다 할지라도 세상에는 언제나 '더, 더'를 가진 사람이 존재한다는 사실을 알려 주는 하나의 은유이다.

그리고 반대로, 당신이 어떤 일에 아무리 서투르다 해도 당신보다 못하는 사람이 적어도 수백만 명은 된다는 얘기다. 세상에는 당신의 장점과 지금 당신이 처한 상황을 자기 것으로 할 수 있다면 무슨 대가라도 치르겠다는 사람이 반드시 있다. 내가 일전에 교회에서도 말했듯이 이 세상 누군가는 지금 당신이 가진 문제들을 가지게 해 달라고 기도하고 있을 것이다.

비교는 침묵의 살인자다. 비교는 우리의 기쁨을 훔치고 우리의 관계를 좀먹는다. 비교는 축하해야 할 일들을 비판하게 하고, 배워야 할 사람을 등지게 만들고, 받아들여야 할 생각들에 대해 분개하게 만든다.

하나님이 우리에게 부여하시는 자격은 타인에게 의존하지 않는다. 하나님은 우리가 스스로에 대해 더 큰 만족감을 느끼게 하려고 다른 사람의 실패를 이용하시는 법이 없다. 하나님은 우리가 성공하거나 인정받는 문제를 주위 사람들의 실적과 결부시키시는 법이 없다.

하나님의 가운데 말은 우리 삶에 대한 하나님의 신성한 통찰력에서 나온다. 하나님은 우리가 누구인지, 우리가 어떤 능력을 가지고 있는지 알고 계시며, 있는 그대로의 우리를 소중히 여기신다. 하나님은 우리에게 많은 달란트를 주셨으며, 그것이 몇 곱절 불어나서 우리가 사는 세상에 재투자될 것이라고 믿고 계신다.

비교하는 문화가 비단 핀터레스트 시대에만 볼 수 있는 특징이 아님을 주목할 필요가 있다. 그것은 수천 년 동안 존재해 왔고, 인간의 불확실성과 잘못된 자부심이 빚어낸 자연스러운 결과다.

바울은 고린도교회에서 이러한 태도를 다루어야 했다. 거짓 교사들이 교회로 와서 바울을 깎아내리고 있었다. 그들은 자신들이 바울보다 더 자격이 있으며, 따라서 교회는 바울의 말보다 자신들의 가르침에 귀를 기울여야 한다고 고린도 교인들을 납득시키려 하고 있었다. 황당한 것은 그들이 자신들이 전하는 메시지의 진실성에 근거하지 않고, 바울의 자격과 비교한 것을 근거로 자신들의 자격을 증명하려고 했다는 것이다.

그들의 주장은 바울에게는 받아들여지지 않았다. 바울로서는 납득이 되지 않았다. 이는 바울이 자신을 정당화하거나 방어하려는 의도가 있어서가 아니라, 그들의 주장이 바울이 사랑하는 친구들을 잘못된 판단의 늪으로 유도하고 있었기 때문이다. 그들의 주장대로 한다면 고린도 교인들은 비교의 제단에 바쳐질 희생물이 될 터였기 때문이었다.

그래서 바울은 교회에 이렇게 써서 보냈다.

우리는 자기를 칭찬하는 어떤 자와 더불어 감히 짝하며 비교할 수 없노라 그러나 그들이 자기로써 자기를 헤아리고 자기로써 자기를 비교하니 지혜가 없도다 (고린도후서 10장 12절)

바울이 '지혜가 없다'라고 한 말은 '참으로 어리석다'라는 의미였다. 바울의 말은 우리의 신조뿐만 아니라 우리 삶의 모든 영역에 적용되는 진실이다. 나 자신을 나에게 견주고 비교하는 것은 무의미한 일이다. 그것은 아무것도 입증할 수 없고, 아무것도 성취할 수 없는 어리석은 짓이다.

당신은 성공을 어떻게 정의하는가? 당신이 자격이 있는지 어떻게 아는가? 그냥 있는 그대로의 당신 자신이 자랑스럽고 기꺼운가? 하나님이 의도하신 그런 사람이 되는 것에 자부심과 즐거움을 느끼는가? 아니면 끊임없이 당신 자신을 누군가와, 혹은 당신 삶에 등장하는 모든 사람들과 비교하고 있는가?

주위 사람들이 성공하면 당신은 어떻게 반응하는가? 그들을 축하해 주고 진심으로 기뻐해 주는가? 아니면 속으로 그들의 업적이 당신의 능력이 부족하다는 증거는 아닐까 하고 의심하는가?

내 친구의 여동생이 어느 날 친구네 집에 와서 냉장고에 붙어 있는 크리스마스카드 중 하나를 가리키며 이렇게 물었다고 한다.

"저 사람 누구야?"

"아, 내 친구 에이미야."

내 친구가 대답했다.

"이런! 나라면 저렇게 예쁜 애랑은 친구 안 했을 거야."

친구의 여동생이 말했다.

이것은 2, 3년 전의 일이었는데, 그 여동생은 아직도 내 친구한테 "예쁜 에이미는 요즘 어때?"라고 묻는다고 한다. 한 번도 만난 적이 없으면서 말이다.

이 이야기는 마음속 생각을 모조리 입으로 뱉어 낼 필요는 없다는 뻔한 교훈을 주기도 하지만 우리 사고방식에 대해 많은 것을 시사한다. 하나님은 우리가 거리낌 없이 자기 자신이 될 수 있는 자유를 발견하길 원하신다. 그리고 비교를 넘어선 삶을 살 자유를, 주변 사람들과 비교함으로써가 아니라 하나님과의 관계 안에서 자신의 정체성과 자기확신을 찾는 자유를 얻기를 원하신다.

"나는 내 자신을 잃어버렸다"

──────────── 비교는 불가피하게 경쟁을 초래한다. 야곱과 에서의 이야기는 이 사실을 증명하는 더없이 완벽한 사례다. 그들은 서로 경쟁하며 일생을 보냈다. 축복권, 장자권, 부모의 인정 등을 쟁취하기 위해서. 그들이 벌인 형제간의 경쟁은 살인 충동을 불러일으키는 지경까지 이른다. 그리고 서로 수십 년을 떨어져 지낸 뒤에도 서로에 대한 의심과 기만은 사라지지 않았다.

나는 앞에서 야곱이 천사와 씨름할 때 고향 집으로 가는 길이었음을 언급한 바 있다. 야곱은 두려웠다. 야곱은 오래전 에서를 속였던 자신의 죄와 직면하게 될 것이며, 그 일로 에서가 자신과 자기 가족을 죽일지도 모른다고 생각했다.

야곱의 뒤에는 라반이 있었고, 앞에는 에서가 있었다. 야곱과 이 두 사람과의 관계는 속임수와 경쟁으로 파괴되었다. 야곱은 그 두 관계 사이에 낀 샌드위치 신세였다. 하지만 그 혼란스러운 상황은 야곱이 자초한 것이었다. 물론 그는 엄청난 부를 축적했다. 그는 아내들과 자식들을 거느리고 있었고, 사회적 지위도 가지고 있었다. 그는 자기 인생에서 그 누구보다 더 높고 더 뛰어난 존재였다.

하지만 천사가 그를 발견했던 그날 밤, 그는 세상 그 누구보다 두렵고, 외롭고, 연약한 존재였다. 그것은 경쟁적인 삶에 의해 불가피하게 만들어지는 상황이다.

물론 경쟁 그 자체는 잘못된 것이 아니다. 그리고 삶의 거의 모든 분야에서 어느 정도의 경쟁은 건전한 역할을 할 수 있으며, 심지어 신바람을 일으키기도 한다. 따지고 보면 승리를 위해 달리는 것의 미덕을 얘기했던 당사자가 바로 경쟁하지 말라고 설파했던 바울 자신이었다. 하지만 경쟁은 반드시 정정당당하고 올바른 목표를 가져야 하며, 자기통제 아래 이루어져야 한다. 경쟁하는 데 정신이 팔려 자기 자신을 잃어버리는 일이 있어서는 안 된다.

랜스 암스트롱은 우리 시대에 가장 유명한 경쟁자 중 한 명이다. 그는 투르 드 프랑스(Tour de France)32에서 연속해서 일곱 번을 우승한 사이클계의 신화이다. 선수 생활 내내 경기력을 향상시키는 약물을 복용한다는 혐의가 따라다녔지만 그는 일관되게 그 혐의를 부인했으며, 계속되는 검사도 혐의를 입증하는 데 실패했다. 하지만 결국 그가 약물을 복용했다는 사실이 폭로되었다. 그리고 그가 가진 모든 타이틀은 박탈되었다.

그가 약물 사용을 맨 처음으로 고백한 것은 다름 아닌 오프라 윈프리와의 인터뷰에서였다. 이것은 누구든 정부나 미디어는 숨길 수 있어도 오프라는 결코 속일 수 없다는 사실의 방증이다. 결국 오프라 윈프리가 정의의 심판을 받게 할 테니 말이다.

랜스 암스트롱을 비난하려는 것이 아니다. 나에게는 이 세상 그 누구에게도 던질 돌이 없다. 누군가가 자기 뒤를 캐고 다니는 것을 좋아할 사람은 아무도 없다. 게다가 나는 열네 살 이후로 자전거를 탄 적이 없는지라 사이클에 대해서는 문외한이다. 하지만 내가 그 인터뷰에 관심을 가지게 된 것은 지금까지 쟁취해 온 모든 것을 하루아침에 빼앗긴 한 최고 선수가 가진 생각 때문이었다.

오프라가 암스트롱에게 만일 약물을 투여하지 않았다면 투르 드 프랑스에서 일곱 번 승리하는 것이 가능했다고 생각하느냐고 물었다. 그가 대답했다.

"그런 풍토에서는 불가능하다고 봐야죠……. 제가 그 풍토를 만든 건 아니지만 그렇다고 그 일을 멈추려고 노력하지도 않았어요. 그리고 그게 내 실수였고, 내가 유감스럽게 생각해야 할 부분이죠."

그는 또 이렇게 말했다.

"무슨 수를 써서라도 이겨야 한다는 나의 무자비한 욕망은 사이클 경력에 도움이 되었어요. 하지만 이유야 어찌됐든 간에 욕망이나 태도나 오만의 정도가 그 수준까지 갔다는 것은 큰 잘못이지요."

그들은 사이클계에 만연한 약물복용 풍토에 대해 이야기했다. 암스트롱에게 있어 약물복용은 타이어에 바람을 넣거나 물병에 물을 채우는 것만큼이나 경쟁을 위해서 필수적인 것이었다. 모두가 그렇게 했기 때문에 그는 단지 대회의 수준에 맞추고 있었던 것뿐이라는 것이다.

오프라가 그에게 거짓말과 은폐로 점철된 지난 13년에 대해 물었다. 그는 갈수록 거짓말에 가속도가 붙었고, 그래서 거짓말을 반복해야 했노라고 말했다. 그는 또 팬들과 미디어 앞에서 완벽한 이미지를 유지해야 한다는 압박감이 너무 컸다고 말하면서 "나는 그 모든 것으로 인해 내 자신을 잃어버렸다."고 실토했다.

"나는 내 자신을 잃어버렸다." 그는 이렇게 표현했다. 나는 성공과 승리를 좇느라 내 자신을 잃어버리게 되는 것을 원치 않는다. 사회적 지위를 얻기 위해 진짜로 중요한 것을 희생하고 싶지 않다.

경쟁과 비교는 해로울 것 없고 심지어 얼마 동안은 재미있게 느껴질지도 모른다. 하지만 경쟁과 비교는 언젠가는 우리 뒤통수를 치게 마련이다. 자신이 다른 사람보다 얼마나 앞서서 달리고 있는지를 근거로 자기 자신을 규정한다면 그 즉시 스스로를 실패에 적합한 상태로 만드는 셈이 된다. 머지않아 나보다 더 강한 자를, 내 배보다 더 큰 배를, 나보다 더 예쁜 에이미를 만나게 될 것이기 때문이다. 그때엔 우리 자아상은 곤두박질칠 것이고, 우리는 패배를 자인하며 슬그머니 꽁무니를 빼거나, 혹은 자신의 지위를 되찾기 위해 으르렁대며 싸울 것이다.

진실로 말하건대 그 누구든 이 세상의 다른 모든 사람보다 '더 나을' 수는 없다.

결코.

일등 자리를 차지하려면 항상 도전자들을 물리쳐야 한다. 주위에 있는 모든 이들을 경쟁자로 볼 것이고, 선두를 유지하기 위해 뭐든 닥치는 대로 하게 될 것이다. 그리고 그러는 동안 수없이 많은 축복을 놓치게 될 것이다.

랜스 암스트롱은 그 세계의 과열된 경쟁 문화에 내몰려 부정행위를 할 수밖에 없다고 생각했다. 그 결과 그는 자신이 일궈 놓은 모든 것들을 희생해야 하는 처지가 되고 말았다. 그는 승리를 잃었고, 명성을 잃었으며, 자제력을 잃었다. 그는 자기 자신을 잃어버린 것이다.

그럼 우리는 어떤가? 남을 이기기 위해 자기 자신을 잃어버릴 것을 강요하는 경쟁 문화에 내몰리고 있지는 않는가? 생산과 실적에 대한 압박이 저항할 수 없을 정도로 심각하지는 않는가? 혹은 그리스도 안에서 성취감을 얻는 것이 가능한가? 타인의 의견에서 빌려 온 것이 아닌 거룩한 자부심을 갖는 것이 가능한가?

우리가 그리스도로 충만할 때

───────────── 비교와 경쟁의 끊임없는 목소리에
맞서는 방법은 하나님이 우리의 자격 부여자이자 승인자임을 깨닫는
것이다. 나의 상담사 친구 말대로 그것은 하루에도 수천 번씩 그것이
필요한 것인지를 확인하고, 하나님께 이렇게 묻는 일이다.

"저 괜찮아요?"

그런 다음 확신에 찬 어조로 이렇게 속삭이는 것이다.

"나는 괜찮아."

그런 다음 하나님의 평가에 동의하는 것이다.

"하나님께서 좋으시다면, 저도 좋아요."

바울은 골로새서에서 이렇게 같이 말했다.

그 안에는 신성의 모든 충만이 육체로 거하시고 너희도 그 안에서
충만하여졌으니 (골로새서 2장 9-10절)

기독교인인 우리는 9절 말씀을 믿는 데는 큰 어려움이 없다. 예수
님은 하나님이 사람의 모습으로 나타나신 분이며, 바로 그러한 까닭
에 예수님께서 제자들에게 "나를 본 자는 아버지를 보았거늘"(요한복
음 14장 9절)이라고 말씀하실 수 있다는 것을 우리는 잘 알고 있다. 하
나님께서 세상이 있으라고 말씀하신 그때부터 하나님께 속한 모든
것이 사람이신 예수님 안에서 입증되었다. 예수님은 원죄 없는 분이
시고, 완전히 의로운 분이시다.

그러나 10절 말씀은 선뜻 믿기 힘들 때가 종종 있다. 우리가 그리스

도 안에서 충만해졌다는 부분 말이다. 하지만 우리에 관한 10절 말씀이 진실이 아니라면 예수님에 관한 9절 말씀도 진실일 수 없다.

바울이 말한 골자는 이것이다.

"예수님이 얼마나 충만하고 완전하신 분이신지 알려 주겠다."

그런 다음 바로 이어서 말한다.

"그리고 너희도 얼마나 충만하고 완전한 존재인지 알려 주겠다."

바울은 두 문장 사이에서 멈추지 않았다. 자기 말에 어떠한 단서도 달지 않았다. 예수님의 탁월하심 안에서 그는 당신과 나의 충만함을 선언한 것이다. 그것은 다른 사람들로 하여금 우리가 재미있게 산다고 믿도록 하기 위해 조작된 현실을 담은 10초짜리 동영상을 만들어 올리는 스냅챗 사회의 부조리를 제거하는 해독제이다.

하나님은 우리 삶에 대한 다른 종류의 현실을 말씀하고 싶어 하신다. 하나님은 그리스도의 충만함이 우리에게 주어졌음을 우리가 알고 믿기를 원하신다. 그 일은 진행형이 아니라 완료형이다. 이미 끝난 일이고, 완료된 일이다. 그리고 그 무엇도 그 사실을 바꿀 수 없다.

이는 예수님과 멀어진 우리 삶을 지배하는 경쟁 심리에 치명적인 타격을 준다. 만일 내가 예수님 안에서 충만하다면, 내가 하나님이 예수님 안에서 이루신 모든 것을 소유하고 있다면, 내가 사랑과 기쁨과 확언과 축복과 강함과 예수님으로 충만하다면 비교할 여지도 없고 경쟁할 필요도 없다.

내가 예수님으로 충만하고 예수님은 하나님으로 충만할진대, 내가 다른 사람에게 입증해야 할 것이 뭐가 있겠는가? 당신이 입증해야 할 것이 뭐가 있겠는가?

아무것도 없다.

그것이 바로 우리가 예수님 안에서 얻게 되는 자유다. 그것이 바로 하나님이 우리의 자격 부여자가 되실 때 우리가 얻게 되는 안전함이다. 또한 그것은 우리가 무자격자인 동시에 자격자가 되는 비결이다. 우리는 세상의 눈에서는 무자격자이지만, 예수님을 통해서 자격자 이상의 존재로 선포되는 것이다.

내 마음속에서 경쟁심이 고개를 드는 게 느껴질 때면 나는 스스로에게 던지는 일련의 질문들이 있다. 무슨 대단한 일에 그렇다는 게 아니다. 때로는 사소한 대화 중에도 경쟁심이 솟구칠 때가 있다. 다른 사람이 한 이야기보다 더 재미있고 더 대단한 이야기를 해야 한다는 강박감을 느끼고, 다른 사람을 인정하고 축하해 주는 대신에 내가 중요하고 대단한 사람이라는 것을 알려 주려고 애쓰는 나 자신을 발견하게 된다. 다른 사람이 어떤 문제로 고전하고 있다는 얘기를 들으면 내심 기분이 좋아진다. 그 사람에 비하면 내 문제는 그리 심각하게 느껴지지 않기 때문이다. 그리하여 나는 또다시 비교의 덫에 빠져들고 있다는 사실을 깨닫는다.

영원히 반복되는 비교의 순환 고리를 끊기 위해 나 스스로에게 던지는 질문들은 다음과 같다.

나는 지금 무엇을 증명하려고 애쓰는가?

누구에게?

무엇을 위해?

이러한 질문들은 비교의 무한궤도를 달리는 나를 멈추게 해준다. 내 삶 속에 흐르는 경쟁심의 전류를 끊어 준다.

예를 들어 내가 누군가에게 우리 교회의 규모가 어느 정도인지를 말할 때, 나는 무엇을 규명하려고 하는 것일까? 나의 가치? 나의 소명? 나의 중요성? 나의 자격?

"아주 큰 교회를 이끌고 계시군요. 축하해요. 멋지다!"

보통 듣게 되는 반응이다.

그리고 보통 내가 그런 말을 하고 나서 30초 정도 지나면 자기혐오가 스멀스멀 올라온다. 내가 그 말을 한 동기가 얼마나 세속적이고 천박했는지를 깨닫게 되기 때문이다. 대체 그게 다 무슨 소용인가? 나나 상대방이나 그런 대화에서 얻을 게 뭐란 말인가? 그리고 애초에 우리 교회 규모에 대한 얘기를 대화에 끼어 넣을 생각은 왜 했던 것일까?

우리가 그 누구에게도, 그 어떤 것도 증명해 보일 것이 없을 때 예수님 안에서 진정한 자유를 누리게 된다. 왜냐하면 하나님이 예수님 안에서 우리를 완전히 승인하셨기 때문이다.

이러한 사실은 우리가 살아가는 내내 배우게 될 교훈이다. 내가 이 책 전체에 걸쳐서 이 사실을 반복 또 반복하는 것도 바로 그 때문이다. 인생은 예수님 안에서 안전과 자신감 찾기를 끊임없이 갈망하는 여정이다. 어떻게 하면 우리 영혼을 갉아먹는 비교 심리에 의해 타락하지 않을 수 있을까? 내가 찾아낸 유일한 예방책은 오직 하나님만이 우리에게 자격을 부여하시는 분이시라는 이 단순한 진리로 돌아가는 것이다.

스스로를 증명하고자 하는 유혹은 우리가 성공의 사다리를 오르는 동안에는 사라지지 않는다. 오히려 유혹의 몸집은 점점 더 불어나고,

실패에 대한 두려움도 점점 더 커진다. 그리고 언제나 다른 사람의 기대에 부응하고, 실적을 올려야 한다는 압박감에 억눌린 채 살아가게 될 것이다.

그러나 하나님은 결코 제거할 수 없는 충만함으로 우리를 채우실수 있다. 만일 그 충만함이 없다면 아무리 많은 것을 생산하고 아무리많은 것을 소비하더라도 늘 공허감을 느끼게 될 것이다. 우승컵을 일곱 개 쟁취한다 해도 여전히 천박한 우월감의 웅덩이에서 허우적거리게 될 것이다. 그리고 예수님께서 이미 주신 충만함을 다른 데서 찾으려다가 자기 자신을 잃어버리게 될 것이다.

당신은 지금 무엇을 증명해 보이려고 애쓰는가? 누구에게? 무엇을위해?

그 무엇을 증명하려 하든, 그 누구에게 증명해 보이려 하든 이러한노력들은 죄다 시간 낭비일 뿐이다. 다소 센 발언이긴 해도 이는 진실이다. 만일 당신이 좋은 인상을 주려고 애쓰는 사람들이 이미 당신을사랑하고 있다면 그 노력은 시간 낭비다. 왜냐하면 그 사람들은 이미당신의 가치를 인정하고 당신을 있는 그대로 받아들였으니까. 만약그 사람들이 당신을 사랑하지 않는다 해도 그런 노력은 시간 낭비다. 사람들에게 인정을 받았다고 한들 당신이 거기서 얻을 수 있는 게 무엇인가? 당신이 얻고자 했던 것이 그들의 사랑인가? 안타깝게도 그들은 당신을 진정으로 사랑하지 않는다.

목사이자 설교자인 나는 사람들 앞에 서야 할 때가 많다. 솔직하게털어놓는데, 그럴 때마다 내가 끊임없이 직면하게 되는 도전이 하나있다. 그것은 '사람들이 나를 좋아할지 안 할지에 대해 신경 끊기'다.

내가 이것을 도전이라고 하는 이유는 사람들 앞에 서서 그들이 하나님의 목소리를 듣도록 이끌어 줘야 할 때, 때때로 내 머릿속에서 이런 목소리가 들리기 때문이다.

'저 사람들이 나에 대해 어떻게 생각할까? 내가 똑똑하다고 생각할까? 재미있다고 생각할까? 기름부음을 받았다고, 재능 있다고, 깊이가 있다고 생각할까?'

마음을 어지럽히는 사악하고 파괴적인 속삭임이 아닐 수 없다. 나는 사람들이 나를 보는 것이 아니라 나를 통해 예수님을 보기를 원한다. 하지만 그런 속삭임에 한눈을 팔다 보면 나 자신이 걸림돌이 될 수 있는 것이다.

나는 종종 다른 사람들의 견해가 나의 자격을 규정하는 궁극적인 원천인 것처럼 일하고, 걱정하고, 궁금해 한다. 이것은 완전히 정신 나간 짓이다. 왜 메달을 줄 권한이 없는 사람한테 메달을 받으려고 노력하는가? 그런 종류의 메달은 영생의 연단에서 가차 없이 제거되고 말 것이다. 그럴진대 그게 다 무슨 소용이 있단 말인가?

수많은 청중 앞에 서서 말을 해 본 경험이 없는 사람도 있을 것이다. 하지만 내 장담하는데 누구든 청중 앞에 서면 나와 마찬가지로 그들을 만족시켜야 한다는 압박감을 느끼게 될 것이다. 다른 사람들의 변덕과 드러내지 않은 그들의 기대와 기준에 부응해야 한다는 압박감을 나와 똑같이 느끼게 될 것이다.

최근에 하나님께서는 그러한 압박감에서 해방시켜 주는 생각을 나에게 심어 주셨다. 한 단체를 대상으로 사역을 준비하면서 내가 과연 그들의 이상과 기대에 부응할 수 있을지 걱정하고 있을 때, 마치 주님이 내게 말씀하시는 것처럼 이런 생각이 내 머릿속에서 떠올랐던 것이다.

'나는 그들의 기대를 충족시키라고 너를 이리로 데려온 것이 아니다. 나를 표현하라고 너를 이리로 데려온 것이다.'

내가 가진 단 하나의 목적은 내 안에 하나님의 형상을 충실하게 반영하는 것뿐이다. 그것이 내가 할 수 있는 전부다. 그리고 그것이면 족하다.

왜냐하면 다른 사람들에게 우리 자신을 증명해 보인다 한들 사실상 우리가 얻는 것은 아무것도 없기 때문이다. 설령 그들이 우리를 좋아하게 되었다 하더라도 그들의 호의를 유지하기 위해서는 그것을 얻기 위해 들였던 만큼의 노력과 시간을 계속해서 투자해야 한다. 어쩌면 그 이상의 노력과 시간이 필요할지도 모른다. 그렇다면 우리가 얻은 것이 뭐란 말인가?

그들이 생각하는 패턴을 한번 상상해 보자.

'축하해요. 이제부터는 나한테 계속 좋은 인상을 심어 주도록 노력하세요. 내가 당신을 꽤 괜찮은 사람이라고 계속 생각할 수 있도록 말이에요. 그렇게 하지 않으면 당연히 나는 마음을 바꿔 버릴 거예요. 아무런 경고도 없이 말이에요. 그러면 당신 처음부터 다시 시작해야 해요.'

무언가 변화가 필요하다. 다른 사람들이 우리를 좋아하기 바라면서 평생을 보낼 수는 없는 일이다. 그리스도 안에서 충만함을 찾아야 한다. 만일 우리가 그리스도로 충만할 때 누군가가 우리를 좋아하지 않는다면? 그건 그 사람들 손해다. 그들은 하나님이 우리에게 심어 주신 은총을 놓치고 있는 것이다.

그렇다고 자만해도 좋다는 얘기가 아니다. 내 말의 요지는 그리스도 안에서 완전해져야 한다는 것이다. 하나님의 부르심 안에서 자신감을 가지고, 자기 자신을 다른 사람들과 비교하지 말고 우리가 가진 능력과 재능에 만족하라는 얘기다.

당신이 부르심을 받았음을 안다면 더 이상 누군가의 박수를 받으려고 애쓸 필요가 없다. 당신의 유일한 열망은 당신이 파산했을 때, 신체 장애를 가졌을 때, 심지어 평생 극복하지 못한 문제를 가졌을 때조차도 당신을 사랑하시는 하나님 아버지의 인정을 받는 것이다.

당신에 대해 모든 것을 알고 있고 당신을 사랑하는 분으로부터 그런 인정을 받았을 때 세상의 메달이 아무리 크고 번쩍인다 해도 당신을 유혹하지 못한다. 비교 심리와 경쟁심도 물거품처럼 사그라진다. 왜냐하면 본인에게 더 큰 소명이 있다는 것을 당신 스스로 알고 있으니까.

그럴진대 왜 증명하려고 애쓰는가? 우리는 이미 인정을 받았다. 우리는 이미 자격을 갖추었다.

자신의 진짜 모습을 받아들일 준비

그리스도 안에서의 진정한 자유는 우리가 그분 없이는 영적으로 파산하지만 그분 안에서는 모든 것을 가질 수 있음을 깨달을 때 나온다. 이는 매일 모든 상황에서 드러나는 진실이다. 지금 이 순간 기분이 좋건 나쁘건 간에, 혹은 성공하든 실패하든 간에 그것은 우리가 믿고 있는 진실이다. 하나님의 완전성은 그 무엇보다 중요한 것이다.

공허함은 결코 공허한 장소에서는 채울 수 없다. 오직 예수님만이 우리를 채울 수 있다. 오직 그리스도만이 우리에게 자격을 부여하실 수 있다. 그리고 그 무엇도 예수님이 부여하신 자격을 앗아 갈 수 없다.

그리스도의 완전성을 출발점으로 삼을 때 삶의 모든 것이 바뀐다. 하나님의 인정과 부르심은 우리에게 새로운 삶을 살 자격을 부여한다.

먼저, 우리는 마음껏 진실한 사랑을 할 수 있는 자격을 가진다. 그것은 세상이 주는 일시적이고 덧없는 사랑이 아니다. 능력이나 자격에 근거한 사랑이 아니다. 하나님이 우리에게 주신 무조건적인 사랑, 하나님이 다른 이들과 나누라고 하신 사랑이다.

둘째, 우리는 마음껏 주님을 진실로 섬길 수 있는 자격을 가진다. 이는 하나님이 우리를 거절하실까 두려워서가 아니라 하나님이 우리를 위해 행하신 모든 일에 대한 감사가 넘쳐흐르기 때문이다. 이는 하나님의 선하심에 대한 자발적이고 자연스러운 반응이다.

마지막으로, 우리는 진정한 성공을 이룰 자격을 가진다. 하나님은 우리 성공과 우리 강점에 대해서도 기꺼워하시지만 그보다는 당신께서 우리 보물이고, 친구고, 충만함의 원천이라고 우리가 믿고 있다는 사실에 더 행복해 하신다. 성공하고, 인정받고, 성취감을 느낄 수 있는 최고의 방법은 더 이상 성공이 필요치 않을 정도로 자신의 삶을 하나님으로 가득 채우는 것이다.

예수님 안에서만이 완전히 용서받고, 모든 수치와 비난에서 자유로울 수 있다. 예수님 안에서만이 완전히 사랑받고 하나님에 의해 받아

들여질 수 있다. 그리고 예수님 안에서만이 하나님의 부르심을 확신
할 수 있다.

그에 반해 우리의 나약함과 불확실성은 사라진다. 하나님이 우리를
지지하시는 이상 그 누구도 혹은 그 무엇도 우리를 이길 수 없다. 더
이상 스스로를 증명하려고 애쓰면서 하루하루를 보낼 필요가 없다.
우리는 이미 예수님의 정의로움이라는 선물을 통해 하나님으로부터
인정을 받았기 때문이다.

하나님께서 명하신 사람이 되기 위해 자신의 진짜 모습을 받아들
일 준비가 되어 있는가? 인정받으려는 노력을 끝내고 자격을 부여하
시는 분인 하느님을 기꺼이 믿겠는가?

만일 그렇다면 그것은 단지 시작일 뿐이다.

CHAPTER 12

하나님이 원하시는 목표에 다가가기

✳ ✳ ✳

하나님이 우리를 위해 이번 생에 정하신 주된 목표는
달성하는 것이 아니라 다가가는 것임을 나는 믿는다.
이는 바울이 그랬던 것처럼, 목적지가 아니라
그리스도와 그분의 뜻을 알아가는 여정에 좀 더 집중하는 것이다.
여정이 목적지이고, 과정이 목표인 것이다.

＊ ＊ ＊

나는 일 년에 두어 차례 우리 교회에 다니는 학생들을 대상으로 '세대(世代)'라는 제목의 수업을 진행한다. 한번은 내가 학생들에게 '쿨 가이'가 되는 법을 알려 달라고 한 적이 있었다.

물론 나는 '쿨 가이'가 되려는 희망을 애초에 포기했다. 우리 학생들 눈에는 내가 선사시대 사람이나 다름없는 삼십대 후반의 아저씨니까. 하지만 그것이 아이들과 소통하고 대화를 시작할 수 있는 좋은 방법이라고 생각했다. 그리고 만일 학생들이 내가 조금이라도 '쿨'해 보이게 도와준다면 그야말로 누이 좋고 매부 좋은 일이 아니겠는가?

그래서 내가 말했다.

"얘들아, 나 어휘 실력을 좀 키워야겠어. 우리 집 애들은 아직 꼬맹이들이라 너희들이 좀 알려 줘. 요즘 애들이 잘 쓰는 말이 뭐니?"

내가 '요즘 애들'이라는 말을 쓰게 될 줄이야. 약간 맥이 풀렸다. 사실 학생들은 내게 많은 도움을 주었다. '베(또는 베이 : Bae)[33]'의 정확한 사용법을 알려 주었고, '플릭(fleek)[34]'이라는 말의 의미도 가르쳐 주었다.

내가 "예문을 들어 설명해 줘. 잘 모르겠어."라고 하자, 한 학생이 말했다.

"좋아요. 목사님 신발 '온 플릭(on fleek)' 하네요."

"아, 그러니까 '온 포인트(on point)^{35}'와 비슷한 말이라는 거지?"

"네?"

나는 그때 '나도 이제 늙다리 다 됐네.'라는 생각이 들었다.

그때 한 학생이 목소리를 높여 말했다.

"골(Goals)이요."

"골? 그게 신조어야? 이봐, 그게 신조어로 여겨질 만큼 나 그렇게 늙지 않았……."

내 말이 끝나기도 전에 그 학생이 말했다.

"아니요, 그 골이 아니라, '해시태그 골(#goals)' 말이에요. 요즘 사람들 그걸 온갖 곳에 다 써요. 어디에나 그걸 붙일 수 있어요."

나는 호기심이 생겼다. 그래서 인스타그램에서 해시태그를 검색해 보았다. 그 학생 말이 옳았다. 진짜 온갖 곳에 다 붙어 있었다.

나는 해시태그에 대해 좀 더 자세히 알아보기로 결심했다. 참 모양 빠지는 짓이긴 해도 누구나 처음에는 초보가 아닌가. 나는 심지어 여성 패션 잡지인 「엘르(Elle)」에서 이 트렌드에 관한 기사를 읽기도 했다. 저스틴 하면(Justine Harman)이라는 작가는 그 기사에서 매우 통찰력 있는 설명을 내놓았다.

"'생활', '몸', '머리', '스쿼드', '관계' 따위의 접두어와 한 조를 이루어 등장하는 최신 유행어 [#goals]는 농담조로 자신을 비하하는 표현 양태다. 이 맥락에서의 'goal'은 야심만만하고 뭔가 색다른 것, 우리 스스로 도달 불가능하다고 분류한 주관적 삶의 질을 일컫는다."

그럼 예를 하나 들어보겠다. 만일 제이지(Jaz-Z)와 비욘세(Beyonce)가 자가용 비행기 '걸프스트림(Gulfstream) 650' 안에서 유기농 얼룩말 가죽으로 만든 담요를 덮은 채 껴안고 있는 사진이 SNS에 올라왔다고 하면, 사람들이 그 사진에다가 '#goals'를 사용해서 코멘트를 다는 것이다. 그것은 '오호, 그러셔', '부럽다'와 같은 의미로 해석된다.

그때 갑자기 이런 의구심이 들었다. 이는 목표(goal)의 진짜 의미를 왜곡시킬 위험이 다분한 발상이 아닌가?

물론 장난삼아 재미로 쓰는 거라는 거, 나도 안다. 그리고 '요즘 애들'에 대해 비판하려는 것도 분명 아니다. 하지만 석연치 않은 생각이 드는 것은 어쩔 수 없는 일이었다. 결국 해시태그가 붙은 '목표(#goals)'의 이면에는 우리는 그 목표를 이룰 수 없을 거라는 일종의 씁쓸한 패배 의식이 깔려 있기 때문이다. 이는 많은 사람들이 현재 자신들이 있는 지점과 자신이 도달하고 싶은 지점을 비교할 때 정신적·정서적으로 어떻게 반응하는지를 잘 보여준다. 실현되지 않은 자신의 목표들이 스스로를 비웃는 목소리가 된 것이다. 그것은 본인의 실패에 대한 논평이고, 본인이 자질이 부족하고 앞으로도 그럴 거라는 것을 상기시켜 준다.

인터넷 세상에서의 이 가공할 만한 #goals의 확산은 어쩌면 야곱이 천사와 치렀던 씨름의 현대판이 아닐까? 야곱은 자신의 본모습과 자신이 원하는 모습 간의 차이에 어떻게 대처해야 할지 몰랐다. 그는 태중에 있을 때부터 문자 그대로 손에 닿지 않는 목표를 가지고 있었다. 야곱은 자신이 고귀하고, 부유하고, 영향력 있는 사람이 될 운명을 타고 났다고 생각했다. 하지만 그는 차남이었다. 한배에서 태어난 자식 중에 작고 약한 쪽이었다. 그는 과소평가된 과잉 성취자였다.

그래서 야곱은 우리가 앞에서 살펴본 바와 같이 하나님으로부터 은총으로 받을 수도 있었던 것을 어떻게든 자력으로 쟁취해 보려고 가식적으로 행동하고 술수를 부리며 수십 년의 세월을 보냈던 것이다.

그러고 나서 그는 천사와 씨름을 했다.

그리고 자기 자신을 받아들였다.

그리고 그는 새 이름을 얻었다.

그것이 야곱에게서 일어난 결정적이고 최종적인 변화라고 얘기해 줄 수 있다면 얼마나 좋겠는가. 야곱은 자신의 정체성을 껴안음으로써 힘든 싸움과 허세로 가득한 인간성에서 영원히 해방되었고, 그로부터 야곱은 이스라엘이라는 이름으로 영원히 행복하게 살았노라고 얘기할 수 있다면 얼마나 좋겠는가.

하지만 그럴 수 없다. 왜냐하면 세상은 그런 식으로 돌아가지 않으니까. 그림 형제가 아무리 환상적인 이야기를 들려준다고 해도 말이다. 동화는 군더더기 없이 깔끔하게 끝난다. 괴물 용들은 죽임을 당하고, 악인들은 내쫓기고, 남녀 주인공들은 결혼해서 왕국을 다스리며 행복하게 산다.

하지만 현실에서는 악인과 영웅의 경계가 불분명하다. 현실에서의 영웅들은 자아실현의 순간을 경험하고 나서도 다시 똑같은 파괴적인 짓을 저지른다. 야곱이 그랬던 것처럼 말이다.

그리고 현실에서는 이야기가 완전히 끝나지 않는다. 왜냐하면 현실에서의 목표는 그 후로도 죽 행복하게 사는 게 아니기 때문이다. 현실의 목표는 줄거리를 끝내고, 갈등을 해소한 다음 자막이 올라가는 그런 게 아니다. 인생에는 약점을 제거하거나 승자로 우뚝 서는 것 그

CHAPTER 12

이상의 무언가가 있다.

진짜 목표가 무엇인지를 알게 될 때까지, 결코 도달하지 못할 '그 뒤로 죽 행복하게 살기'를 바라고 기도하고 또한 노력을 기울이면서 현실과 운명 사이의 혼랍스럽고 어중간한 상태로 사는 것은 비참한 삶이다.

목표를 갖는 것은 분명 문제가 되지 않는다. 목표는 우리 행위에 동기를 부여하고, 우리 발전을 평가하는 데 있어서 유용한 도구다. 인간은 본디 목표 지향적 동물이며, 나는 하나님께서 우리를 정확히 그렇게 창조하셨다고 믿는다. 왜냐하면 하나님은 분명한 목표를 가지신 분이기 때문이다.

많은 사람들이 목표를 정하는 데 능숙하며, 심지어 그 목표에 도달하는 일도 잘 해낸다. 이것은 문제가 아니다. 문제는 야곱의 경우처럼 우리가 늘 올바른 목표를 가지고 있지는 않다는 점이다.

우리는 원하는 목표들을 모두 성취할 수 있다. 하지만 만일 그것이 잘못된 목표라면 잘못된 결승점에 도달하게 될 것이다. 잘못된 목표에 매진하는 것은 발전에 대한 환상을 만들어 낼 뿐, 성취에 대한 진정한 보상은 가져다주지 않는다.

"내가 나의 목표에 도달하고 있는가?"라고 묻는 것과, "그것은 좋은 목표인가? 그것은 최상의 목표인가?"라고 묻는 것은 전혀 다른 문제다. 목표에 집착하는 사회에서는 특히 의도적으로 다음과 같은 질문을 스스로에게 던질 필요가 있다.

나의 목표가 나를 어디로 데려 가고 있는가? 내가 중요하다며 매달리는 것이 진정 인생에서 중요하게 여길 만한 것인가? 나의 목표는 이룰 만한 가치가 있는 것인가? 내가 부러워하는 사람들은 진정 행복할까?

이제 극심한 생존경쟁을 멈춰야 할 때다. 다람쥐 쳇바퀴에서 떠나야 한다. 레밍 떼를 따라가는 짓을 그만두어야 한다.

(내가 사용한 은유가 모두 설치류와 관련된 것임을 방금 깨달았다. 아무래도 문장력을 더 길러야겠다. #goals)

가끔씩 장성한 자식들을 모두 출가시킨 엄마들과 대화를 나누게 되는데, 그 엄마들은 빈 둥지에 남게 된 부모의 심정을 아내와 나에게 토로하며 이렇게 말한다.

"모든 순간이 소중해요. 세월은 화살처럼 빨리 지나가요."

그러면 나는 늘 속으로 생각한다.

'당신이야 쉽게 그런 말을 할 수 있겠죠. 당신 자녀들은 다 출가했으니까. 제 자식들은 한창 분탕질 치는 중이란 말이에요.'

그 여성이 말을 이어 갔다.

"애들 한창 키울 때를 돌이켜 보면 제가 목표를 엉뚱한 곳에 두고 있었다는 생각이 들어요."

내가 물었다.

"예를 들면요?"

그녀가 대답했다.

"예를 들면 그때 내가 왜 카펫을 깨끗하게 유지하는 것을 일상의 제일 큰 목표로 삼았을까 하는 거죠. 20여 년 동안 집 안에서 아이를 키웠는데, 항상 카펫을 깨끗하게 유지했어요. 저는 카펫을 더럽히지 말라고 애들한테 닦달을 했고, 카펫 버릴까 봐 우리 가족은 신발을 벗고 살았어요. 그런데 지금은 카펫에 묻은 발자국, 진흙, 사과 주스 얼룩들을 더 많이 보고 싶어요. 저는 목표를 이루었지만 그 목표는 인생에서 제일 중요한 목표가 아니었어요."

고교 시절, 인생의 목표가 가능한 많은 이성과 사귀는 것이 목표였던 친구 녀석이 있었다. 그 또래 사이에서는 나름 끝내주는 생각이라고 받아들여졌다. 다른 친구들은 그에게 상남자라고 말했다. 그는 자기 평판을 잘 관리했다. 그는 인기 있었고, 속된 말로 잘 나갔다.

세월이 흘러 고교 졸업 10주년 동창회 때 그를 보았다. 그는 이미 이혼한 상태였고, 자기 인생이 공허하게 느껴진다고 내게 고백했다.

그는 자신을 가득 채우고 있다고 생각했지만, 사실은 결코 되찾을 수 없는 자신의 조각들을 흩뿌리고 있었던 것이다. 그가 목표를 이루었을지는 몰라도 목표를 달성하는 것만큼이나 목표의 질도 중요하다.

만일 '그 이후로도 죽 행복하게 사는 것'이 중요한 목표가 아니라면 무엇이 중요한 목표인가? 나는 그 해답이 천사와 맞닥뜨린 후 변화된 야곱의 인생에서 잘 설명되어 있다고 생각한다.

야곱의 하나님, 이스라엘의 하나님

──────────────── 지나치게 극적이라 할 수 있는 야곱의 인생. 그중에서도 가장 극적인 순간은 바로 이 대목일 것이다.

네 이름을 다시는 야곱이라 부를 것이 아니요 이스라엘이라 부를 것이니 (창세기 32장 28절)

이때 야곱은 하나님이 이렇게 말씀하시는 것이라고 생각했을 것이다.

"네 자신이 지겨우냐? 다른 사람이 되고 싶으냐? 펑! 자, 네 소원이 이루어졌다. 너는 이제 새 이름과 새 정체성을 가지게 되었다. 너는 더는 약하고, 남을 음해하고 속이는 어린 야곱이 아니다. 너는 이스라엘이다. 왕자요, 통치자요, 제일인자이다."

그 말을 들은 야곱은 틀림없이 속으로 쾌재를 불렀을 것이다. 그는 자수성가한 사람이 되려고 평생을 노력했다. 드디어 하나님께서 친히 야곱의 업적을 인정하고 계신다. 그것은 클라이맥스요, 정점이요, 마법 같은 변신의 순간이었다. 야곱은 사라지고 그 자리에 이스라엘이 있었다. 이 모든 것은 사실이지만 한 가지 틀린 점이 있다면 이는 하나님께서 의도하셨던 바가 아니었다는 것이다.

사람들은 아마 성경에서 이 대목 이후부터는 야곱을 항상 이스라엘이라는 새 이름으로 부를 것이라고 기대했을 것이다. 하지만 하나님은 우리의 기대를 사뿐히 무시하는 법을 잘 알고 계신다. 이러한 반전은 보통 분명한 메시지를 전하기 위함이다.

이 사건이 일어나고 오랜 세월이 지나서 하나님은 불길이 활활 타오르는 덤불 모습으로 모세 앞에 나타나셨다. 출애굽기 3장 15절에, 모세가 이스라엘 자손들이 물으면 하나님을 뭐라고 설명해야 하냐고 물었을 때 하나님이 대답하시는 대목이 나온다. 하나님은 말씀하신다. 당신은 아브라함의 하나님, 이삭의 하나님, 그리고 야곱의 하나님이라고······.

잠깐, 야곱이라고?

이스라엘이 아니고?

이스라엘은 한층 업그레이드된 새로운 야곱, 새롭게 탈바꿈한 승리의 야곱이 아닌가. 만일 당신이 하나님이라면 어떻겠는가? 자신을 소개할 때 스스로를 이스라엘의 하나님이라고 칭하지 않겠는가? 세상에다 자기 피아르를 할 때 본인의 많은 특징들 중에서 좀 더 긍정적인 측면을 드러내고 싶은 것이 인지상정 아니겠는가? 하지만 하나님은 모세에게, 그리고 오늘을 사는 우리에게 말씀하신다.

"만일 너희가 내가 누군지 알고 싶다면, 내가 야곱의 하나님이라는 사실도 알아야 한다. 나는 너희가 저지른 모든 실수들의 하나님이다. 나는 너희가 남에게 보여주기 싫은 모든 결점들의 하나님이다. 나는 성공의 하나님이기 이전에 힘든 싸움의 하나님이다. 나는 승리의 하나님이기 이전에 패배의 하나님이다.

나는

야곱의

하나님이다."

야곱은 그 후 죽을 때까지, 그리고 성경을 통틀어 두 개의 이름으로 불린다. 때로는 야곱으로 불리고, 때로는 이스라엘로 불린다. 왜일까? 그건 우리가 복잡한 존재이고 또한 변하기 때문이다. 우리가 누구인지와 우리가 어떤 사람이 되어야 하는지를 발견하는 것은 일생의 과정이다. 하지만 하나님은 그동안에도 야곱과 연관되는 것을 창피해 하지 않으시며, 우리와 연관되는 것 또한 창피해 하지 않으신다.

야곱의 일대기는 인생이란 '자신의 약점을 극복하고 그 후 오래오래 행복하게 사는 것'이 아님을 가르친다. 인생은 하나님께서 받아들이심으로 말미암아 우리 스스로도 받아들일 수 있는 현재의 자기 모습으로 지금 현재를 살아가는 것이다.

인생은 우리가 야곱인 동시에 이스라엘임을 아는 것이다. 우리는 여전히 어리석은 짐들과 힘든 싸움을 벌이기에 야곱이다. 하지만 하나님께서 친히 우리의 승리를 말씀하셨기에 우리는 이스라엘이다. 진정한 성취는 이 두 현실을 동시에 받아들임으로써만이 가능해진다.

우리가 그것들을 포용하면 하면 할수록 그것들과 더 쉽게 화해할 수 있다. 즉, 우리가 하나님의 관점에서 이스라엘임을 이해하면 할수록 야곱처럼 행동하는 일이 더욱 더 줄어들게 될 것이다.

솔직해지자. 이 땅을 밟고 살아가는 동안 자기 안에 있는 야곱 같은 성향에서 완전히 자유롭지 못할 것이다. 하지만 하나님이 우리에게 이스라엘이라는 이름을 지어 주셨음을 아는 이상, 야곱처럼 행동하는 습성이 우리를 방해하지는 못한다. 우리의 약점과 실수들은 하나님의 힘을 통해 지속적으로 강점으로 전환될 것이다.

"오늘 저 괜찮았어요?"

———————————— 야곱의 이야기에서 우리는 주변의 모든 사람들과 싸우는 한 남자를 본다. 그는 태중에 있을 때 에서와 싸웠다. 그리고 아비를 속여서 제 것이 아닌 축복을 가로챘다. 야곱은 외삼촌 라반에서부터 그의 딸, 심지어 나귀에 이르기까지 만나는 상대마다 사사건건 부딪쳤다. 야곱은 천사를 쓰러뜨리려고 하다가 결국 절름발이가 되고 만다.

이제 야곱은 다시 자기 형 에서와 마주할 준비를 하고 있었다. 수십 년이 지났지만 그는 여전히 똑같은 문제와 씨름하고 있었다. 왜일까? 그것은 천사나 외삼촌이나 자기 아버지와 마찬가지로 에서도 그가 싸워야 할 진정한 상대가 아니었기 때문이다.

야곱의 외적 투쟁은 그의 내적 투쟁을 반영한 것이다. 그는 정체성과 변화와 인정을 갈구하는 남자였다. 그리고 그것을 하나님 안에서 찾을 수 있을 때까지 그는 자기 자신과 자신을 둘러싼 세상과 결코 조화롭게 지낼 수 없었다.

천사와 씨름했던 그날 밤, 야곱은 에서와 화해할 준비를 한다고 생각했지만 사실은 자기 자신과 화해하라고 하나님이 그를 그 장소로 데려가신 거였다. 그것은 두 개의 이름을 가지는 순간이었다. 야곱은 세상에서 자신의 자리를 찾기 위해 세상의 모든 것과 모든 사람과 싸워야 했지만 그것은 부질없는 시도였다. 이스라엘은 하나님의 받아들이심 안에서 평안해질 수 있었다.

이스라엘이라는 이름은 완벽을 암시하지 않았다. 그것은 하나님이 그를 통해서 만드실 '목적'을 암시한다. '변화의 과정'을 암시한다. 그리고 그를 이스라엘로 변모시키는 그 순간조차 야곱인 그를 사랑하시는 하나님과 야곱과의 관계를 암시한다.

이것은 그다음에 나오는 야곱과 에서가 만나는 장면에서 잘 묘사되어 있다. 야곱과 천사의 씨름에 비해 두 사람이 만난 이야기는 약간 용두사미적 구성이다. 야곱은 정성 들여 마련한 선물로 형의 환심을 사서 용서를 구할 계획이었다. 하지만 알고 보니 그런 선물이니 계획이니 하는 것들은 전혀 필요가 없었다.

야곱과 에서가 마침내 서로에게 다가가는 순간을 성경에서는 이렇게 묘사하고 있다.

에서가 달려와서 그를 맞이하여 안고 목을 어긋맞추어 그와 입 맞추고 서로 우니라 (창세기 33장 4절)

자신이 평생을 걸쳐서 싸워 왔던 남자와 마주 선 야곱은 다음과 같은 사실을 깨달았음이 분명한데, 이는 내가 점점 더 깊이 이해하게 되는 사실이기도 하다. 내가 이겨야 하는 유일한 진짜 싸움은 내면의 싸움이다. 그 싸움은 에서와의 싸움이 아니라 나와의 싸움이다.

진정한 투쟁은 돈과 하는 게 아니다. 진정한 투쟁은 고용주와 하는 게 아니다. 진정한 투쟁은 장모와 하는 게 아니다.

그러면 혹자는 이렇게 말할지 모른다.

"목사님은 제 장모님을 안 만나 보셨잖아요."

좋은 지적이다. 하지만 그럼에도 불구하고 위의 말은 진실이다. 당신이 중점을 두어야 할 투쟁은 내적인 투쟁이다.

나는 외모에 자신 없어 하는 아름다운 사람들을 만나 왔고, 에잇팩 복근을 가지고 있으면서 자기가 뚱뚱하다고 얘기하는 사람도 만났다. 인정, 소속감, 안정, 가치, 중요성 등등 저마다 표현은 다르게 할지라도 우리는 모두 같은 것을 갈망한다.

어쩌면 오프라를 한 번 더 언급하는 것이 이런 관점을 갖게 되는데 도움이 될지 모르겠다. 오프라는 하버드대학 졸업식 축사에서, 자신이 25년 동안 수많은 사람들과 이야기를 나누면서 배운 교훈 중에 가장 중요한 것은 우리 모두 한 가지 공통분모를 갖고 있다는 사실이라고 말했다. 그 공통분모란 인정받고 싶어 하고 이해받기를 원한다는 것이다. 오프라 또 이렇게 말했다.

"저는 방송 일을 하며 3만 5000명이 넘는 사람들을 인터뷰해 왔는데, 카메라가 꺼지자마자 모두 한결같이 저를 돌아보며 이렇게 묻습니다. '오늘 괜찮았어요?' 나는 이 말을 부시 대통령한테서도 들었고, 오바마 대통령한테서도 들었습니다. 영웅들과 가정주부한테서도 들었고, 희생자와 가해자한테서도 들었습니다. 심지어 완벽함의 대명사인 비욘세한테서도 그 말을 들었지요.…… 모두들 한 가지를 알고 싶어 합니다. '오늘 괜찮았어요?'"

이러한 질문에 대답할 권리를 가진 분은 오직 하나님(그리고 가끔 오프라도) 뿐이다.

오늘 괜찮았어요?

저 괜찮아요?

그리고 하나님으로부터 이 질문의 답을 구하는 것은 우리 내면의 전쟁에서 승리하는 유일한 길이다. 만일 우리가 내면의 불안감을 물리칠 수 있다면, 지금 우리 모습과 우리가 처한 상황을 포용할 수 있다면, 외부에서 그 무엇이 우리를 공격한다 할지라도 아무 문제가 되지 않는다. 우리는 어떠한 싸움이든, 어떠한 결함이든, 얼마의 은행 잔고든, 그 어떤 의사 소견서든, 어떠한 적이든, 어떠한 비판이든 다 극복할 수 있다. 우리 모두가 정말로 이루어야 할 것은 내적인 승리이다.

야곱의 평생에 걸친 힘든 싸움은 결국 인생이란 그 모든 부도덕함과 실패와 난처한 순간에도 불구하고, 우리를 받아들이시는 하나님의 은혜 속에서 살아가는 것이라는 단순한 깨달음으로 종결된다. 인간 존재의 목표는 완벽함이 아니라 관계이다.

야곱이 성경 속 성인들 중에서 이러한 진실을 알아내야 했던 유일한 사람은 아니었다. 그로부터 수천 년을 훌쩍 뛰어서 신약성서로 넘어가면 베드로와 바울을 만날 수 있다. 그들은 둘 다 목표에 다가가기와 성취감을 얻는 것에 대해 우리에게 중요한 교훈을 가르쳐 주는 분들이다. 사실 이 두 성인은 서로 흥미로운 대조를 이룬다. 두 사람 중에 인생의 목표와 가장 근접한 삶을 살았다고 추측되는 쪽이 사실은 그 반대로 다른 한쪽보다 한참 뒤진 삶을 살았던 것으로 드러난다.

복음서 전체에 걸쳐 입이 가볍고 말이 앞서는 베드로의 습성을 살펴볼 수 있다. 이 점에 대해서는 앞에서도 언급한 적이 있다. 베드로는 말하는 것을 좋아했고, 자주 뚱딴지같은 소리를 했다. 설교자들은 베드로를 놀리기를 좋아하는데, 그것은 아마 설교자들 대부분이 베드로가 가진 약점과 어느 정도 관련이 있기 때문이리라. 어쨌든 '말 많이 하기'는 우리 목회자들의 업무 기술서 맨 위에 나오는 항목이니 말이다.

얼마 전에 예수님이 하늘에 오르신 뒤 베드로가 처음으로 기적을 행한 부분을 읽었다. 베드로와 요한이 기도를 드리러 예루살렘 성전으로 올라가고 있었다. 성전 문밖에는 날 때부터 절름발이였던 걸인이 쪼그리고 앉아 있었다. 걸인은 베드로에게 돈을 구걸했다. 그러자 베드로가 말했다.

"미안하네. 주고 싶어도 줄 돈이 없네."

그 말은 걸인이 365일 하루도 빠짐없이 듣는 소리였을 것이다. 그런데 그때 베드로가 이렇게 말했다.

은과 금은 내게 없거니와 내게 있는 이것을 네게 주노니 나사렛 예
수 그리스도의 이름으로 일어나 걸으라 (사도행전 3장 6절)

그러자 걸인이 그렇게 했다.

그 일은 군중들 사이에서 경탄과 경악을 불러일으켰다. 결국 베드
로는 거기 모인 군중들에게 강력한 설교를 펼치게 된다. 이에 종교 지
도자들은 베드로와 요한을 감옥에 가두는 것으로 대응했다. 그들로
서는 그보다 나은 방법은 생각해 낼 수가 없었기 때문이다. 그래서 베
드로는 종교 지도자들한테도 설교를 펼쳤는데, 성경에서는 그들의
반응을 다음과 같이 대단히 흥미롭게 묘사하고 있다.

그들이 베드로와 요한이 담대하게 말함을 보고 그들을 본래 학문 없
는 범인으로 알았다가 이상히 여기며 또 전에 예수와 함께 있던 줄
도 알고 (4장 13절)

내가 좋아하는 대목이다. 베드로와 요한은 '학문이 없는 범인(凡
人)'이었다. 그들은 종교 지도자의 자격에 미달되는 사람들이었다. 그
들은 그들의 문화와 사회의 기대에 부응하는 삶을 살지 못했다. 그들
동료들이 보기에 그들은 할 말이 없고, 설령 있다 해도 말할 권한이
없는 사람들이었다. 그들은 복음을 온 세상에 전파하는 임무에 있어
서 유례없는 자격 미달자들이었다.

하지만 그것이 그들에게는 걸림돌이 되지 않았다. 그들은 기적을 행했다. 그들은 설교를 했다. 그리고 사도행전 4장은 베드로와 요한이 감옥에 끌려가는 동안 2000명이 넘는 사람들이 교회를 믿었다고 기록하고 있다.

종교 지도자들은 그들이 약점이 있음에도 불구하고 자신감 있는 행동에 크게 놀랐다. 그리고 아이러니하게도 종교 지도자들이 베드로와 요한이 그리스도와 함께했었다는 결론에 이르게 된 것도 바로 그들이 자격 미달자라는 사실 때문이었다.

그에 반해 바울은 유대인 지도자들과 사람들의 눈에는 최고의 자격을 갖춘 사람이었다. 바울이 자신의 자격에 대해 설명한 대목을 살펴보자.

> 만일 누구든지 다른 이가 육체를 신뢰할 것이 있는 줄로 생각하면 나는 더욱 그러하리니 나는 팔일 만에 할례를 받고 이스라엘 족속이요 베냐민 지파요 히브리인 중의 히브리인이요 율법으로는 바리새인이요 열심으로는 교회를 박해하고 율법의 의로는 흠이 없는 자라
> (빌립보서 3장 4–6절)

바울은 놀라운 사람이었다. 그는 인류 모범의 전형이요, 자기 주도적 완벽함의 결정체였다. 바울은 부모들이 자기 자식들에게 나중에 크면 이런 사람이 되라며 예로 들 법한 그런 사람이었다.

하지만 베드로는 어떤가? 그는 전직 어부 출신에 가진 돈도 없고 말까지 헤픈 지극히 평범한 사람이었다. 그는 사람들이 하나님의 대

리인이라면 반드시 갖추어야 된다고 생각하는 자격들을 하나도 갖추지 않았다. 그에게는 이력서도 족보도 없었다. 신학 석사 학위도, 내세울 만한 혈통도 없었다. 하지만 가진 게 없다는 바로 그 점 때문에 그는 처음부터 자신의 목표였던 분을 스스로를 통해 드러낼 수 있었던 것이다.

'훌륭한 유대인 되기'라는 목표에 도달하고자 했다면, 베드로는 바울의 모습과 더 가까워질 필요가 있었을 것이다. 하지만 복음의 목표를 이루려면 그 반대로 바울이 베드로의 모습과 더 가까워져야 했다. 바울은 인생에서 수많은 목표를 이루었지만 그것들을 모두 내려놓아야 했다. 그래야만 예수님의 모습과 더 닮을 수 있기 때문이었다. 바울은 진정으로 중요한 것을 성취하기 위해 예전에 본인에게 자격을 부여하는 것이라고 여겼던 모든 것들을 거부하고 버려야 했다. 바울은 성경에서 자신의 생각을 다음과 같이 설명했다.

(내가) 모든 것을 해로 여김은 내 주 그리스도 예수를 아는 지식이 가장 고상하기 때문이라 내가 그를 위하여 모든 것을 잃어버리고 배설물로 여김은 그리스도를 얻고 그 안에서 발견되려 함이니 내가 가진 의는 율법에서 난 것이 아니요 오직 그리스도를 믿음으로 말미암은 것이니 곧 믿음으로 하나님께로부터 난 의라 내가 그리스도와 그 부활의 권능과 그 고난에 참여함을 알고자 하여 (빌립보서 3장 8-10절)

바울이 이전에 성취했던 것이 잘못된 것은 아니었다. 하지만 그것은 최상의 목표가 아니었다. 그의 인생을 걸 만한 가치가 없었다. 바울은 이렇게 말한다.

"이제 나의 목표는 이것이다. 그리스도를 알고 싶다. 다른 것들은 모두 보았고, 모두 경험했다. 사람들이 상상할 수 없는 성공도 이루었다. 나는 목표를 이루었지만, 목표에 도달했을 때 그것이 내가 원하는 것이 아니라는 것을 알게 되었다. 그래서 그 목표를 버리고 새 목표를 취했다. 그것은 바로 그리스도를 아는 것이다."

참으로 흥미로운 대목은 바울이 감옥에서 썼던 부분이다. 세상의 눈으로 보면 바울은 명예가 완전히 실추된 상태였다. 그는 바리새인에서 죄수로, 존경받던 위치에서 굴욕적인 위치로 전락한 신세였다.

하지만 바울의 관점에서는 마침내 승리의 길을 걷고 있었다. 자기 스스로 자격을 부여하는 대신, 이제 그 일을 하나님께 온전히 맡겼다. 그리고 다른 사람들은 수치로 여길 만한 것들이 그로 하여금 하나님이 그를 위해 준비하신 운명 속으로 뛰어들게 만드는 원동력으로 작용했다.

심지어 상황은 더욱 좋아진다. 12절에서 그는 이렇게 말한다.

내가 이미 얻었다 함도 아니요 온전히 이루었다 함도 아니라 오직 내가 그리스도 예수께 잡힌 바 된 그것을 잡으려고 달려가노라 (빌립보서 3장 12절)

바울의 목표는 바뀌었다. 사람들에게 깊은 인상을 주고, 자신의 가치를 증명하고, 정상에 오르는 것, 이 모든 것들이 더 이상 매력적이지 않았던 것이다. 그의 인생은 이제 그리스도를 알고 그리스도께서

명하신 모든 것이 되기 위해 매진하는 과정이었다.

그의 인생은 단지 목표에 이르는 것만이 아니라 목표에 다가가는 과정에 대한 것이었다. 그것은 '분발하는' 것이었다. 그것은 그리스도를 알고, 그리스도 안에서 발견되는 것이었다. 또한 하나님의 소명을 성취하기 위해 하나님에 의해 자격을 부여받는 것이었다.

하나님이 우리를 위해 이번 생에 정하신 주된 목표는 달성하는 것이 아니라 다가가는 것임을 나는 믿는다. 이는 바울이 그랬던 것처럼, 목적지가 아니라 그리스도와 그분의 뜻을 알아가는 여정에 좀 더 집중하는 것이다. 여정이 목적지이고, 과정이 목표인 것이다.

물론 가는 길에 작은 중간 종착지가 있으며, 궁극적인 목적지는 천국이 될 것이다. 이번 생이 끝나면 우리는 하나님과, 거룩함과 온전함의 완전체와 완벽한 관계를 맺는 종착지에 도착하게 될 것이다.

하지만 친구여, 우리는 아직 천국에 도착하지 않았다. 그러니 만일 인생을 긴 여정으로 살아가지 않고, 여정의 중간 종착지나 여러 관점들이나 절정의 순간들을 위해 살아간다면 우리는 인생에서 가장 중요한 부분을 놓치게 되는 것이다.

하지만 명심할 것은, '다가가기'를 결코 가질 수 없는 것을 이루려는, 혹은 좌절감을 주는 헛된 시도와 연결 지어서는 안 된다는 것이다. 내가 말하고자 하는 것은 지푸라기라도 잡고 바람 한 줄기라도 낚아채라는 얘기가 아니다. 그것은 바울의 태도가 아니다. '분발하기' 혹은 '다가가기'는 이번 생에서 진행되는, 그리고 다음 생에 이르러 절정을 이룰 거라고 바울이 믿었던 하나님과의 현재진행형 관계를 의미한다. 즉, 바울은 성경에 나오는 모든 성인과 성녀들의 특징을 이루었던 하나님과의 동행에 대해 말하고 있는 것이다.

영국 시인 로버트 브라우닝(Robert Browning)의 표현을 빌자면 "아, 하지만 한 남자의 도달은 그의 한계를 넘어서야 한다. 그렇지 않다면 천국이 무슨 소용인가?"

'다가가기'는 과정을 암시한다.

'다가가기'는 변화를 암시한다.

'다가가기'는 관계를 암시한다.

'다가기기'는 종속을 암시한다.

예수님께 다가가는 삶, 예수님과 동행하는 삶, 예수님을 아는 삶이라는 개념은 내가 이 책에서 얘기한 모든 내용들을 압축하고 있다.

누가 우리에게 자격을 부여하는가? 그리고 그 목적은 무엇인가? 하나님이 우리에게 자격을 주신다. 그 여정과 여정에 수반된 모든 것을 위해 말이다.

자격이 없는 삶에 대한 해결책은 예수님을 아는 것이다. 그것은 인생의 흥망성쇠를 예수님과 더불어 즐기는 것이다. 그것은 자아성취에서 오는 자부심이나 자기혐오에서 오는 두려움이 아니라 예수님과 함께하는 데서 오는 자신감으로 불확실한 미래를 직면하는 것이다.

만일 당신이 예수님을 따르는 사람이라면, 당신은 이미 자신 있고 만족스럽고 생산적인 삶을 사는 데 필요한 모든 것을 갖추었다.

당신은 가면과 갑옷을 벗어던질 수 있다. 당신은 비교하고, 술수를 부리고, 허세를 떠는 짓을 그만둘 수 있다. 당신은 능력 있고 스스로에 대해 만족스럽다고 당신 자신에게 설득하는 노력을 멈출 수 있다. 지금의 당신과 하나님이 명하신 당신 사이의 간극 속으로 뛰어들어라.

그곳이 성장이 일어나는 곳이다.
그리고 은총이란 바로 그런 것이다.

커비넌트 대학의 도라 맥렐런 브라운 기념교회에 있
는 스테인드글라스 일부(위), 『언퀼리파이드』 원서 표
지(아래).

때때로 창조적인 과정은 내가 올바른 방향으로 가고 있는지를 확인해 주는 뜻밖의 선물을 안겨 준다. 이 책 제목은 세 번이나 바뀌었고, 그런 까닭에 책표지 디자인도 몇 번인지 잊어버릴 정도로 많이 바뀌었다. 이것은 특이한 일도 주목할 만한 일도 아니지만 그 과정에서 약간 기묘한 일이 있었다.

편집 마감일을 훌쩍 넘긴 뒤, 나는 완전히 자포자기 상태에서 우리 교회에서 10년 넘게 디자인팀을 이끌고 있는 라이언 홀링스워스에게 책표지에 넣을 깨진 스테인드글라스 문양을 손봐 달라고 부탁했다. 나는 그에게 모세를 주제로 한 것이 좋겠다고 말했다. 이 책에서 제일 먼저 등장하는 인물이 바로 모세이기 때문이었다. 그리고 무엇보다, 레너드 코언(Leonard Cohen)의 시 중에 내가 제일 좋아하는 구절을 묘사한 이미지를 책표지에 사용하고 싶었다. 그것은 "모든 것에는 깨진 틈이 있어 / 바로 거기로 빛이 들어오리니"라는 구절이다.

라이언으로부터 이메일을 받고 첨부된 이미지 파일을 열어 보자마자 나는 첫눈에 '그래, 바로 이거야!'라고 생각했다.

하지만 다음 아침이 될 때까지 내가 깨닫지 못했던 사실이 있었다. 그것은 내가 더 없이 적합한 표지를 가졌을 뿐만 아니라, 내 삶에 더 없이 적절한 책을 썼다는 것이었다.

내가 라이언에게 디자인에 영감을 주었던 스테인드글라스에 대해 알아낸 정보를 내게 모두 보내 달라고 부탁했을 때, 그는 먼저 기본적인 정보를 알려 주었다. 그것은 커비넌트대학(Covenant College) 교회당의 스테인드글라스에서 디자인 모티브를 따왔다는 사실이었다.

그런 다음 라이언은 내게 2005년 내가 상담 사역을 했던 어느 청년 캠프에서 설교를 했던 걸 기억하느냐고 물었다. 나는 처음에는 기억해 내지 못했다.

하지만 얼마 후 기억해 냈다. 그리고 그것이 기억나자 다른 중요한 사실도 함께 생각이 났다. 설교를 한 다음 날, 아내 홀리가 나를 찾아와서 "이제 우리가 교회를 시작해야 할 때야."라고 말했던 장소가 바로 그곳이었던 것이다.

나는 내가 자격이 부족한 이유들을 죽 열거하며 홀리와 몇 시간 동안 논쟁을 벌였다. 나는 너무 젊고, 관리 능력이 부족하고, 심지어 매주 새로운 설교 주제를 생각해 낼 수 있을지도 자신 없다고 말이다.

그때 홀리는 내가 평생 잊지 못할 기막히게 재치 있는 말을 내게 해주었으며, 그때 하늘에서 '그 여인은 네가 사랑하는 아내, 너보다 더 똑똑한 사람이다. 그 여인의 말을 들어라.'라고 말하는 목소리가 들렸다……고 말할 수 있으면 얼마나 좋을까.

그 대신 홀리는 참을성 있게 내 얘기를 들으며, 마치 아무것도 문제될 게 없다는 듯한 표정으로 나를 바라보았다. 왜냐하면 하나님이 나를 부르셨고, 하나님이 나와 함께 계시고, 홀리 자신도 나와 함께 있기 때문이었다. 그리고 나는 그 메시지를 온전히 전달받았다.

그로부터 10년이 지난 뒤에도 나는 여전히 '내가 자격이 없는 이유'가 적힌 목록을 가지고 있다.

모세도 그 목록을 가지고 있었고, 야곱도 가지고 있었다. 그리고 당신도 마찬가지다.

하지만 오래된 설교 말씀이 알려 주고, 하나님을 믿었던 모든 사람들이 신앙의 여정 중에 알게 된 바와 같이 하나님은 자격 있는 자들을 부르지 않으신다. 그분은 부름받은 자에게 자격을 주신다.

이것은 한낱 평범한 책표지에 불과할지 모른다. 하지만 이 이미지와 관련된 모든 이야기를 고려해 볼 때, 이것은 나에게 하나님의 길은 나의 길보다 더 거룩하다는 사실을 일깨워 주는 창과 같다고 할 수 있다.

그리고 하나님은 여전히 부족하고 절망에 빠진 사람들을 통해 위대한 역사를 이루신다는 사실도…….

1. 주기율표의 영문명은 'the periodic table'인데, 여기서 'periodic'을 마침표를 뜻하는 'period'의 파생어라고 오인하고는 구두점에 관한 표가 아닐까 추측한다는 것. 한마디로 학습 부진아라는 의미.
2. 1999~2007년까지 6시즌으로 방영된, 역사상 최고의 미국 드라마로 꼽히는 작품.
3. 한국의 '짤방'과 비슷한 개념으로, 인터넷 공간 속에서 돌고 도는 각종 이미지 파일에 대한 총칭.
4. 미국 CBS의 탐사보도 프로그램.
5. 얇은 밀가루 피에 간 고기를 양념한 소를 넣어 만든 음식. 만두와 비슷하다.
6. 미국 MTV를 통해 방영된, 멍청하고 엽기적인 10대 소년 비비스와 벗헤드의 이야기를 그린 애니메이션.
7. 미국의 고급 매트리스 브랜드.
8. 북유럽 신화에 주로 등장하는 거대한 괴물. 흉폭하고 잔인하지만 의외로 겁이 많고, 사람을 날로 잡아먹길 좋아한다.
9. 사스콰치라고도 불리는 털북숭이 괴물.
10. 「아기곰 푸」에 등장하는 항상 우울한 당나귀.
11. 미국에 본사를 둔 건축자재 및 인테리어 도구 판매 업체.
12. 시애틀 출신의 미국 록 밴드.
13. 펄잼의 가수이자 기타 연주자.
14. 다른 가수의 노래를 부르는 밴드.
15. 1897~1963, 미국 대표 복음주의 목회자.
16. 정신·생활 습관에 문제가 있는 사람들이 자신의 힘으로 정신과 육체를 관리하여 문제를 해결하고 나쁜 습성에서 벗어나는 것을 목적으로 하는 집단.

17. 스쿠비 두(Scooby-Doo)는 미국 TV 애니메이션 시리즈인 '스쿠비 두, 어디 있니?(Scooby-Doo, Where are You?)'에서 시작된 프랜차이즈 등록상표명이자 주인공 개 이름. 'WWJD'를 본뜬 'WWSD'라는 상표로 다양한 캐릭터 상품이 출시된 바 있다.

18. 치열한 전쟁터에서 군인들이 드리는 기도처럼, 목숨이 풍전등화 같을 때 염치 불고하고 하나님께 매달려 살려 달라고 하는 기도를 일컫는다.

19. 모터 달린 자전거.

20. 미국에서 열리는 대형 개조 차량 경주대회.

21. 웨스트나일 모기로부터 발생하는 병으로, 과거 미국에서 광범위하게 퍼져서 비상사태가 선포된 적이 있다.

22. 1911년 세계 최초로 상품화된 쇼트닝의 제품명 혹은 그 회사명.

23. 마텔(Mattel)사에서 만든 미디어 프랜차이즈이자 해당 시리즈의 캐릭터 및 액션 피겨를 일컫는 이름.

24. 아담 왕자의 친구. 노란 줄무늬가 있는 녹색 호랑이. 겁쟁이인 척 가장하고 있는 아담과 달리 크린저는 선천적으로 겁이 많다. 히-맨의 힘을 받으면 배틀캣(Battle Cat)이라는 매우 호전적인 호랑이로 바뀐다.

25. 스타워즈에 나오는 인물.

26. 사진 및 영상 메시지를 보낼 수 있는 모바일 메신저로, 미국 등지에서 10대를 중심으로 큰 인기를 얻고 있다. 전송한 사진이 몇 초 뒤에는 사라진다는 특성 때문에 10대 사용자들의 '섹스팅' 통로로 활용될 수 있다는 우려가 제기되고 있으며, 메시지가 삭제되어 안전할 것 같지만 최근 수신자가 다른 앱을 이용해 저장한 이미지가 유출되는 사건도 벌어졌다.

27. 요리 비법, 테이블 세팅, 집 단장과 같은 가정생활 정보를 제공하는 TV 프로그램에 출연해 큰 인기를 끌면서 '살림의 여왕'이라는 별명을 가진 미국 방송인 겸 경영인.

28. 아담 맥케이 감독의 2006년 개봉작. 미국 최고의 자동차 경주 '나스카(Naska)'를 배경으로 레이서들 사이의 우정과 경쟁, 도전을 재미있게 풀어낸 코미디 영화.

29. 1962~, 미국의 싱어송라이터로, 하드록 밴드 '건스 앤 로지스'의 리드 보컬.

30. Just because you're winnin' don't mean you're the lucky ones.: 'Breakdown'의 노래 가사 중 한 대목.

31. 정원 가꾸기, 인테리어, DIY 등을 전문으로 다루는 미국 케이블 TV 채널.

32. 프랑스에서 매년 열리는 국제 사이클 도로 경기.

33. 연인을 다정하게 부르는 표현으로 'before anyone else'의 준말, 또는 'bebe'나 'baby'의 변형.

31. 매우 멋지거나 흠잡을 데 없이 가꾼 완벽한 외모를 지칭하는 미국 신조어.

32. '딱 맞다', '만족스럽다'라는 뜻을 가진 어구. 구어체에서 멋있다, 섹시하다라는 뜻으로 쓰이기도 한다.

언퀄리파이드

하나님은 결점투성이 인간을 어떻게 사용하시는가

초판 1쇄 발행 | 2016년 11월 11일

지은이 | 스티븐 퍼틱
옮긴이 | 김난령
발행인 | 김태진
기획이사 | 김명환
마케팅 | 함송이
경영지원 | 이보혜
디자인 | co∗kkiri
출력 인쇄 | 애드플러스
펴낸 곳 | 엘페이지
　　　　　경기도 고양시 일산동구 산두로 54, 305-202
　　　　　전화) 031-905-2418 팩스) 02-753-2779
　　　　　홈페이지) www.elpages.co.kr 이메일) elpages@elpages.co.kr
판매대행 | 에디터유한회사 02-753-2700, 두란노서원 02-2078-3400
출판등록 | 2015년 5월 29일 제2015-000119호
값 15,000원

ISBN 979-11-955677-2-0 03230

• 잘못된 책은 구입하신 곳에서 바꾸어 드립니다.